金融科技学

丁 杰 主 编

北京理工大学出版社
BEIJING INSTITUTE OF TECHNOLOGY PRESS

内 容 简 介

《金融科技学》作为金融科技专业的入门教材，立足于金融学、保险学、证券学、经济学、金融营销学、商业银行经营管理等课程基础，试图融合理论与实践，以前沿案例为支撑，提升学者解决金融科技问题的能力，适应金融业界对创新型、应用型、复合型人才的要求。《金融科技学》教材共十二章，系统介绍了金融科技在发展中的理论问题及应用情况，分析了共享金融的发展优势，对大数据、云计算、人工智能、区块链、智能投顾、智能风控概述及运用进行阐述，进而分析了多个国家的监管科技发展和运用过程。本教材通过在主流行业的实践经验，全方位展望了各项技术未来发展前景，前瞻性地对金融科技的发展与运用提供思路。为加强读者的理解与巩固学习，各章节在结合思政元素的基础上加入案例和章节总结，并结合学习通平台，提供配套的课件及习题。

本教材可作为普通高校经济和管理类专业本科生、全日制研究生，以及工商管理硕士（MBA）、公共管理硕士（MPA）等在职研究生的金融科技课程教材，也可作为金融类行业的从业人员、企业管理人员、技术人员和政府相关部门人员的参考用书。

图书在版编目（CIP）数据

金融科技学／丁杰主编. --北京：北京理工大学出版社，2023.2

ISBN 978-7-5763-2087-9

Ⅰ.①金… Ⅱ.①丁… Ⅲ.①金融-科学技术 Ⅳ.①F830

中国国家版本馆 CIP 数据核字（2023）第 023080 号

出版发行／北京理工大学出版社有限责任公司

社　　址／北京市海淀区中关村南大街 5 号

邮　　编／100081

电　　话／（010）68914775（总编室）
　　　　　（010）82562903（教材售后服务热线）
　　　　　（010）68944723（其他图书服务热线）

网　　址／http://www.bitpress.com.cn

经　　销／全国各地新华书店

印　　刷／河北盛世彩捷印刷有限公司

开　　本／787 毫米×1092 毫米　1/16

印　　张／11.75

字　　数／273 千字

版　　次／2023 年 2 月第 1 版　2023 年 2 月第 1 次印刷

定　　价／69.00 元

责任编辑／王晓莉
文案编辑／王晓莉
责任校对／刘亚男
责任印制／李志强

金融科技发展日新月异，行业发展对专业人才需求更新速度加快。本书在编写的过程中，运用最新案例，加深非专业人士对前沿技术的认知，避免理论化程度过深，导致晦涩难懂。科学技术与金融业的结合是一场伟大的革命。本书从理论脉络、前沿发展、业内实践、发展趋势等多个维度介绍金融科技的发展与运用，特别是通过在主流行业的实践经验，例如在大数据、区块链、云计算、人工智能、智能投顾和智能风控的运用实践等，全方位展望了各项技术未来的发展前景，最后前瞻性地对金融科技的发展与运用提供了思路，供读者们思考与研究。为了加强读者的理解与巩固学习，各章节结合思政元素，附上了导入案例与引申案例，以及章节总结，并结合学习通平台、配套的课件及习题等，加深学者的理解并提升其运用能力。总的来看，文字通俗易懂，各章节思路清晰，从理论指导、实践运用、技术支持等方面进行梳理，适合广大高校学生学习、思考、研究。

本书作为金融科技专业的入门教材，立足于金融学、保险学、证券学、经济学、金融营销学、商业银行经营管理等课程基础，为相关专业的本科生及入门学者提供最基础的金融科技学知识，试图融合理论与实践，以前沿案例为支撑，提升学者解决金融科技问题的能力，以满足金融业界对创新型、应用型、复合型人才的要求。本书的编写结构如下：第一章引入金融和科技的内在关系，介绍了金融科技发展中的理论问题及运用；第二章根据时代进行划分，阐述金融科技的发展和变化；第三章通过介绍金融科技的功能理论来探索金融科技的应用方式；第四章介绍金融共识机制以及共享金融的形式，并分析共享金融的发展优势；第五章至第十章分别介绍了大数据、云计算、人工智能、区块链、智能投顾、智能风控概述及运用；第十一章介绍金融科技风险与监管科技的运用及未来趋势，分析多个国家监管科技发展和运用过程；第十二章通过对六个前沿案例的解读，多角度介绍当前金融科技的应用情况。

在本书的创作过程中，主编丁杰教授负责全文统稿与第一章的编写，田景主要负责第二章的编写，王梦瑶主要负责第三章的编写，高芷萱主要负责第四章的编写，陈思苗主要负责第五、第六章的编写，王冰主要负责第七、第八章的编写，王志彤主要负责第九、第十、第十一章的编写，李巧婷主要负责第十二章的编写。赵欣颖进行了案例分析及章节主要内容的梳理，以及全文格式的校正工作；负欣屹负责内容简介和全书文字的修正工作；林永豪、肖英财、朱林强负责最后稿件的审查工作。感谢以上同志为本书贡献了精彩的内容。

本书在编写与出版的过程中，得到了多方面的支持与协助，感谢福建江夏学院金融学院领导和同仁的支持，感谢福建省本科高校一般教育教学改革研究项目（FBJG20190290）、福建江夏学院 2022 年度教育教学改革一般项目（J2022B003）的资助，同时感谢福建省社科研究基地——福建江夏学院金融风险管理研究中心、福建江夏学院——中国农业银行福州鼓楼支行校级重点校外实践教学基地的支持；感谢北京理工大学出版社提供此次的合作机会。同时，本书在编写过程中参考了大量已经出版的相关教材、研究论文，以及网络参考资料，在此向这些文献资料的作者表示谢意。由于编者专业水平有限，以及对掌握相关资料有所欠缺，本书可能存在不妥之处，恳请广大读者不吝赐教。编者的邮箱是 85383813@qq.com，期待您的批评与指正。

编者

2022 年 9 月

目录

第一章 导 论

素养目标

1. 家国情怀

在保留传统金融学教学目标的基础上，引入课程思政后的教学目标是以学生发展为中心，以专业课知识与政教内容的相关性为契合点，以社会主义核心价值观和传统优秀文化教育、宪法法治教育、职业理想和职业道德教育为着力点的双维度教育。

2. 人文素养

通过在该金融科技学课程中融入思政内容，注重在知识传授中强调价值引领，在价值传播中凝聚知识底蕴，将思想政治教育融入课程教学的全过程，引导学生树立正确的世界观、职业观，培养有爱国情怀、有正确政治立场的优秀学生，培养热爱金融行业、知法懂法、能够应用所学合理解决实际问题的金融从业人员，从而达到全程育人、立德树人的根本目的。

案例导入

人民银行印发《金融科技发展规划（2022—2025 年）》

近日，中国人民银行印发《金融科技发展规划（2022—2025 年）》（以下简称《规划》）。《规划》依据《中华人民共和国国民经济和社会发展第十四个五年规划和2035 年远景目标纲要》制定，提出新时期金融科技发展指导意见，明确金融数字化转型的总体思路、发展目标、重点任务和实施保障。

《规划》强调，要以习近平新时代中国特色社会主义思想为指导，全面贯彻党的十九大和十九届历次全会精神，坚持创新驱动发展，坚守为民初心、切实履行服务实体经济使命，高质量推进金融数字化转型，健全适应数字经济发展的现代金融体系，为构建新发展格局、实现共同富裕贡献金融力量。

《规划》指出，要坚持"数字驱动、智慧为民、绿色低碳、公平普惠"的发展原则，以加强金融数据要素应用为基础，以深化金融供给侧结构性改革为目标，以加快金融机构数字化转型、强化金融科技审慎监管为主线，将数字元素注入金融服务全流程，将数字思维贯穿业务运营全链条，注重金融创新的科技驱动和数据赋能，推动我国金融科技从"立柱架梁"全面迈入"积厚成势"的新阶段，力争到 2025 年实现整体水平与核心竞争力跨越式提升。

《规划》提出八个方面的重点任务。一是强化金融科技治理，全面塑造数字化能力，健全多方参与、协同共治的金融科技伦理规范体系，构建互促共进的数字生态。二是全面加强数据能力建设，在保障安全和隐私的前提下推动数据有序共享与综合应用，充分激活数据要素潜能，有力提升金融服务质效。三是建设绿色高可用数据中心，架设安全泛在的金融网络，布局先进高效的算力体系，进一步夯实金融创新发展的"数字底座"。四是深化数字技术金融应用，健全安全与效率并重的科技成果应用体制机制，不断壮大开放创新、合作共赢的产业生态，打通科技成果转化"最后一公里"。五是健全安全高效的金融科技创新体系，搭建业务、技术、数据融合联动的一体化运营中台，建立智能化风控机制，全面激活数字化经营新动能。六是深化金融服务智慧再造，搭建多元融通的服务渠道，着力打造无障碍服务体系，为人民群众提供更加普惠、绿色、人性化的数字金融服务。七是加快监管科技的全方位应用，强化数字化监管能力建设，对金融科技创新实施穿透式监管，筑牢金融与科技的风险防火墙。八是扎实做好金融科技人才培养，持续推动标准规则体系建设，强化法律法规制度执行，护航金融科技行稳致远。

《规划》要求各方加强组织统筹、加大投入力度，做好规划实施监测评估，确保各项任务落到实处、取得实效。

（案例来源：佚名. 人民银行印发《金融科技发展规划（2022—2025 年）》[EB/OL].（2022-01-05）[2022-09-28]. http://www.gov.cn/xinwen/2022/01/05/content_5666525.htm.）

思考题

1. 在新时代背景下，金融科技应怎样健康发展？
2. 金融科技与互联网金融的区别在哪些地方？
3. 坚持"数字驱动、智慧为民、绿色低碳、公平普惠"的发展原则对金融科技发展有哪些促进作用？

第一节　金融与科技

一、金融与科技发展的内在关系

（一）提供金融支持，推动科技创新

金融能够在科技创新与发展过程中起到共同分担创新成本与风险的作用。当前，在科技创新方面，我国有非常显著的优势，不仅在 5G 网络和用户规模及运用上处于领先地位，同时在制造业方面也处于主导地位，但一些尚存的不足依旧不能轻视。目前需要注意的不足是操作系统和制造芯片。目前，全球供应链正在发生巨大变化，填补缺口变得更加重要，许多金融机构正在通过创新填补此空白，因此特别需要金融的支持。

一方面，科技创新是成本高昂的，完全依靠公司来筹集资金有很大难度。财务支持可以为科技型公司的每个成长周期提供目标明确的支持。例如，在启动、研发和创业阶段，

即中小企业阶段，关键问题在于资金需求大却难以融资，但金融可以为科技创新提供庞大流行性的金融资产；在增长阶段，金融机构能够为科学技术创新提供所需的研发支持；在成熟和饱和阶段，可资助提供技术创新所需的财政支持，以改进研发环节；在衰退阶段，资金将提供科学和技术创新所需的财政支持，使得研究和开发重新变革，成为"第二个创业"。这种特定的资金周期需要适当的资金支持，在内部科技创新问题上是难以做到的。很多科技公司的案例表明，研发时期和发展初期对企业来说相当关键，而缺少足够外部资金来源也许会导致企业夭折，因此得到金融支持是至关重要的。

另一方面，科技创新结晶转化失利会使金融机构处于倒闭的局面。科技创新总是会被认为是一种风险性极高的行动。科技企业与其他企业的区别在于自身科学技术发展的理念不同，且对绝大部分的中小企业来说大部分资产是无形资产，这些无形资产较难估测且容易因外界因素而变化。因此，科技型公司绝大多数是"软"资产，抵押品短缺且有形资产欠缺，应优先考虑企业品牌和先进的人力资源。因此，技术创新的风险高和成本负担重导致了对外部资源和财政支持的需求，这些成本和风险存在着积极和消极的对弈。与此同时，金融支持都为技术和创新提供了充分的发展机会，使它们得到充分利用，最终实现繁荣发展。

(二)科技助推金融，加速金融创新

科技创新与金融支持密不可分，金融创新同样也需要科技使用相关高新技术手段进行支持。

第一，金融创新可以依托科学技术手段，提高金融创新速度。金融机构运用机器学习、大数据、物联网等高新科学技术改进流程模式和服务结构，建立起新的商业模式和产业结构流程，改善金融功能，实现金融服务模式的优化和金融职能边界的拓展。同时，金融机构也投资于与这类回报相关的技术贸易。在具有有效风险管理程序的同时，金融创新也在快速发展并取得一定的成功。

第二，合理利用科技创新解决信息不对称这一关键问题。融资不足是阻碍很多中小企业发展的一个主要问题。中小企业与金融机构间的信息不对称会导致双方缺少强有力的沟通交流，致使企业融资难且效率低下。正是因为科技创新相关技术的不断发展、日趋完善，信息差得到缓解，数据来源更加精准和可追溯。区块链以及大数据等高新技术的合理运用使市场信用体系更公开透明，有益于金融机构和中小企业搭建沟通的桥梁，使得双方在法律允许范畴内更快更准地追溯数据来源，进行信息的收集与整合，从而有助于降低金融机构在数据追踪上的风险，提高其动态风险追踪辨别能力，促进金融机构和中小型企业双方信息交流，大大促进产品研发服务质量提高以及普惠金融的发展。因此，为促进金融机构与科技创新的共同构建，严格履行相关要求进行科技创新和产品开发，金融机构应与科技创新有效结合、共同发展，有效突破金融服务的时间、空间和成本限制，从而提升金融服务的服务范畴、运用效率和精准度，提升金融科技创新能力。

二、技术革命带来的金融创新

(一)科学技术革命推动金融产品和模式的变革

新兴信息技术革新可以促使金融产品和金融服务模式发生深刻改变。一是有效利用大数据、人工智能、区块链等新兴技术手段，个性化地服务于普惠金融的发展创新，提升对

相关金融机构服务的效率，使得金融服务的革新和金融产品的研发卓有成效。在此基础上嵌入前沿新兴的科技手段，有效追溯信息数据的来源以及动态追踪评估风险，通过大数据的积累分析实现金融产品和服务模式的深刻变革，使得普惠金融进一步发展，扩大覆盖范围，让更多的中小型企业和金融机构客户获益。此外，人工智能技术使金融产品研发和服务模式改革更易于实现。人工智能这项前沿的科学技术在一定程度上具备了模仿人的功能，智能化地打破时间和空间的束缚，给予每个消费者个性化的服务选择，最终实现科学技术的高速发展。人工智能这项技术毋庸置疑会为金融行业发展起到助推剂的作用，具体而言，人工智能技术不仅可以对系统中预警的风险进行鉴别和预防，促进管理更细致入微，还可以人性化地针对不同顾客提供不同的用户方案，提升消费者体验。

二是利用5G和物联网可以智能化地感知、捕获大数据中的有效金融信息。5G与物联网技术是近年来全球科技发展的热点，为金融服务创新和金融运用创新提供了高效、便捷的万物互联环境。5G与物联网技术是未来金融发展的新引擎、新动力，能够有效推动金融治理体系和治理能力提升，特别是在金融IT基础设施运维、金融突发事件预警和防范、金融服务转型升级等方面有广阔的运用前景，能有效促进金融行业数字化和智能化发展转型，促进金融产品和金融服务模式深刻改变。合理运用智能化数据分析技术，对庞大的数据库和信息数据进行规整研究，有利于提高运行效率，促进智能化发展。5G和物联网技术和金融管理服务充分创新交融，可以实现多重驱动融合的金融体系，从而促进多方金融范畴的深刻革新与开发创新。充分知悉目前金融市场实时信息变化趋势，方可实现对庞大数据量的了解，更快适应市场变化，从而进行金融产品和模式的变革。金融创新利用科学技术分析海量数据，针对性地把握金融机构用户的金融态度、金融习惯与金融需求，适当进行相关金融产品和模式的变革，更好满足用户金融需求。

(二)科学技术革命促进金融服务效率的提升

金融机构和科学信息技术的充分融合，能助力金融服务效率提升。

首先，依据大数据和人工智能的结合分析，加快金融机构和信息科技的内在交融，打造金融机构服务的全面线上平台，进而提升金融服务的品质和运作效率，助推智能化以及数字化的发展。通过金融行业体系和服务平台的场景化和线上化完成，金融服务风险控制的能力日趋提高，服务效率大大增高，用户使用便捷度和选择度加大，促使机构和新兴科技有效结合。例如，一些传统的商业银行为了顺应时代发展的大潮流，将金融科技有效结合到其系统移动终端，充分进行改革创新，为金融机构的客户带来更为高效智能的金融服务。

其次，将生物识别和射频识别(Radio Frequency Identification，RFID)这类高新技术运用到金融服务行业，可以智能捕获分析消费者的诉求，为重要客户提供个性化的智能金融服务。例如，为增加消费者的金融创收和长期收益，使其需求得到满足，可以给顾客拟定针对性较强的增收保值的高级预案和无干扰一对一便捷服务。同样，5G和物联网技术可以通过追溯锁定产品或原料的运送动态路线，并在其中安装RFID技术芯片，对整个金融流程进行动态监督，易于客户对金融流程的产品或者原料进行精细化查找和追踪，提升金融服务效率。

最后，金融机构和科技创新的交互融合，作用于多方面的金融机构领域，拓展金融服务范畴，推动普惠金融的发展实践，日渐促进金融服务行业效率的提高，不断推动金融市

场生态和格局的深刻创新。

(三)科学技术革命助力金融监管和制度的优化

金融机构与监管科技的交互融合,助力实现金融监管系统的优化。因为科学技术的不断创新发展,金融监管不断面临新课题,推动着金融风险改变其形态和系统路径。一是监管科技将区块链、人工智能等前沿的新兴信息技术融合到风险管控、消费者调查、服务管理等不同的方面,基于监管科技对海量客户交易的金融数据与预测的风险方案等来进一步完善金融业态和监管体系框架。监管科技可以在特定的场景下进行创新监管,例如识别消费者身份、报送合法合规数据、监督流程中客户交易行径、法律法规跟踪和金融压力测试等。另外,监管科技可以通过金融监管的数据化和数字化实现高效的监管模式,并构建富有智能技术化的监管境况。

二是监管科技对金融机构的监管使得金融科技的发展得到保障。金融监管科技的目的是最大限度地提高监管速度、优化预计风险以及把控成本。科学信息技术利用各种新兴技术对金融监管科技的金融服务和产品进行完善以及创新,着重突出前沿科学技术对金融行业的服务和支持特点。在其宏观层面,强调合理建构金融科技监管体系以及风险控制框架,为未来新发展提供目标;在其微观层面,合理把控外生和内生风险,注意优化内部网络和系统架构,把风险控制体系的"三道防线"贯彻落实落细,将内部审计与外部监管有机交互融合。因此在金融科技监管的前提下,为搭建海量数据共建共享的结合体系,金融科技监管机构需要在金融平台系统嵌入监管科学技术体系,满足实时合规的技术要求。总之,金融科技监管机构需要将机器学习、云计算和区块链等信息技术同金融监管平台进行有机结合,适应新的发展浪潮,建构新的金融科技生态监管格局,以便完善市场监管秩序和保护制度公正。

三、金融科技的影响和作用

(一)金融科技驱动金融业务创新

金融科技的发展驱动着金融业务的相关创新。一方面,融资难且慢始终是阻碍中小型企业发展金融服务体系的一大难点。在传统金融机构的方面,缺乏场景化、信用贷款创新化不足是其劣势,而其长处在于拥有稳定合作的 VIP 用户和海量的金融业务。在新兴金融科技公司方面,顾客质量良莠不齐是它的短板,而海量的客户流量、个性化充足的智能场景与优秀的数据分析处理能力是它的优势。伴随着网络贷款平台的产生以及新兴科学技术的充分使用,传统金融机构和新兴金融科技公司双方逐步从竞争关系转变为合作关系,缓解了中小型企业融资难且慢的问题。

另一方面,人工智能的发展运用也带动了智能投顾的进步。传统投资顾问需要高素质理财顾问为客户提供咨询服务,而智能投顾借助人工智能技术、辅以少量人工干预的方式,为用户提供量身定制的投资组合建议,从而减少投资环节,降低服务门槛。同时,智能投顾由于采用先进算法和大数据等作为投资依据,避免了人工投顾可能出现的非理性因素。当前,有不少银行金融机构都推出了相应的智能投顾产品,用金融科技为客户提供了更个性化的投资选择。综上,将金融科技嵌入金融业务,不仅有效解决了中小型企业融资难且慢的一大难题,还利用智能投顾技术推动了金融业务的个性化和智能化发展。

(二)金融科技完善风控管理体系

金融科技在助力金融新业态新格局产生、传统金融行业转型创新的同时，日渐融入金融监管体系当中，加速了金融风险管控体系的发展。

第一，风险管理全方位化。金融风险管理体系涵盖了两个大方面，一是商业银行的理财业务风险，二是其他金融机构的理财业务风险。原先存在的审批管理机制存在较多不足，向市场化转型、独立运营的理财子公司对风控管理体系的需求更大。金融科技的发展对当前风险控制管理模式的转型升级起到促进作用，其通过将原先以满足监管合规为主的被动式模式向以依托新技术进行监测预警为主的主动式管理模式转化，以系统化的运作构筑全面有效的风险防控管理系统。

第二，产品运营智能化。金融科技在产品运营方面主要体现在"人工智能+贸易金融"的运用实践中，通过智能线上化优化业务流程。比如，中国人民银行上线的电子信用证信息交换系统是中国人民银行依托大额支付清算系统网络，通过银行机构网点为企业提供信用证结算与融资服务的网上平台，惠及了以往难以开展信用证业务的中小银行和中小企业，实现了包括信用证数据电文的接收、存储、发送及资金清算等基本服务，提供信用证结算共享前置、福费廷一级市场办理与二级市场交易、应收账款债权资管计划、在线投保开证行信用保险和货运保险、发票核验等服务。该基础设施抓住了信用证兼具结算、担保、融资、资产证券化等功能的特点，为企业、银行、保险、券商、基金公司、资管公司等提供信用证业务的跨机构、跨地域、跨市场、跨业态"一站式"综合服务，在提升金融市场效率的同时提高了监管效率。因此，金融科技利用"人工智能+贸易金融"模式，借助线上智能化，提升金融市场效率，优化产品运营流程。

第二节 金融科技范畴与理论问题

一、金融科技的概念及范畴

(一)金融科技的概念

金融科技的起源离不开互联网的发展。随着科技的不断发展，互联网逐渐渗透到各个领域，当互联网逐渐渗透到金融领域并且在金融领域起到的作用逐渐增大的时候，互联网金融便逐渐产生。随后，"金融"与"科技"这两个词慢慢结合在一起，于是创造出了"金融科技"(Financial Technology，FinTech)这个词。

金融科技"FinTech"一词最早是由花旗银行在1993年提出的。根据金融稳定理事会(Financial Stability Board，FSB)的定义，金融科技主要是指由大数据、区块链、云计算、人工智能等新兴前沿技术带动，对金融市场及金融服务业务供给产生重大影响的新业务模式、新技术运用、新产品服务等。我国央行也参考上述定义，指出"金融科技是技术驱动的金融创新，旨在运用现代科技成果改造或创新金融产品、经营模式、业务流程等，推动金融发展提质增效"。

总的来说，金融科技是指一种改善金融服务的交付和使用或使之自动化，使金融服务变得更加有效率，再经过不断发展而形成的一种经济产业。金融科技是"金融"与"科技"

结合的产物，它的核心是通过计算机和越来越多的智能手机上的专用软件和算法，帮助公司、企业主和消费者更好地管理其财务运作、流程和生活。因此，本书认为，金融科技是通过运用大数据、云计算、人工智能、区块链等一系列技术创新，将新一代信息技术全面渗透到各大金融领域，以此来创新传统金融行业所提供的产品和服务，提升效率并有效降低运营成本。

另外，从技术路线看，金融科技创新发展主要有两条路径：一条是以传统金融机构为主导，在金融业务中引入科技手段，推进金融业务变革和金融创新；另一条以科技企业为主导，基于科技优势拓展金融业务，将科技手段渗透到金融领域。二者的本质都是科技与金融的融合。金融科技的实质就是将金融服务与底层技术相结合，运用人工智能、大数据、云计算以及区块链等，打造金融支付、融资、投资、保险以及基础设施等领域的新服务模式。

金融科技融合模式如图 1.1 所示。

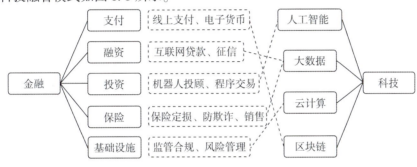

图 1.1　金融科技融合模式

(二)金融科技的范畴

第一，普惠金融。通过数字技术向小微企业和社会弱势群体提供的金融服务数据，显示了经济发展的新途径和新业态。特别是普惠金融，它扩展了传统的金融机构，其通过移动支付为核心的数字技术传递信息并处理业务，降低了运营成本，扩大了金融服务的覆盖面。数字普惠金融交易成本低、服务效率高，可以在进一步丰富普惠金融的内容的同时，促进我国普惠金融的发展。与此同时，随着数字化的发展，普惠金融出现"数字鸿沟"新形式的金融风险，金融犯罪也可能产生，由此普惠金融风险提出了预防试验。

第二，大数据金融。大数据技术能够转变传统海量数据普通的分析提取模式，辅以不同种类的新兴科学技术，对大量金融行业信息智能化地做好筛选与分析，积极高效服务于金融行业。为实现对顾客的精细化管理，大数据金融在信息密集型的金融机构中起到了至关重要的作用。大数据可以对消费者本身的信息数据进行挖掘，分析客户的消费能力，估测预期风险，分别向不同的顾客针对性地制定智能化执行方案。并且，大数据技术具有效率化、真实化、智能化、多样化等多重特点，大大超过了传统数据库运用达到大量的非结构化或半结构化的数据集。大数据运用范围不断扩大，主要包括互联网、软件和计算机信息技术服务，以及高端制造业。大数据的功能也在不断完善，推动了产业链不断完备。可见，大数据技术能够给金融行业带来大量数据，提取其中有价值的信息，可为准确评价提供新的依据和创新产品。

第三，云计算金融。云计算金融指的是使用云计算的模型原理，把金融机构和相关机构数据中心连接，构成云网络，从而提高金融机构迅速发现和解决问题的能力，提高整体工作效率，改善流程，降低运营成本，提高互联网金融的安全性，为客户提供更便捷的金融服务和金融信息服务。云计算系统由云平台、云储存、云安全和云终端四个基本部分组成，现主要用于互联网信息技术服务和高端制造业，形成以云用户、云计算服务提供商、政府机构和操作管理人员为核心的产业链体系。所以，云计算技术可以为金融机构提供一个统一的平台，有效整合多个金融市场的信息，消除信息孤岛，为金融机构提供强有力的支持，促进业务创新改革。

第四，人工智能金融。人工智能金融主要是将人工智能核心技术作为主要驱动力，为金融行业的各参与主体以及各业务环节赋能，突出 AI 技术对金融行业产品创新、流程再造、服务升级的重要作用。人工智能与金融全面融合，以人工智能为核心要素，全面赋能金融机构，提升金融机构的服务效率，拓展金融服务的广度和深度，使得全社会都能获得平等、高效、专业的金融服务，实现金融服务的智能化、个性化、定制化。

第五，区块链金融。区块链依托于比特币的底层技术，本质是一个去中心化的信任机制，其通过在分布式节点共享来集体维护一个可持续生长的数据库，实现信息的安全性和准确性。区块链是一个数字的交易集合，在一个去中心化的网络中被跟踪和记录，即是一个分布式账本，这意味着没有网络的中央权威，也没有一个人或实体有能力控制或破坏网络。根据单一地记录金融信息数据的数据块，结合联系组成区块链，按照时间先后顺序串联到一起。这些链接不能被改变，这也是给网络带来信心的原因。这项革命性的技术通过在发生时确保信息交易的安全性来管理信息交易。区块链的目的是降低交易成本，使其更加有效和快速。区块链可以使金融业的透明度更高，更容易暴露出欺诈问题，从而降低金融机构的风险。因此，合理利用区块链金融，可增加安全性，使金融服务行业更加透明，从而减轻消费者的成本负担。

二、金融科技学中的关键问题

(一)信息不对称问题

在市场经济中，信息不对称现象普遍存在。信息不对称理论在经济学中主要用来表示市场上的信息不完整，影响市场交易行为，由此产生的市场效率问题。科技金融中信息不对称在 1930 年左右提出，源于金融产业委员会提出的"麦克米伦缺口"（Macmillan Gap），这一观点促使西方国家政府采取了一系列措施改善本国的金融体系和资本市场。许多学者认为，"麦克米伦缺口"是"信息不对称"的原因之一。

作为科技公司的供应商，金融机构由于信息不对称的问题无法将双方的利益最大化，而双方存在信息不对称的原因如下：

第一，科技企业的特点是早期研发支出很高，实物资产少，智力资产多。这将导致技术公司一方面担心将作为机密问题的智力资产抵押或公布给金融机构会泄露重要信息，另一方面科技企业缺乏通过信息的宣传为企业树立形象的意识。此外，科技创新研究意味着市场上没有相同的产品，很难预测市场前景和企业的价值。

第二，用于科学研究的信息非常丰富，传统金融机构没有特定领域能够进行客观分析。金融机构的逐利性决定其现实选择倾向于避免高风险项目，所以融资企业的热情难以被充分调动。高成本投资和金融机构的收入不确定，会导致科技企业融资风险性较高、更加困难。

第三，金融机构缺乏复合型人才。科技企业融资中需要既精通科技项目又熟悉金融业务的人才，而现今市场中的人才多数只懂技术，或只熟悉金融知识，复合型人才缺失。同时，能够为企业提供全面的信息咨询、知识产权评估、法律事务、会计事务等服务的科技金融中介机构缺乏，没有形成完善的中介服务体系，而且中介机构掌握的信息不全面，难以准确测算科技企业的市场价值，很难为企业找到合适的融资对象。因此，亟须通过不同措施解决信息不对称问题。

(二) 风险承担问题

在西方发达的银行体系中，董事会承担所有银行经营管理过程中的风险，并把银行资本作为承担风险的最终边界。但是，在中国目前的金融体系下，许多金融机构风险承担最终的主体和边界并不清晰，导致银行资本被代替，在极端情况下也可能导致央行发行的货币流动性为满足银行的要求而使银行系统通货膨胀，让整个经济体系的资本肩负金融风险。

作为金融机构的需求方，因为风险承担问题会导致很多弊端，科技公司和金融机构不能实现"双赢"，因此，对双方存在风险承担问题的原因做以下分析：

一方面，新兴技术不够完备，不利于金融体系的健康发展。普惠金融技术有效促进金融服务，让在线操作融入居民日常生活，为人们提供便利。金融科技企业依赖于技术和金融服务创新，依托于网络模型和金融科技的新兴技术。大数据、人工智能等一系列新兴科学技术，如存在算法缺陷、软硬件故障等系统漏洞，将会导致金融业务出现大范围差错，又因金融交易的实时性，而易造成无法修复的损失。这可能导致提供金融服务时面临不可预测和无法控制的风险。

另一方面，有效的监管范围并不全面，很难保证客户资金的安全。科技金融创新是为了扩大市场，增加客户群，扩大收入产生现金流。而随着金融技术的不断发展，金融业务的界限不再是清晰、分明的，一般情况下相应的监督机制存在滞后性，因此金融监管处于被动的监督情况。同时，中国监管机构的信息数据约束和监管成本较高，信贷控制监管机构还没有更严格的控制措施，很容易进入监管的陷阱捕获。此外，监管合作程度也会影响整体监管的有效性。

综上，当前各种前沿新兴技术进入金融行业，带来了很多风险。金融市场已经数字化、智能化，在运用程序环境中一旦数据失去控制，将会导致金融市场失控，造成严重的负面影响。技术不可控风险造成边缘传统监管违规行为难以被及时发现和有效控制，导致金融风险扩散，容易影响到金融体系的安全与稳健。

三、金融科技理论基础与领域

(一) 金融科技的理论基础

金融发展理论研究经济增长与金融发展之间的关系，探究金融体系在经济发展中起到的作用；研究建立有效的金融体系，促进经济高速增长。熊彼特认为，经济发展的本质在于创新，而创新是生产要素的组合。银行信贷的重要作用是为生产要素的新组合提供购买力，从而促进经济的发展。鉴于熊彼特的理论强调银行作为金融机构在企业创新中所扮演的角色，经济学家们日益认识到金融机构在科技的发展中所起的作用。1973年，罗纳德·麦金农在著作《经济发展的货币与资本》中提出了"金融抑制"和"金融深化"，标志着以发展中国家或地区为研究对象的金融发展理论的真正产生。

另外，金融科技理论基础中包含的长尾理论和普惠金融理论同样需要知悉。一是长尾理论。长尾理论的提出者是克里斯·安德森，该理论指出，由于成本和效率的因素，当商品储存、流通、展示的场地和渠道足够宽广，商品生产成本急剧下降，使得个人能够进行生产，并且商品的销售成本急剧降低时，几乎任何以前看似需求极低的产品，只要有卖，都会有人买。这些需求和销量不高的产品所占据的共同市场份额，可以和主流产品的市场份额相当，甚至更大。二是普惠金融理论。普惠金融论是一个研究金融发展与金融福祉的经济理论。具体而言，它是以金融福祉分配的公平合理为原则，对金融发展的演化路径及其"优劣"予以分析和评价的经济理论。经济学研究范式划分为实证分析和规范分析，普惠金融论的研究需要将二者结合，以金融产品和金融福祉公平分配为视角，揭示金融发展的实质，解读金融发展与经济增长之间的逻辑关系。

(二)金融科技的运用领域

"金融科技"(FinTech)是金融(Finance)和技术(Technology)的合成。按照金融稳定理事会(FSB)的定义，金融科技是指技术带来的金融创新，具体来说就是运用"A"(人工智能)、"B"(区块链)、"C"(云计算)、"D"(大数据)等技术手段，重塑传统金融产品、模式、流程及组织等。从技术创新在金融领域运用场景的角度来看，主要包括业务发展和风险管理两大场景。

在业务发展方面，金融科技可以通过大数据和人工智能的技术手段，个性化、智能化地为每个顾客制定不同的营销模式。运用大数据信息技术手段实现差异化定价，代替原先基于固定样本得出的传统数据分析，获得多层次多维度的海量数据，高效、准确地对不同的金融产品进行个性化评估。基于差异化设计的方案模式，金融机构可以吸引到更多优质消费者。利用高速算法和数据模型，根据投资者的个人数据，捕捉用户真实需求，带来销售转化，实现产品营销，真正做到实现扩大顾客来源，完善发展金融产品相关业务。在风险管理方面，通过系统移动终端行为以及金融交易行为等庞大的数据信息，将量化投资嵌入金融行业当中，从而实现信息结构化、数据处理高效化。通过合理运用区块链数据手段，提供完全透明的数据库系统以及追溯流程，提高金融交易过程的安全性、透明度，加快交易速度。充分利用大数据风险控制手段，扩大金融交易过程中的数据来源，提高其识别分析数据能力，降低成本，解决信息不对称问题。

第三节　金融科技的运用和发展趋势

一、金融科技的运用

(一)运营管理智能化

在云计算、人工智能和大数据等新兴科学技术的推进下，我国金融机构和商业银行的投资运营管理模式向智能化方向转变。

一是利用智能投研。使用大数据和机器学习智能集成有关的数据和信息以及决策，加强智能化数据之间的联系，促使投资者提高其投资能力和工作效率。智能投研平台可以为投资管理者提供建议，为投资提供了一个更完整的数据管理系统，数据系统不仅包含传统的财务数据，也包括收集各种数据的算法。目前智能投资研究平台能够基于海量金融数据进行更加精确的分析，其依托于庞大数据的智能搜索引擎以及事件标签体系等方法进行数据挖掘,并通过搜索智能化、财务模型自动化以及智能化估值,实现智能集成的研究数据和连接。同样,因为金融市场是一个关系错综复杂的信息市场,而自然语言处理等人工智能技术仍处于起步阶段,所以技术在解构各因子之间的相关性上依然有很大的进步空间,应不断通过技术研究和开发智能研究提高投资研究参考的准确性和有效性。

二是实现精准营销。对于某一消费者的针对性设计方案和服务体制,金融机构可以通过大数据模型以及人工智能等新兴科技手段对该客户进行个性化分析,对客户的兴趣、爱好、购买能力做出预测和判断,注重个体的共性以及差别,实现精准营销与服务,根据综合评分推荐金融服务和产品。以银行业为例,在购买服务和产品过程中会经历三个基本环节:一是认识服务和产品,二是产生兴趣,三是付款购买。当顾客通过网络、私人渠道进行检索,对产品信息、类别进行了解,以确定其购买信息时,其产生的搜索数据可以据以定位客户的收入水平、兴趣和爱好,银行借助分布式存储和云计算挖掘客户的信息,形成完整的客户关系系统,设计并推送各种营销方案,实现精准营销。综上,智能投研平台和智能营销模式改变了投资者与信息数据的交互模式,促使投资者的工作效率和投资能力得到稳步提升。优化线上业务也有效规范了行业准入标准,识别参与者身份,降低支付风险和道德风险,大幅提高业务的安全性和透明度。

(二)决策服务高效化

人工智能渗透到决策服务等各个环节中,可辅助运营管理的日常工作,有效提高投资管理效率。研发人员已经开发出智慧算法和投资组合理论模型,让投资管理行业能够形成基于可持续性、风险偏好、金融地位和金融投资者目标的智能投资管理服务,通过智能投顾和智能客服的有效结合实现决策服务的最高效化。

一方面,依靠互联网平台降低综合融资成本,提高服务效率。调查显示,大多数金融信贷产品的科学技术实现了网络在线申请、网上审批和在线贷款。审批最快可以立即完成,最长为1.5天。同时,所有产品的功能实现了随借随还。在信用期内,客户只要通过手机银行提款和还款手续,就可以实现小微企业迫切高速的货币需求。据估计,传统的信贷服务模式下,小微企业贷款的综合成本(名义利率贷款+担保费用成本+时间+其他隐性成本)通常超过10%。纯粹的在线信用产品,尽管贷款名义利率略高于线下产品,由于其没有中介,无抵押,无担保信贷,具有高效审批和灵活时间的特点,实际综合成本远远低于传统的产品。当然,风险也远远高于传统信贷。

另一方面,利用智能投顾和智能客服配合,实现决策高效化。首先,智能投顾也被称为机器人财务管理,其基础是数据积累和持续优化算法模型。消费者可以通过一些理论模型,如个人投资者提供的风险假设、利率和风格的选择,以及通过使用智能算法和投资组合的优化,获取投资知识,并可以建议投资分配的再平衡的市场动态。随着金融市场的深入发展,金融产品、贸易战略和贸易手段越来越复杂,个人投资者受教育的成本越来越高,普通投资者也很难适应市场的发展速度。专业证券交易需求与日俱增,然而传统投资咨询服务的限制并不能满足私人投资者的需求。综合以上问题,明智的决策实际上意味着合理设计在线金融机构的服务,以更低的费用接触到更广泛的私人投资者。其次,与金融客户未来管理建议相关的问题,通常都是在一个特定的领域重复出现的。大多数标准化用户问题的解决方案是由智能金融客服提供的。传统的基于自然语言的客服参与系统需要大量人力成本,从而发现用户需求,解释和推荐产品,进而促进销售。因此,可依托互联网大数据的平台,通过降低综合融资成本,提高服务效率。随着对传统人工客服的取代增

加，服务效率将逐步提升，问题解决率日趋提高，人力成本也将大大降低。

二、金融科技发展概况及其演变趋势

(一)全球金融科技发展概况

早在 1980 年"金融科技"一词已经出现，而后历经几十年的演变，"金融科技"这一词逐渐变成全球金融的一种新趋势与浪潮。它的依据主要有创新商业模式以及新兴科技两个方面，而本书中借鉴国际证监会组织(IOSCO)于 2017 年 2 月发布的《金融科技研究报告》中对金融科技的定义，将金融科技定义为"有可能改变金融服务行业的新兴科技和创新商业模式"，并从新兴科技和创新商业模式演进这两个大的方向，将金融科技发展历程分成如下三个阶段：

第一阶段：金融科技 1.0 阶段(1980—1989 年)。

在这一阶段，金融行业服务数字化程度逐渐提高。在金融科技 1.0 阶段，随着信息技术的不断发展，金融机构通过各类信息技术的运用实现办公和业务的自动化、电子化，从而压缩营运成本，提高服务效率。同样，在这个阶段，科技通常是通过金融行业的后台系统为其提供技术服务与支持，信息技术与金融机构相对独立。1989 年 10 月，由英国米特兰银行创办的全球第一家直销银行(First Direct)取得成功，为这个阶段的标志性事件。从此之后，欧美地区其他金融业发达的国家创办自己的直销银行的现象也接踵而至。因此，直销银行的出现，标志着金融科技 1.0 时代的开启。

第二阶段：金融科技 2.0 阶段(1990—2010 年)。

这个阶段的本质是改变传统金融渠道，实现信息共享和业务集成。在金融科技 2.0 阶段，具有里程碑意义的事件主要包括：1990 年，移动支付产生；1992 年，美国建立了第一网络经纪商"亿创理财公司"(Etrade)；1995 年，第一个互联网银行"美国第一安全网络银行"(Security First Network Bank，SFNB)成立；20 世纪 90 年代末，电子货币的货币基金组织对接，保险公司网络营销和第三方比价平台问世；2003 年，互联网股权以及众筹融资出现，金融科学技术引起广泛关注；2005 年，第一个 P2P 贷款平台 Zopa 上线。服务端系统的运用逐渐成为现代金融体系的核心，主要金融机构有效协调互联网企业和传统的金融机构。基于信息、通信技术和互联网技术提供的金融平台和行业金融服务，建立网上业务平台，使用互联网或移动终端渠道收集大量的用户和信息，并实现资产在金融业务、交易、付款、资金中的最终组合连接，金融机构有效地优化用户体验，金融行业降低运营成本，有效地扩大相关的服务类别和运用场景。

第三阶段：金融科技 3.0 阶段(2011 年至今)。

在这一阶段，以云计算、大数据、人工智能为代表的前沿新兴信息技术带动金融科技创新与变革。在金融科技 3.0 阶段，技术与数据结合的金融科技逐渐取代互联网成为金融科技发展的新动力，传统的互联网金融继续起辅助作用。在互联网的基础上，以云计算、大数据、人工智能为代表的新兴科技与金融全面结合，使金融脱媒成为新的趋势，传统金融服务行业的痛点得到良好解决。这个阶段将技术与数据完美结合，让大数据分析的运用场景整体提升到智能分析与辅助决策，这改变了传统的金融信息采集、风险定价模型、投资决策过程以及信用中介所处的角色，全面提升传统金融的效率。这一时期的标志性事件主要有：2015 年 10 月，美国纳斯达克证券交易所发布全球首个区块链平台 Linq；2016 年 9 月，英国巴克莱银行完成首个基于区块链技术的交易。

金融科技发展的三个阶段均是通过技术创新来降低客户成本，为客户提供营销、身份验证、风险定价和现金流的技术支持，从而快速干预金融市场。随着网络的普及、大数据和人工智能的运用，特别是前沿新兴科技的研究和发展，信息技术和金融一体化不断突破现有金融边界，转变了金融服务的操作模式。

全球金融科技发展概况如图 1.2 所示。

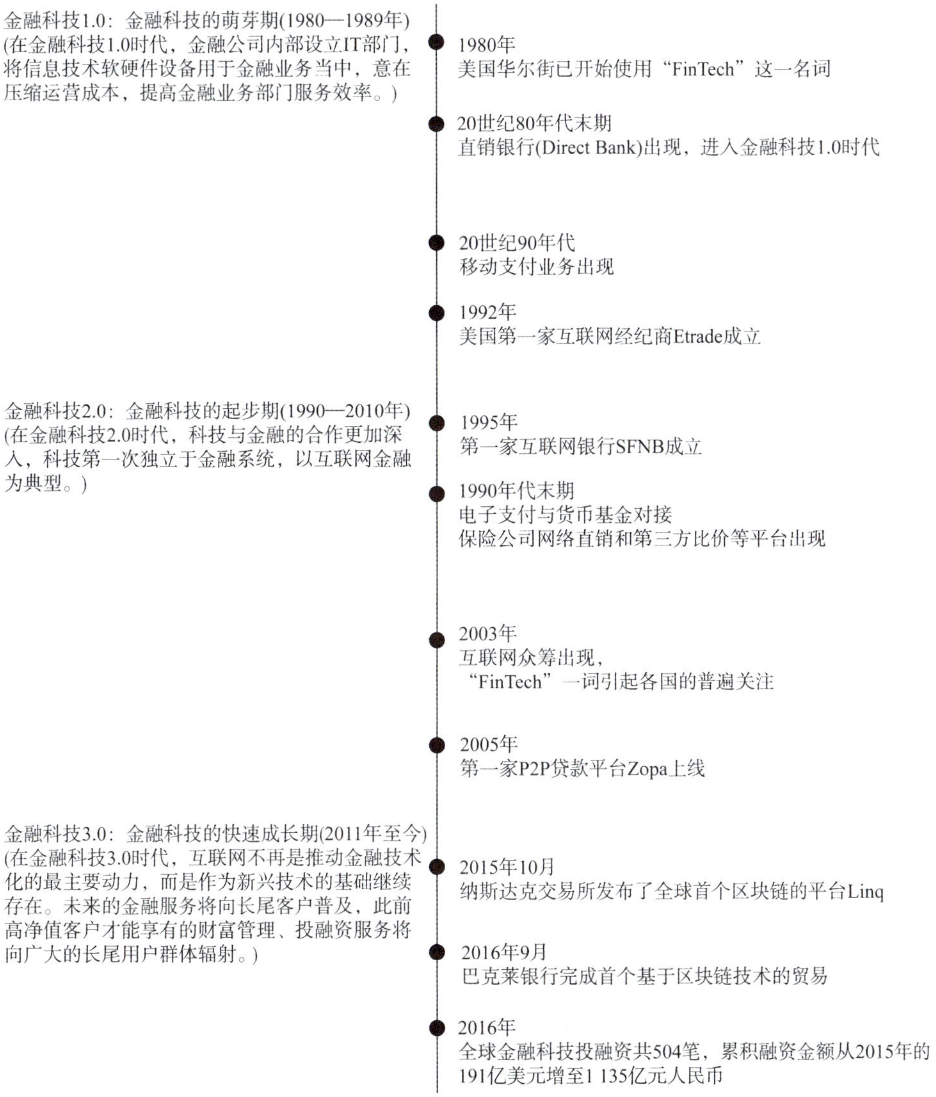

金融科技1.0：金融科技的萌芽期(1980—1989年)
(在金融科技1.0时代，金融公司内部设立IT部门，将信息技术软硬件设备用于金融业务当中，意在压缩运营成本，提高金融业务部门服务效率。)

1980年
美国华尔街已开始使用"FinTech"这一名词

20世纪80年代末期
直销银行(Direct Bank)出现，进入金融科技1.0时代

20世纪90年代
移动支付业务出现

1992年
美国第一家互联网经纪商Etrade成立

金融科技2.0：金融科技的起步期(1990—2010年)
(在金融科技2.0时代，科技与金融的合作更加深入，科技第一次独立于金融系统，以互联网金融为典型。)

1995年
第一家互联网银行SFNB成立

1990年代末期
电子支付与货币基金对接
保险公司网络直销和第三方比价等平台出现

2003年
互联网众筹出现，
"FinTech"一词引起各国的普遍关注

2005年
第一家P2P贷款平台Zopa上线

金融科技3.0：金融科技的快速成长期(2011年至今)
(在金融科技3.0时代，互联网不再是推动金融技术化的最主要动力，而是作为新兴技术的基础继续存在。未来的金融服务将向长尾客户普及，此前高净值客户才能享有的财富管理、投融资服务将向广大的长尾用户群体辐射。)

2015年10月
纳斯达克交易所发布了全球首个区块链的平台Linq

2016年9月
巴克莱银行完成首个基于区块链技术的贸易

2016年
全球金融科技投融资共504笔，累积融资金额从2015年的191亿美元增至1 135亿元人民币

图 1.2　全球金融科技发展概况
(来源：搜狐网《2017 金融科技报告——行业发展与法律前沿》)

(二)中国金融科技发展概况

通过科学技术在金融领域的运用变化进行分析，可分为以下三个阶段：第一阶段为金融信息化阶段，主要关注的是信息技术的后台运用；第二阶段为互联网金融阶段，关注互联网的前端服务渠道；第三阶段为金融科技阶段，强调金融业务中技术运用的变化趋势。

第一阶段：金融信息化阶段。金融信息化阶段主要关注信息技术的后台运用。在 20 世

纪80年代，随着经济全球化和金融自由化，金融服务需求增加，金融机构建立信息技术部门，银行卡、存取款一体机、无纸化证券交易快速推广。金融业务和财务管理方面的运用、现代信息技术的深入开发和广泛使用的金融和经济信息资源，加快了金融现代化的过程。在信息技术的不断发展和金融服务的推动下，经济全球化和金融创新成为现代经济的核心。

第二阶段：互联网金融阶段。互联网金融阶段关注互联网的前端服务渠道。随着互联网业务的迅速发展，金融领域也产生了一些变化，体现在传统金融业务网络方面，网上银行作为典型代表，将被转移到个人电脑离线柜台业务。智能手机的普及让人们的沟通无论何时何地都可以进行，极大地提高了网络利用的效率。在这个阶段，传统金融机构建立网上业务平台，改变传统的金融渠道，实现信息共享和业务集成。同时，移动支付成为可能。此时，虽然金融领域的互联网普及率逐渐增加，但并不会改变传统金融的本质属性。

第三阶段：金融科技阶段。金融科技阶段强调金融业务中技术运用的变化趋势。在人工智能时代，大数据、人工智能、区块链、云计算等前沿新兴技术日益成熟，成为金融创新的一个重要驱动力。在这一阶段，金融业通过新技术改变了传统金融信息的收集来源，改进风险定价模型和交易决策过程，改变了信用中介的角色，有效提升传统金融效率，解决了传统金融痛点。此时，金融同科技相结合，影响到传统的金融革命。

因此，中国的金融发展现状分析伴随着前沿新兴技术的快速发展，"金融+技术"经历了"金融信息、网络金融、金融科技"的不同阶段的变化升级。直至2019年，中国的金融行业科技市场规模已突破3 700亿元。

中国金融科技发展概况如图1.3所示。

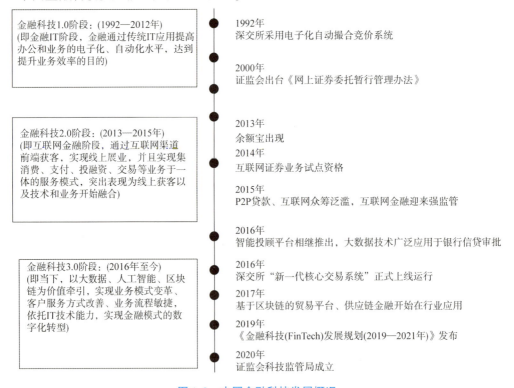

图1.3　中国金融科技发展概况

（来源：华锐金融科技研究所）

（三）金融科技的演变趋势

金融技术驱动着金融业的迅猛发展，促使其不断变革。

首先，金融科技降低了金融服务行业的财务成本。当前，金融服务机构提供包括传统银行贸易服务和抵押贷款等各种服务，而金融科技将其最基本的服务形式分离成单个产品。精简产品和技术使效率大大提升，并减少每笔事务相关的成本。

其次，金融科技的演变趋势加快。从金融领域集成运用的动向分析，金融科技已延伸至营销、风险控制、投资研究、客户服务等金融运用程序场景。现今通过调整人工智能解决方案，使银行的发展更进了一步，这同样会扩大人工智能领域的运用范围。

最后，金融科技监管日臻完善。因为金融科技覆盖所有方面的金融服务提供者、消费者和投资者，所以需要严格监管。毋庸置疑，新兴金融科技为消费者和投资者提供了极大的方便，但同时它也显著影响全球金融生态系统。由于金融科技的飞速发展给传统金融行业带来了新的生机，传统金融模式下基于机构化数据的管理模式已经被以互联网金融为代表的新兴金融服务形式取代。金融监管机构不仅可以更准确、高效地完成合规审计，减少人力费用，对金融市场的变化进行实时控制、监管和风险把控，还可以及时自检和验证管理行为，主动识别和控制风险，提高合规的能力。可以预见，监管部门的科学技术在未来几年内将依靠管理需求的合规要求，建立更广泛的监督机制。

 案例链接

传统银行放下"架子"，携手金融科技企业打造"智能化"

如今，在金融科技的冲击下，传统银行正努力突破传统、拥抱创新，并放下"架子"与新型金融机构展开合作。2018年1月，交通银行成为京东金融"京银计划"的首个合作伙伴。"京银计划"通过京东支付，将京东的零售优势资源向银行业合作伙伴开放，实现京东与银行的跨界互动和用户分享。

交通银行并不是特例，以国有商业银行为代表的传统银行，对于与蚂蚁金服、京东金融等金融科技类企业的合作持越来越开放的态度。2018年1月25日，百度金融与无锡农商行达成合作共识，携手共同打造国内首个AI大数据一体机——"融智"一体机；2017年11月以来，京东金融和工商银行联合推出"工银小白"数字银行以及无人贵金属店等系列产品。

金融科技创新正加速重构银行经营发展的模式和市场竞争格局，以技术创新作为自身优势，开始进行新的转型。事实上，在金融科技融合的时代，从四大行到股份行再到城商行、农商行，都在寻求科技创新的突破口。

中国社科院金融研究所银行研究室主任表示，随着我国经济发展进入新阶段，经济互联网化的程度不断加深，银行与金融科技之间的关系越来越紧密，跨界合作也会越来越深入。"京银计划"的营销模式，将电商的消费场景、金融科技的能力与银行的支付产品深度结合，满足了消费升级新时代下的用户服务需求，强化了银行市场竞争力。

（案例来源：付碧莲. 传统银行放下架子，携手金融科技企业打造"智能化"［EB/OL］.（2022-03-24）［2022-09-28］. https://mbd.baidu.com/ma/s/oSOEP8SR.）

思考题

1. 在金融科技的背景下，传统金融业务有了哪些变化？

2. 随着金融科技的广泛运用，为了完善风险管理体系，金融从业者可以采取哪些措施？

本章小结

1. 金融与科技发展的内在关系体现在两个方面：第一，提供金融支持，推动科技创新。金融业发展为科技创新提供良好的资金来源，为科技创新注入金融活水。但科技创新过程中的高风险性质也加重了金融的发展负担。第二，科技助推金融，加速金融创新。金融创新可通过科学技术手段解决市场中信息不对称的痛点，提高各方面金融运转效率。

2. 金融科技范畴广，包括普惠金融、大数据金融、云计算金融、人工智能金融、区块链金融。在金融科技发展中存在信息不对称和风险承担这两个关键问题，金融科技运用领域主要包括业务发展和风险管理两大场景，通过金融科技的使用可以为两大场景中各种问题提供新的解决思路。

3. 中国金融科技的应用可分为以下三个阶段：金融信息化阶段、互联网金融阶段、金融科技阶段。金融科技已成为金融创新一个重要的驱动力。金融科技的飞速发展为传统金融行业带来新的生机，影响传统的金融革命。金融科技根据实际金融发展态势不断演变，已延伸至营销、风险控制、投资研究、客户服务等金融应用程序场景，未来发展潜能巨大。

第二章 金融科技发展史

⊚ 素养目标

1. 完善金融机构自身

金融是一个国家经济的表现形式。一个国家的金融发展越领先，代表这个国家的经济发展越繁荣。金融科技作为金融发展阶段的新型产业，了解金融科技的发展史是非常重要的，深刻了解金融科技有利于相关金融机构完善自身不足，相关金融机构可以结合金融科技发展历史吸取经验与教训。

2. 良好利用金融科技

金融科技是金融行业发展较快的衍生行业。由于其发展快速，我国还未有完善的法律制度去监管这个行业。有些企业会利用法律的宽泛而去谋取不良的钱财，造成社会上的不良风气。"君子爱财，取之有道。"企业需要将科学技术和人文精神相结合，实现金融科技服务于实体经济的国家政策。

◈ 案例导入

自 100 年前电汇起，金融科技创新现象开始产生。通过"Fintech"新词引出金融科技英文"financial and technical"的合成词，再一次让我们对金融创新加以关注。通过新兴信息技术与金融场景相交互，全面提升信息对称、风险识别服务效率等金融服务能力，使金融回归本质，从链接资金供需方越来越复杂的流程中走向更简约的交互路径。从电报机技术带来的电汇汇款，到计算机带来的互联网+金融方式的创新，到现在整体科技创新的全面发展所带来的新 Fintech，其中技术升级包括大数据、云计算、云存储、人工智能、区块链、5G、增强现实(AR)以及 VR 等工具的全面发展。

(案例来源：中国并购交易师蒙英芝浅析：金融科技创新及中国境内案例[EB/OL].
(2022-04-06)[2022-09-30]. https://new. qq. com/rain/a/20220928A04RH200.)

思考题

1. 金融科技经历了几个阶段？

2. 金融科技改变了哪些风险，又产生了哪些风险？

金融科技是技术驱动的金融创新，金融科技的发展是伴随着技术的更新迭代而进行的。作为国家经济的血脉，独特的时代背景、变化的经济形势、激烈的市场竞争甚至不同的经济理念都会对金融业务提出更高更新的要求，促使金融通过与新技术融合创新，实现金融的持续发展。因此，本章根据时代进行划分，阐述金融科技的发展和变化。

第一节　中国早期的金融技术

一、中国早期金融业的创新

货币、信用、金融三者之间既相互独立又联系紧密。货币在信用和金融中充当着流通的角色；信用是借贷关系形成的基础，也是金融实现资金融通作用的基础；金融是信用和货币出现以后形成的经济范畴。对于早期的金融事业来说，货币的发展过程很大程度上展现了信用的发展过程，推动了金融创新和完善。中国作为世界上最早使用货币的国家之一，在早期的金融创新上有过很多辉煌的成就。其中，飞钱、交子、汇票的出现有着标志性意义。

(一)飞钱

飞钱是产生于唐朝的一种汇兑形式，是金属货币向纸币转变的重要铺垫。在飞钱诞生之前，中国的货币发展可以追溯到商周时期。货币出现后，其形式和材料经历了很多次的改进，实物货币包括粮食、布匹、贝壳、龟甲等多种物件。人们掌握金属冶炼技术后，就渐渐使用金属称量货币，主要的铸币材料有青铜、铁、金、银等。随着金属货币的流通越来越广泛，金属材料的获取来源和途径有限，铸币短缺的问题也越来越突出。

直到唐朝，商品经济空前繁荣，对外贸易十分发达。"钱荒"爆发，各州县纷纷禁止携铜出境。同时，铜钱笨重且交通不便，在交易量大时，沉重的货币不仅不便于商人携带和转移，还存在被盗的危险。可见，金属货币的数量和流通效率已经无法满足社会的迫切需求。于是，商人们便以票据代钱，将钱币交给各地驻京的进奏院(相似于驻京办事处)和有关机构，或交给各地设的分支机构的富商，由机构发放两联凭证，其中，半联凭证交给商人，另半联凭证寄回各地的相应单位。商人回本地区后，经验证相符便可取款。这种票据就叫飞钱，又称便换、便钱。

飞钱虽然是纸质的，但本质上只是一种汇兑形式。它既不能用于购物支付，也不能流通，只能作为钱与钱定点兑现的工具，实现的仅仅是现金在时间和空间上的转移。飞钱的运用与现在的汇票类似，为当时商业及之后货币发展都造成深刻的影响。一方面，飞钱的使用在很大程度上解决了唐朝时期贸易结算的不便，缓解了"钱荒"的问题，在客观上促进了商品经济的发展。另一方面，在当时坚持实际价值等于名义价值的金融历史阶段，飞钱的运营为汇兑制度树立了权威，为之后纸币的流通建立了信任基础。

(二)交子

交子最早出现于北宋时期的川蜀地区，为中国历史上最早使用的纸币。在宋代，地方割据势力增强，四川位于遥远的西部，三面都环绕着侵略者，成为主要军事前线。为了避免宝贵的铜铸币流向西部少数民族政权，当朝政府将四川设立为铁钱区，禁止川内使用铜钱。与铜钱相比，铁币价值更低也更重。铁币贬值最严重时，10 文小铁钱才抵 1 文铜钱，一头价值 30 贯钱的牛需要 1 300 公斤的铁钱才能买到，这给商人的经营带来极大的困难。

在飞钱的启发下，四川成都出现了为不便携带巨款的商人经营现金保管业务的专职铺户。存款人把现金交付给铺户，铺户将交子作为存款凭证发给存款人，并收取一定的保管费用。商人们可以利用交子在川内进行交易，最后将盈利的"交子"拿到交子铺，换出等额的现金。但一段时间之后，由于交子缺乏监管，富商的社会责任缺乏，出现大量滥发和伪造交子的乱象，大量交子无法兑换。同时，交子的便携性已经被市场充分认可。于是，北宋政府设立相应的准备金制度和货币管理制度，将交子的发行权收归国有，不仅能为国家创造利润，还能以国家信誉来保证交子的正常运营。此时的北宋已领先于世界建立了一套现代金融体系。

交子与唐朝的飞钱类似，却有着本质的不同。飞钱只是一种汇款工具，需要汇款本人到异地兑换货币，而交子却是在川蜀地区使用，而且具有匿名的特性，已经完全被市场认可，进入了流通领域，已经具备了现代纸币的一定特征。此外，北宋实际上实行的是"铁币本位制"，交子只是利用与铁币的汇兑关系来执行货币职能。

（三）会票

会票产生于明清时期，也是商人发行的一种异地支付凭证。会票根据其是否能流通分为两种：一种是汇兑票，即汇票。汇兑使用的会票有明确的收兑者，一式三联，注明合券付款，且指定讨保及兑付期限，不能辗转流通，其本质是今天的支票。另一种是可以辗转流通的会票，可流通会票不规定兑票人和兑换期限。持票者自寻讨保便可兑取现钱。联号结算是以票为据，挂账支付，因此也不需要联票合券。此类会票也不同于钱票。钱票只是发行者和持票人的兑付关系，不写明兑票者，也不需要中保，只认票不认人。其文字规定大都是"凭帖来取"。"来取"就是到本店来取。所以一般为本地流通，兑钱后还可以再度入市。会票是由第三者转手兑钱，其文字规定为"凭帖附与去人"。"附与去人"就是付给持票到异地联号去的人。联号自然不是本店，而是第三方。会票一经兑现就不再入市，并将其上数额圈批。会票是古代信贷的产物，其由汇兑而产生并渐渐取得流通工具地位，是介于钞票和汇票之间的一种纸币形态。

二、中国早期金融创新的技术因素

推动早期金融创新的因素有很多，从技术因素上来看，造纸业和印刷术的发展是飞钱产生的必要技术和物质基础。造纸业的兴盛、密码学的发展和雕版印刷术的普遍运用为交子、会票等的出现与发展提供了保障。

（一）造纸术

成熟的造纸术为飞钱、交子、会票的发行提供便利。唐朝时利用竹子为原料制成的竹纸标志着造纸技术取得了重大的突破，其可以批量生产麻纸，并具备对纸的染色、合胶等加工技术。在此基础之上，唐代为解决异地汇兑问题而产生了飞钱，促进早期异地汇兑业务的创新。但此时的印刷技术还无法支持批量印刷，飞钱的流通和普及受到一定限制；南宋时期，会子出现，纸币的需求量迅速扩大，工匠们创造出一种名为"还魂纸"的再生纸，来降低生产成本与提高废纸的重复利用率，大大减少对原材料的消耗，稳定对纸币的供应，为会子在全国范围流通奠定了基础。

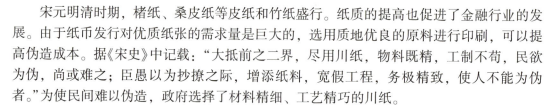

宋元明清时期，楮纸、桑皮纸等皮纸和竹纸盛行。纸质的提高也促进了金融行业的发展。由于纸币发行对优质纸张的需求量是巨大的，选用质地优良的原料进行印刷，可以提高伪造成本。据《宋史》中记载："大抵前之二界，尽用川纸，物料既精，工制不苟，民欲为伪，尚或难之；臣愚以为抄撩之际，增添纸料，宽假工程，务极精致，使人不能为伪者。"为使民间难以伪造，政府选择了材料精细、工艺精巧的川纸。

（二）印刷术

精细成熟的印刷业为纸币的大量发行和信用度的提升起了重要作用。北宋庆历年间，毕昇发明泥活字印刷后，印刷技术不断得到改进和发展。北宋时期，雕版印刷业有了很大的发展和提高，满足了纸币印刷的要求。四川自唐、五代以来，就作为印刷业的中心地区，此时已经具有雄厚的印刷业基础，具备了大批量生产纸币的技术条件，随着其他政治条件和社会条件的成熟，共同催生出了交子。此外，雕版印刷彩色套印技术能够有效防止假币伪造。因为在当时的条件下，冶铸技术与矿冶原料都在政府的严格控制之中，加上铜版上丰富的花纹图案，极大地增加了伪造的难度。同时，唐代的砑花纸（水纹纸、花帘纸）在宋代继续发扬，有学者推测砑花纸可能运用于宋代纸币。据《文房四谱》记载"然逐幅于方版之上研之，则隐起花木麟鸾千状万态"，是指用雕刻好花纹的木版对纸张进行加压，其可呈现出花草鱼鸟等花纹。据《清异录》中记载："研纸版乃沉香，刻山水林木、折枝花果、钟鼎文，幅幅不同，文缕奇细，号'研光小本'。"现藏于北京故宫博物院中米芾所作的《韩马帖》，其纸面上也隐约呈现出云中楼阁的纹理。在13世纪，意大利工匠将印花防伪的想法带入纸币的设计中，通过将数字字母与图像组合印制在钱币上，将其作为商标与防伪标记。

（三）密码学

密码学在早期金融发展中的作用主要体现在防伪技术上。在宋朝时期就出现了密押技术，宋代的纸币印制会频繁更替铜版，使用的时候，必须经过官方的认可。官方会在交子上记录收到的钱，只有签字画押后才能使用。纸币在发行的过程中，朝廷会给各省府县钱庄各留一印记，老百姓用钱时再留一印。手续虽然复杂，但是能做到杜绝造假。清朝时密押技术更加成熟，为山西票号的防伪提供了技术支持。密押技术是清朝防伪的一个方式。密押更换速度快，防伪效果也很好。例如，日升昌票号在95年间总共换了300套密押，"谨防假票冒取，勿忘细视书章"的1个字代表1个月，时常更换，外人无从破译。

三、中国早期金融创新的特点

（一）民间金融的国有化

民间对市场的变化更敏感，导致其在金融创新上更加积极主动，但金融在民间自由发展有极高的风险，需要国家管控。从我国古代的金融工具创新上来看，从贝币到铜币，到半两钱，再到五铢钱，直至飞钱、交子等，创新初期都是由民间兴起并推行。随着这些金融工具的普及和人们物质需求的无限性，滥发、伪造货币和争夺材料等现象破坏了经济的稳定，甚至动摇了国家的根基。这些风险迫切需要一个权威的机构监督管理。

国家拥有最高的信用和权威，是最好的监管者。西汉时期，汉武帝将铸币权完全收归到"上林三官"，结束中央铸币与民间的竞争，出现了人类史上第一个国家造币机构，同时

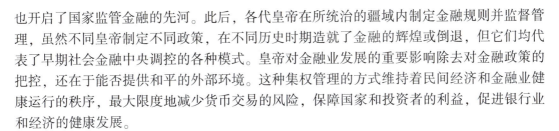

也开启了国家监管金融的先河。此后，各代皇帝在所统治的疆域内制定金融规则并监督管理，虽然不同皇帝制定不同政策，在不同历史时期造就了金融的辉煌或倒退，但它们均代表了早期社会金融中央调控的各种模式。皇帝对金融业发展的重要影响除去对金融政策的把控，还在于能否提供和平的外部环境。这种集权管理的方式维持着民间经济和金融业健康运行的秩序，最大限度地减少货币交易的风险，保障国家和投资者的利益，促进银行业和经济的健康发展。

（二）突破金融活动的区域性

早期社会的政治条件和交通条件为地方金融交流建起壁垒，使金融呈现区域性特征。中国历史上的大部分时期，国土是割裂分治的，各国的管理体系和经济治理都有一定的差异，彼此之间的交易规则和交易工具无法通用，金融的发展质量也良莠不齐。

此外，古代的交通条件有限，大部分地区偏远且道路险峻，在缺乏管理的边境地区还有被盗或抢的风险。在这样的情况下，金融对外开放的代价和风险很大，人们只能在所在国甚至所在郡县进行经济往来。

从唐朝开始天下一统的形势大体确立，在外交和经济上都更开放包容，打破了原来的政治限制。包括金融在内的各种技术在互通有无的过程中相互促进，同时，繁荣的对外市场以及广阔的地域条件为金融创新起到催化作用。

（三）打破金融市场的原始性

最早的金融出现在先秦至两汉时期，在这一阶段，金融市场上大量出现的是借贷。该时期的金融获利渠道狭窄，几乎只靠最原始的存贷利差获取利润。随着造纸术和印刷术的出现，信息储存和核验困难等问题得到解决，交子、会子等新的支付方式出现，市场变得多元化，为金融打开了新的获利空间。随着小农经济复兴，金融市场的主要活动不再局限于借贷，而是出现了很多从事储蓄、汇兑等业务的新机构，如专业进行货币兑换的钱庄、专业进行远距离资金流通的票号等，逐渐形成了金融业的五大基本业务——存、贷、保、汇、兑。

第二节　电气时代的金融科技

一、电气时代技术变革的特点

电气时代主要是指以电力为标志，从 19 世纪开始的技术革命。这次革命让人类走进了全新的一个时代。这一时代以电动机为代表，出现了电能这种新的能量形式，推动着人类的经济生活发展，形成了一个古人都不曾想过的全新的时代。电气时代技术的特点有如下几点：

（一）电气时代加速了科学与生产的紧密融合

在电气时代，科学成为推动生产力发展的重要因素。电气时代自然科学开始与工业生产紧密结合，两者的结合是这一时代取得的最大成果，为科学推动生产发展方面发挥了重要作用。例如，生产出电话、电冰箱、洗衣机等电器，在减轻繁重家务生活的基础上丰富了人们的日常生活。

（二）电气时代的技术范围的广泛覆盖

电气几乎于几个先进资本主义国家同时兴起，技术创新规模急剧扩张，社会发展十分迅速。技术的发展带来国家文化与语言之间更加频繁的交流，缩短人们距离，使得彼此的心灵更加接近。

（三）电气时代的诞生促进资本主义国家的发展

电的广泛使用促进了资本主义国家的发展，无论是在资金还是技术方面，资本主义国家都比发展中国家强，经济增长速度也远远超过发展中国家。在资本主义国家经历第一次工业革命的时候，发展中国家还没有步入这个革命时刻，然而第二次工业革命来临的时候，只有资本主义国家跟上了脚步，因此资本主义国家可以结合两次革命的特点来调整自己的计划，这时，发展中国家还处于第一次工业革命，发展落后于资本主义国家一个革命时期。

（四）新能源的广泛应用

社会、国家、经济的发展都离不开能源。由于电气时代电力、煤炭等能源得到广泛的使用，充分贴合市场需求，直接促进了重工业的快速发展，不仅使工厂获取持续高效的电力供应，并且为推进国家大规模生产进而形成经济垄断奠定了基础。

（五）解决动力问题

19 世纪 80 年代，卡尔·本茨创造了内燃机，缓解了一直以来困扰着人们的动力不足的问题。同时，内燃机汽车的成功催生出柴油发动机汽车。发动机汽车的成功制造和广泛运用也促使了轿车、船舶、航空器等现代运输交通工具的快速发展。人们的交通方式越来越多，交通速度也随之不断提高，大大缩短了人与人之间的距离，使得各国的文化和贸易往来更加便利。

如何将相关技术快速运用到与电气相关的产品制造中，迅速提高其生产力，是电气时代技术变革中的最关键问题。但是，相关垄断经济组织的大量出现使世界资本主义各国之间的贸易资金迅速集聚，全球经济之间的贸易竞争也逐渐从自由资本主义阶段转向垄断阶段。

二、电气时代金融科技的范畴

金融与科技融合的早期阶段大致发生在第二次工业革命到 20 世纪 60 年代之间。在早期阶段，金融从业者使用马车、火车等出行工具拜访客户、获取信息，使用毛笔、钢笔、羊皮卷等工具书写契约。每个时期的金融业从业者借助当时较为简陋的工具完成金融服务。金融活动的开展必然受限于特定时期的技术条件。

金融科技是指通过利用各类科技手段来创新传统金融行业所提供的产品和服务，提升效率并有效降低运营成本。金融技术创新是指通过对大数据、云移动计算技术、人工智能、区块链系统以及其他各种金融信息技术产品的技术全面创新，并将其运用于银行支付与清算、贷款资金、财富运营管理、零售与银行业务、保险公司、贸易与结算服务六大传统金融服务领域。电气时代的金融科技包括电报、电话、银行电汇、证券交易等。其中，电报、电话是电气时代的金融创新，银行电汇业务、证券交易业务是电气时代金融电汇业务的发展。

电报是最早用电的方式来传递信息的、可靠的远距离通信方式。它是 19 世纪 30 年代在英国和美国发展起来的。电报信息通过特殊交流线路以电信号的方式发送出去,该信号用编码代替文字和数字,通常使用的编码是莫尔斯电码。

电话是通过电信号双向传输话音的设备。通常人们将亚历山大·格拉汉姆·贝尔(Alexander Graham Bell)认为是电话的发明者,美国国会 2002 年 6 月 15 日 269 号决议确认安东尼奥·穆齐(Antonio Meucci)为电话的发明人。

电报和电话这两样发明均为人类生活带来了信息沟通的便利,缩减了交流成本。信息对于每个国家来说都是非常重要的,金融行业的信息对称对行业的从业者以及消费者来说也是非常重要的。这两样发明的出现带来了金融行业的创新,使得每个国家的信息得到共享并带来不必要的隐形战争。金融业的电话银行业务就是将电话作为通信工具,客户通过电话可以即时清晰无误地进行沟通,不再需要亲自拜访银行人员,这样大大降低了金融活动的交易成本。

银行电汇是指银行通过电报、电传或环球银行间金融电讯网络(SWIFT)汇款方式指示代理行将款项支付给指定收款人。电汇是当下每个国家不加以说明就使用的汇款方式,相较于其他汇款方式更为便利,使用也非常广泛,但相较于其他方式银行收费较高,因为银行除了收取手续费外,还需要收取相应的电讯费。

银行电汇的特点如下:

1. 提高操作流程

银行电汇通过电报、电传、电讯网络等方式进行汇款。操作不再是以前一对一的指导汇款,只需学会怎么操作网络就可以进行,减少了操作步骤。并且银行电汇的汇款数目不受限制,降低了大额交易带来的风险,减少了人们的时间成本。

2. 突破地域限制

银行电汇是一种创新的汇款方式,汇款人在自己所处地能够向收款人当地进行汇款。对于不在汇款人当地的任何人、机构、欠款等都非常方便。例如,在售货单位未能全面了解购买单位的资金状况以及自身供给量缺乏的情况下,可以让购买单位先进行汇款,然后售货单位在收到货款后再进行发货,避免了购买单位由于资金不足拖欠款项的风险。

3. 提升服务效率

银行电汇是汇款人向不在当地的收款人支付款项的结算方式。对于两地单位之间的资金调配、清理旧款以及往来款项的结算都非常方便,异地人员不再需要通过银行,甚至在特殊情况下必须到收款人当地去结算。银行电汇的优点是银行电汇汇款速度快,缺点是汇款人需要支付高额的电传费用,因此一般只有在大额或者紧急情况下汇款人才会选择银行电汇汇款。

证券交易是指证券持有人依照交易规则,将证券转让给其他投资者的行为。证券交易是一种已经依法发行并经投资者认购的证券买卖活动;是一种具有财产价值的特定权利买卖;也是一种标准化合同的买卖。证券交易的方式包括现货交易、期货交易、期权交易、信用交易和回购。

证券交易的特点如下:

1. 证券交易是特殊的证券交易方式

证券交易方式包括上市交易和上柜交易。上市交易是指在证券交易所集中挂牌出售的

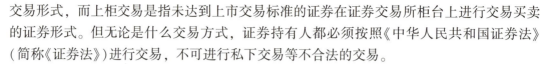

交易形式，而上柜交易是指未达到上市交易标准的证券在证券交易所柜台上进行交易买卖的证券形式。但无论是什么交易方式，证券持有人都必须按照《中华人民共和国证券法》（简称《证券法》）进行交易，不可进行私下交易等不合法的交易。

2. 证券交易是反映证券流通的基本方式

证券交易过程中保证证券的流通性是交易的基本特征，拥有良好的流通性可以降低交易时发生的风险。证券在发行和转让之后就成为投资者唯一的投资对象，投资者的目标在于能够获取收益，在风险来临时能够成功变现，因此赋予证券流通性和变现的能力，可以使投资者便利地进入及退出证券市场。

3. 证券交易必须利用相关市场来进行

相关市场包括场内市场和场外市场，场内市场是指有形的、有固定场所的证券买卖场所，而场外市场是指没有固定场所、无形的证券买卖场所。无论是场内还是场外市场都属于证券交易所，是依法设立、进行证券交易的场所。其中，场内如我国的上海证券交易以及深圳证券交易所，场外如我国原有的全国证券交易自动报价系统（STAQ）、全国电子交易系统（NET）。

4. 证券交易必须遵循相关的法律法规

证券交易必须在合法的证券交易场所交易。依法公开发行的证券，应当在依法设立的证券交易所上市交易或者在法律允许的交易所进行转让。必须以合法方式交易。证券交易以现货和国务院规定的其他方式进行交易。证券机构必须规范证券交易服务。证券交易机构必须依法对客户的账户进行保密，若泄露相关信息应承担相应的法律责任。

金融行业是反映一个国家经济结构的重要指标。传统是金融行业发展的基础，技术是金融行业发展的时尚。回顾历史，不知道从什么时候开始，人们提到金融行业的银行都会在前面加上一个前缀——"传统"，对于很多人来说可能会认为这是一个贬义词，但是对于中国人来说，传统是刻在人们心目中的。中国的文化拥有上千年历史，传统两个字体现了深厚的文化底蕴。一个传统行业需要经营几十甚至几百年才能积累足够的财富以及相关的人力资源和信誉。传统代表"经典"，在经典的累计下才能拥有后来创新的金融科技行业，借鉴经典的经验是金融科技行业得以完整的必要方式。

每个时代都拥有自己的时代特征，金融科技就是电气时代的技术特征。金融科技结合传统金融行业缺失的问题得到解决。电气时代的发明方便人类的信息交流，金融行业的信息共享广泛，使金融行业实现了更为完善的发展。

三、电气时代金融科技的运用

电气时代是金融与科技相结合的时代，一方面，电气时代的发明推动了经济的发展；另一方面，投资银行体系逐步完善，形成了金融市场主导的体系，其具有天然的资本运行能力，实现了市场上的资源整合以及流动配置，在此主导下能够淘汰落后的产能和技术，推动经济的优化配置。

相较于国外，我国的金融行业发展较晚，但是随着步入电气时代，金融科技的应用逐渐步入正轨。在电气时代背景下金融科技对银行电汇业务及证券交易业务产生重大影响。

（一）金融科技对银行电汇的影响

1. 金融科技突破地域、时间等限制

银行电汇的汇款人可以跨地域给他人以及机构汇款。金融科技利用高科技，可以随时随地在线提供服务，使得金融服务"无所不在"。客户可以在任何时间咨询问题及向他人汇款，并且不限汇款数目。

2. 金融科技提升了金融服务的能力

银行电汇出现之前，转款、存款、汇款等业务流程烦琐，工作效率低下，不仅消磨了金融服务对象的耐心，还严重侵占了其他金融服务的处理时间。银行电汇的汇款速度快捷，业务操作方便，有效解决了以上服务的痛点，大大解放了金融机构的工作力，综合提升其金融服务能力。

3. 金融科技提升了基础设施

金融科技不仅改善了客户的消费体验，而且通过与科技的结合，更改善了银行的基础设施设备。例如，客户的边际成本递减，以前需要当面沟通的业务现在可以通过电话沟通来办理。

（二）金融科技对证券交易业务的影响

1. 金融科技对证券行业竞争的影响

科技的发展对证券行业交易成本造成影响，在一定程度上大幅度降低了交易成本，导致很多证券商改变了对整体的布局，进而提高了自身的竞争优势。

2. 金融科技对证券交易渠道的影响

金融科技促进了证券行业的发展，扩大了其他交易渠道。利用科技，证券商可以知道客户相关的信息，在一定程度上降低了佣金率，证券行业实现完善发展。证券交易方式场内和场外相结合，加快了交易速度，交易更加方便快捷。

金融科技的出现不仅改善了传统金融行业的服务以及设备，而且完善和改进了相关行业的管理、结构及交易方式。随着科技的发展，与技术结合的金融科技也推动了经济的发展，可以更好地维护国家的安全，助力各国金融行业的超车，实现民生惠普金融。

第三节　电子信息时代的金融科技

一、电子信息时代技术变革的特点

电子信息时代是自 20 世纪，以原子能技术、航天技术和电子计算机技术的运用为代表的科技革命兴起为标志的。在这一时期，资本呈现出阶段性的发展趋势，经济发展的格局也从美国的专揽向多元化、一体化以及区域化的方向发展，一方面是资本主义殖民地体系的彻底崩溃，另一方面是不合理的国际政治和经济旧秩序依然存在。

电子信息时代有很多成功的技术，例如电的发现与发展，电子线路元件的发展，近代通信技术的发展，计算机的发展，自动控制理论发展。18 世纪意大利物理学家伏特发明

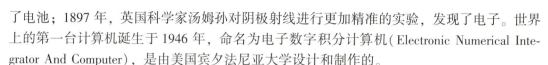

了电池；1897 年，英国科学家汤姆孙对阴极射线进行更加精准的实验，发现了电子。世界上的第一台计算机诞生于 1946 年，命名为电子数字积分计算机（Electronic Numerical Integrator And Computer），是由美国宾夕法尼亚大学设计和制作的。

电子信息时代的特点包括：

1. 科学与技术的紧密结合，相互促进

科学技术不断发展，使得科学产品的结构也变得更为复杂和精密。科学成果商品化的过程不断收缩，科学技术转化为生产力的速度也不断加快。科学技术的发展使人类生活生产方式产生了深刻的变化。

2. 科学技术在各个领域之间相互渗透

科学技术在发展时，出现了两种趋势：一方面是相关学科的分化越来越规范，学科之间的分工越来越细致，相关研究也越来越严谨；另一方面是学科之间的联系更加深入，相关的科学研究朝着综合性的方向发展。科学、技术、生产三者之间紧密结合。对于科学来说，技术是科学的成果；对于技术来说，科学是技术的基础；对于生产来说，科学和技术是其实践活动的必要前提，三者之间缺一不可。

总体来说，电子信息时代以原子能技术、航天技术、电子计算机的应用为代表，包含人工合成材料、分子生物学和遗传工程等高新技术。科学和技术的结合推动了生产力的发展，涉及各个领域。电子信息技术极大地推动了社会生产力的发展，促进劳动生产率的手段改变；促进了社会经济结构和社会生活结构的改变；改善了人类的生活水平和提高了幸福指数；推动了国际经济格局的调整，让各国和各地联系更紧密；强化了资本主义国家在科技方面的竞争优势，扩大了发达国家同发展中国家的经济差距。因此，这次变革对发展中国家来说，既是时机，又是挑战。

二、电子信息时代金融科技的范畴

金融科技行业是以信息技术为基础，将大数据、人工智能、云计算、生物识别、区块链等技术用于银行、保险、证券、消费金融、金融监管等领域，从而形成的多种金融形式。金融科技重塑了传统金融业，产生了一系列的新兴金融生态，包括零售银行、网络借贷与融资、云计算平台、数字货币、资产管理、互联网保险、监管科技等。电子信息技术变革给金融行业带来不一样的创新，包括自动取款机（Automated Teller Machine，ATM），我国第一台具有人脸识别的自动取款机于 2015 年 6 月 1 日正式发布，ATM 的出现解决了客户在银行处理业务时排队和服务的问题；金融业务的创新，如自动转账制度（Automatic Transfer System，ATS），大额可转让定期存单（Negotiable Certificate of Deposit，CD/Large-denomination Negotiable Certificate of Deposit，CDs），货币市场存款账户（Money Market Deposit Accounts，MMDAs）；金融市场的创新（电子化证券、货币期货出现、期权市场发展）。

电子计算机的发明使金融行业发生重要且深刻的变革。计算机不仅改变了传统银行办理业务效率低下的现状，提高了员工柜台业务效率、领导监管能力，而且结合大数据的信息为客户提供了完全创新的业务。计算机的出现带来了 ATM，ATM 设立在各个公共场合随时提供服务，客户只需要携带本人的卡，根据 ATM 的指示即可实现简单的操作，非常方便。

自动转账制度(Automatic Transfer System,ATS)是指客户同时在银行开立储蓄账户和活期存款账户,活期存款账户的余额始终保持为 1 美元,其余余额存入储蓄账户以取得利息收入。当需要签发支票时,存户可用电话通知开户行。ATS 账户是由电话转账服务(Telephone Transfer Service Account)账户发展而来。1975 年,美国联邦储备体系的会员银行获准创办电话转账服务账户。1978 年,联邦储备委员会和联邦存款保险公司授权商业银行提供 ATS 账户。ATS 刚推出时,大部分公众反响热烈,另一部分消费者习惯只使用一个交易账户,加之自动转账服务收费较高,因此随着 20 世纪 80 年代货币市场存款账户(MMDAs)账户在全国逐步推广,对 ATS 账户的需求有所下降。

CDs 是银行印发的一种定期存款凭单,凭单上印有一定的票面金额、存入和到期日以及利率,到期后可按票面金额和规定利率提取全部本利,逾期存款不计息。CDs 拥有能自由转让和买卖、具有不同市场发行及发行方式、面额大等特点。MMDAs 是西方商业银行为竞争存款而创办的一种业务。开设 MMDAs 可以支付高利率,可以浮动和使用支票。计算机出现后,计算机的应用和技术在证券行业得到推广和运用,与凭证式的、有纸化的证券市场相比,在无纸化的证券市场上,证券的发行和交易都不再发行凭证式的证券,而是采取无纸化的发行和交易。货币期货又称外汇期货,指以汇率为标的物的期货合约。它是以汇率为标的物的期货合约,可用来躲避汇率风险。期权市场是市场期权合同交易,是指以商定的价格购买特定产品在特定时间段内的价格权利进行交易,最常见的期权交易合约有外汇、指数、商品期权。

三、电子信息时代金融科技的运用

计算机的出现带来了大数据时代,也使金融科技行业出现,使很多传统金融行业得到了创新的时机。计算机与金融的关系是,金融是计算机的本质,金融行业是数据性的时代,无论是金融机构还是金融市场都具备数据复杂、数据多维的特点。无论是宏观金融还是微观金融都需要平衡计算,平衡总供求和总需要、货币需求和货币供求等的关系,因为金融是衡量一个国家经济发展的重要指标,而金融计算又是经济活动的驱动力,因此可以发现微观金融计算体现在企业财务核算和家庭管理财务方面,宏观金融计算机体现在国家相关部门可以通过金融计算加强财政收支核算以及评价相关投资的绩效。

金融不仅是一个国家经济的重要指标,还是一个对数据信息非常敏感的行业。随着计算机发明的出现,金融的基础数据获得频率不断加快,相关金融基础设施也得到升级,很大程度上提升了办公效率以及客户体验。在电子信息技术时代,金融业不仅要在传统金融行业的基础上巩固自身的业务,更需要利用电子信息技术来扩大自己的业务范围,特别是利用计算机技术带来的优势,提高自身与其他金融机构不同的竞争优势。金融机构主要利用计算机来创新自身的金融监管体系,建立一个以计算机网络系统为核心的网络体系,在利用技术和网络的平台上创造出符合当下社会发展需要的全新金融产品和金融衍生工具。对这两者的创新,一方面可以大幅度地减少金融业初期的投入资金,提高金融业的收益和经营服务效率;另一方面可以实现金融的电子化,在金融业各方面进行综合管理。计算机的出现推动了金融行业的创新,包括投融资产品设计(股票类、债务工具类、衍生工具类产品、投资产品、融资产品)、风险管理类产品设计(促进风险规避,如信用衍生品的结构化设计)。

随着计算机的出现,电子信息概念股常常出现,因为电子信息是我国制造业的核心。

随着我国电子信息技术的发展，相关电子信息公司纷纷出现，并且出现了多家上市公司。电子信息同样表现了现代信息的存储、传播和应用已经改变传统主要由纸质作为载体的时代，代表了现在信息业发展的趋势和方向。例如，以前债券工具仅仅是指债券本身，现在随着债券市场的不断扩大，相关筹集手段以及技术都得到了发展，债券工具可以按照不同的形式划分，包括公募债券和私募债券（公募债券是指向不特定的人发行，可以在债券市场上流通转让的债券；私募债券是指向特定的人群发行，不可以在债券市场上流通转让的债券），政府债券、企业债券和金融债券，国内债券和国外债券。

金融工具亦称信用工具或交易工具，是指资金缺乏部门向资金盈余部门借入资金，或发行者向投资者筹措资金时，按一定格式制作成的书面文件，是具有法律效力的合同。原生工具是证明债券债务关系和所有权权属的合法凭证，包括商业票据、债券、基金等。由于电子信息的到来，金融工具出现了衍生品，金融衍生品是在原有的金融工具基础上衍生出现的金融组合以及合约，包括期权、期货、金融互换等。金融投资是一个商品经济的概念，国内以及国际上主要的金融投资产品包括理财产品、黄金、外汇等。金融产品是金融市场的买卖对象，是指金融融通过程的各种载体，主要包括货币、黄金、外汇、有价证券等。

当然，任何新事物的出现都兼具利弊，电子信息时代也不例外。一方面，计算机的出现改变了现状。金融机构可以使用电脑来监管经济环境。我国金融行业的发展存在和其他发达国家信息不对等的问题，但在电子信息时代，使用者可以利用计算机来建立现代金融体系，将计算机技术、网络技术以及通信技术相结合，这样不仅可以记录金融行业的发展趋势，还可以收集相关数据来建立数据经济模型。利用计算机技术还可以防范金融风险。纵观历史，我国的金融机构主要是银行，它们之间相互合作，进行转账、业务查询、支付等活动，创建以银联机构为中心的网络体系，减少互相的操作风险和信用风险。

另一方面，电子信息技术为金融带来了新的风险和挑战，主要包括信息不对称、机构不完善、金融管理体制和政府不能完全同步等问题。此外，在运行过程中，由于不确定的环境过载可能会出现内部的系统崩溃，对服务造成影响。针对此种情况建立了计算机SOA。将不同平台、不同软件的信息进行整合，不但可以满足客户的不同需求，还可以完善金融管理和运营技术的结构。金融创新可以利用计算机将全国金融机构纳入一个全新完整的网络体系，对这些金融机构的信息进行优化整合，形成专业化的网络综合体，从而进行信息监管，降低风险。

第四节　互联网金融阶段

一、互联网金融阶段技术变革的特点

互联网金融（ITFIN）是指互联网技术和传统金融功能有机结合，依靠大数据和云计算在开放的互联网平台上形成功能化金融形态及其服务体系，包括基于网络平台的金融市场体系、金融服务体系、金融组织体系、金融产品体系以及互联网金融监管体系等，具有普惠金融、平台金融、信息金融和碎片金融等特性的异于传统金融的金融模式。"互联网金融"这一概念开始引起广泛关注是在 2012 年，但是，互联网金融在我国的出现最早可追溯

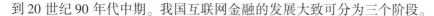

到 20 世纪 90 年代中期。我国互联网金融的发展大致可分为三个阶段。

(一)互联网与金融的初步结合阶段

互联网与金融的初步结合阶段是在 20 世纪 90 年代中期到 21 世纪初。在此阶段,互联网金融并没有真正形成,互联网成本高且效率低。这一阶段的金融机构通过利用互联网提供的技术,使自己的业务能够在线上办理;银行通过构建自己的网络平台,来进行相关的开户、转账、查询、理财等业务。

(二)互联网金融的萌芽阶段

互联网金融的萌芽阶段为 21 世纪初至 2012 年。这一阶段的互联网覆盖范围比第一阶段更广,以搜索引擎、移动支付、社交网络、云计算等为代表。互联网金融的快速发展使第三方支付机构兴起,形成了网络借贷的萌芽。

(三)互联网金融的快速发展阶段

互联网金融的快速发展阶段自 2012 年开始,2013 年为"互联网金融"的元年。在 2013 年,互联网金融实现了飞速的发展,首个专业的保险公司正式成立,线上众筹融资平台逐渐发展。在这一阶段,互联网金融广泛应用在各大金融领域,竞争优势明显。

通过以上三个发展阶段可以看出,作为一种创新的新型金融形式,互联网金融对比传统金融行业具有以下特点:

首先,互联网金融方便快捷,深受大众喜爱。回顾传统金融行业可以发现,支付服务与很多相关金融机构连接在一起,这是金融行业的非常重要的一部分。而在互联网金融的时代,互联网金融的支付具有方便快捷的特征,因此很受大众喜爱。这是因为在互联网时代,客户的信息是透明的,收集数据的技术是先进的,传统的支付手段被互联网当下的移动设备、无线通信所构成的移动支付手段取代。

其次,市场信息相较于传统市场更完善。互联网相关信息技术发展是支撑互联网金融发展的基础,互联网技术方便客户了解金融机构的信息,也使金融机构更加准确地为客户提供服务。

再次,各个金融机构之间的资源配置更加自主。根据互联网的信息技术特征,客户能在互联网模式下更加方便地查阅交易记录并进行分析,随时调整自己的资源配置。

最后,互联网金融带来的金融风险不确定。第一,由于互联网金融的面世时间较短,我国与互联网金融方面相关的法律法规还不健全,很多相关企业开展的业务还在钻空子,产生了很多不确定的风险。第二,由于互联网金融是网络和技术相结合的产物,其产生的风险是不可估量的,例如计算机内部的病毒和相关平台机构设备的缺陷都会带来未知的风险。

因此,我国金融行业的改革是必要的,更是瞩目的,因为我国的金融市场是非常庞大的,尤其是涉及了利率市场、汇率市场以及金融市场监管三方面。每一次的全球经济体制变革都会伴随很大的创新和风险。我国金融行业的变革正好遇上了互联网金融潮流的兴起,在传统金融和互联网金融两者的推动下,我国的金融行业在金融效率、交易结构和方式,以及整体结构方面都发生了重大的改变。

二、互联网金融阶段金融科技的范畴

互联网金融是在传统金融机构和互联网机构中,利用互联网技术和信息通信技术实现资金融通、支付、投资和信息中介服务的新型金融业务模式。金融科技是在科技发展过程中衍生出来的概念，是以金融为核心的科技应用和开发，在提升金融效率的同时能给客户带来良好的产品体验。互联网金融是金融科技发展道路上的一个台阶，通过大数据分析将一些传统的金融业务与产品重新包装上线，满足客户需求，降低传统金融的交易成本。

传统金融，主要是指只具备存款、贷款和结算三大传统业务的金融活动。广义的寿命周期成本还包括消费者购买后发生的使用成本、废弃成本等。简单来说，金融就是资金的融通，是货币流通和信用活动以及与之相联系的经济活动的总称。广义的金融泛指一切与信用货币的发行、保存、兑换、结算、融通有关的经济活动，甚至包括金银的买卖。狭义的金融则专指信用货币的融通。互联网金融的兴起促进了传统金融行业包括互联网银行、互联网证券和互联网保险的创新。

（一）互联网银行

"互联网银行"概念由互联网银行创始人林立人先生首先提出并将其付诸实施。互联网银行（Internet bank or E-bank）是指借助现代数字通信、互联网、移动通信及物联网技术进行的全新服务。互联网银行可以吸收存款、发放贷款、结算支付，通过云计算、大数据等方式在线实现为客户提供全方面、便捷、安全和高效的金融服务。与传统银行对比，互联网银行的特点如下所示：

1. 提高服务效率

传统银行分为很多家银行，且银行之间的服务存在分隔，服务不便利。而互联网银行没有分行之说，其服务遍布各地，相关业务完全在网上进行，大大提高了银行效率，并极大程度上满足了客户的需求。

2. 满足客户需求

传统银行操作复杂并且服务时间有限，只有银行业务员上班时才可以提供服务。但是互联网银行拥有强大的平台，信息全面，客户可以在线上完成，操作简单，服务随时在线。

3. 降低企业成本

传统银行需要很多业务员，人力资源成本非常大。而互联网银行主要依靠计算机技术，减少了线下站点和人力资源方面的成本，且可以利用这些成本来形成自己的竞争优势。

4. 完善信息对称机制

传统银行和客户存在信息的不对称，银行可以知道客户的信息，但是客户不能知道银行的信息。而互联网银行的信息和服务是透明的，全球都可以查询到这些信息，降低了信息的不对称性。

（二）互联网证券

互联网证券亦称网上证券，是在电子商务条件下的证券行业的创新。网上证券服务是证券业以互联网等信息网络为媒介，为客户提供的一种全新商业服务。传统证券的本质是种交易协议，协议的主要内容一般有协议双方交易的标的物、标的物的数量和质量、交易标的物的价格、交易标的物的时间和地点等。互联网证券对比传统证券的特点有：

1. 提高服务便利

传统券商客户需要到指定的地点才能得到相关服务人员的服务，客户得到帮助的时间较长，券商产生的人力成本也巨大；而互联网券商的客户可以在网络上进行相关的服务提问，服务人员可以通过官方平台对客户提出的问题进行解答，缩短了客户得到帮助的时间，提升了服务效率。

2. 完善信息处理功能

传统券商更新相应系统功能的周期较长，并且还需要借助第三方机构才能进行；而互联网券商利用计算机较强的自主研发能力，通过快速收集信息并进行分析，得出相关交易决策，及时收集客户反馈等方式，可以增加体验满意度。

（三）互联网保险

传统保险通过保险公司线下网点或保险代理人等渠道进行投保，被保人得到的是纸质保单，核保时主要采取的是人工核保的方式。互联网保险则主要通过线上渠道投保（如网络保险公司、线上保险平台等），被保人得到的是电子保单。核保方式有智能核保和人工核保两种。传统保险具备一定的安全感但费用较高，操作复杂；相比之下，互联网保险较为便宜，操作方便快捷，但因有关的法律法规还未完善，往往会带来更多的理赔纠纷。

三、互联网金融阶段金融科技的运用

回顾历史，现今我国的经济得到了空前的发展，经济基础设施也得到了发展和创新。在互联网金融时代，科技得到明显的发展。金融科技产品普遍进入大众生活，不仅提高了人们的生活品质和幸福感，而且加快了我国的经济发展历程。互联网时代的技术在计算机中应用非常广泛，不仅是网络信息化的基础，同时也为金融行业带来了众多创新空间和便利。

互联网金融时代出现了一个全新的概念叫作替代性网络金融。它是指除了在金融中介和金融市场中获得的资金以外的所有外部融资渠道，包括向自己的亲朋好友借款。它的出现对我国资本市场上商业信用的大量存在进行了合理的解释，其存在主要源于自信贷的配给。在自信贷配给的情况下，有些企业很难从银行取得贷款，这些企业为解决自身资金短缺问题会去求助相关的供应商，由于需求导向的变化，促进商业信用成为银行贷款不可或缺的一种替代性融资方式。相比于传统金融业，替代性网络金融创新的渠道和工具更方便用来帮助个人或者企业融资或投资，其中包括个人和企业的信贷以及股权模式的众筹。替代性网络金融涉及的范围包括网络资产管理、第三方网络支付、互联网借贷和网络众筹。

第三方支付是指具备一定权势和声誉保障的独立机构，采用与各大银行签约的方式，通过与银行支付结算系统对接而促成交易双方进行交易的网络支付模式。在运用第三方支付模式时，买方进行选购商品后，利用第三方平台提供的账户进行货款支付（支付给第三方），并由第三方平台通知卖家货款到账、进行发货；买方收到货物后，进行检验货物，并且经过确认后，再通知第三方付款，第三方再将款项转至卖家账户。

第三方支付对金融的作用包括作为中介促进客户和银行之间的交易，打破传统银行卡的垄断，提供更加方便的交易方式和交易效率。互联网金融资产管理是利用计算机大数据的信息收集进行分析、对金融模型进行量化并进行智能化算法，根据不同投资者的偏爱，为不同投资者构建不同的投资组合，降低家庭财富管理的门槛，提升银行的综合服务水平。

互联网众筹是指利用互联网和 SNS 传播的特性，让小企业、艺术家或个人对大众展示他们的创意，争取大家的关注和支持，进而获得所需要的资金援助，是基于"互联网+金融"所创新的一种模式。互联网众筹具有门槛低、方式多样化、依赖于大众力量、注重创新的特点，当下很多青年喜欢通过互联网众筹来实现自己的创业梦想。互联网众筹的意义不仅仅体现在金融本身的创新，更在于对传统金融领域和金融业态产生的挑战，在一定意义上具有颠覆性。

第五节　智能金融阶段

一、智能金融阶段技术变革的特点

传统金融的服务以及交易的成果不能给投资者带来直观的感受，没有数据的对比会降低投资者对交易的信任度，让传统金融交易机构和投资者之间没有黏性。虽然影响客户选择的客观因素很多，但是如果有数据的对比，会减少一些不必要的客观因素。

通过对互联网金融的分析可以发现，大数据的产生是必不可少的。而智能金融就是指人工智能与金融的全面融合，其以人工智能、大数据、云计算、区块链等高新科技为核心要素，全面赋能金融机构，提升金融机构的服务效率，拓展金融服务的广度和深度，使得全社会获得平等、高效、专业的金融服务，实现金融服务的智能化、个性化、定制化。其参与者不仅包括金融机构提供的人工智能技术服务的公司，也包括传统金融机构、新兴金融业态以及金融业不可或缺的监管机构等，这些参与者共同组成智能金融生态系统。

智能金融阶段的技术改革带来了人工智能和产业的升级，人工智能是指研究、开发用于模拟、延伸和扩展人的智能的理论、方法、技术及应用系统的一门新技术科学。这门科学运用的技术包括机器学习、知识图谱、自然语言处理以及计算机视觉技术。机器学习是指运用人工智能的核心手段，运用概率、统计等算法和心理学、社会学理论来模拟人们的行为和反应，具体应用于虚拟助手；知识图谱是指运用计算机结合应用数学、图形学等理论来构造可视觉化的图谱、体现知识的框架和内在逻辑，具体应用于人物关系图谱；自然语言处理是指利用计算机融合语言学、数学、计算机科学来实现人们和机器的良好交流，具体应用在机器翻译、信息检索等方面；计算机视觉技术主要用于模拟人正常的视觉功能，从而对收集到的信息图片进行分析处理，具体运用在人脸识别、指纹识别等方面。

基于以上关于人工智能的内容可以看出，智能金融阶段技术变革的特点如下：

首先，智能化显著，收集和储存数据快捷。人工智能使金融机构能够广泛且及时地收集信息数据。人工智能涉及各个方面，可以跨时跨地对金融进行全面信息采集和分类储存，随时捕捉到任何信息，并且快速进行分析、处理、储存。

其次，人工智能提升了金融机构的业务效率。人工智能将运用在人脸识别、指纹识别两方面的功能与生物识别技术进行深度结合，使金融监管机构处理客户信息时更加高效和精准，提升了金融监管机构的业务能力，减少了不必要的支出。

再次，人工智能数据处理具有高效和准确的特点。人工智能可以通过知识图谱和自然语言处理等，运用收集到的图片和信息，利用大量的计算和构建相应的数据模型来快速准确处理数据,从而实现数据的可透视化。它提高了金融监管机构的效率,改善了金融监管的滞后性。

最后,以"客户为中心",实现随人、随时、随地、随需。客户的需求是多元化的,互联网的发展催生了交易的 O2O 模式(Online To Offline),基于智能技术,将理解客户需求变为可能。通过对客户使用互联网信息的掌握,实现从理解到匹配、从千人到千面。

二、智能金融阶段金融科技的范畴

智能金融(Intelligence Finance)是指人工智能技术与金融业深度融合的新型金融形态,是用机器替代和超越人类部分没有经营管理经验与能力的金融模式的变革。智能金融是金融科技发展的高级形态,是在数字化基础上的升级与转型,代表着未来金融行业的发展趋势,已成为金融业的核心竞争力。智能金融在金融科技方面的范围主要包括智能身份识别、智能营销、智能客服、智能投顾以及智能风控。

智能身份识别,又称生物识别技术,是指通过识别人的生物特征来区分个体的技术,包括身体特征和行为特征两大类型,前者包括指纹、静脉、人脸、DNA、掌纹、虹膜、视网膜、气味等,后者包括键盘敲击、步态、声音等。智能金融在金融领域最常见的智能身份识别就是人脸识别支付系统。人脸识别支付系统是一款基于脸部识别系统的支付平台,运用这一系统的特点是:非强制性,客户不需要专门配合人脸采集设备,几乎可以在客户无意识的情况下就获得相关的人脸图像;非接触性,客户不需要和相关设备直接接触就可以获得人脸图片;随时性,计算机可以在任何应用场所进行相关人物的人脸分析、判断和识别储存;视觉特征,智能身份识别是完全依赖人脸的特点,操作简单、效率提高、结果直观。

智能营销也称为精准营销,基于人工智能技术,根据客户交易、消费、网络浏览历史记录等丰富的数据特征,构建用户的需求模型,从而发掘客户潜在需求。在金融领域,智能营销主要指金融机构通过用户大数据构建用户需求模型,并通过设计针对性更强的金融产品和营销方案,为客户提供个性化和精准化的服务。运用智能营销的优点在于:首先,智能营销的及时性。智能系统实时获取客户信息,进而可进行智能营销,包括随时调取,有针对性地进行服务,提高效率,及时调整相关结构。其次,智能营销的匹配度高。与传统营销方式相比,智能营销是根据简单的分析需要和大数据的需要,利用计算机的计算和构造相关模型来进行分析,分析的结果更加准确,效果更显著,涉及的领域更加广泛。最后,智能营销是线上进行营销。传统营销是线下进行营销,人力和物力的消耗都是巨大的,而智能营销不仅掌握多个平台的信息,而且拥有不同情景,针对客户的不同需求随时提供服务,达到了事半功倍的效果。

智能客服是创建在大规模知识数据库的处理基础上的自动应答引擎,提供基于语义的智能应答服务。2020 年 3 月,由中国银行个人数字金融部与科大讯飞协力打造的 95566 全语音门户正式全面上线,面向中国银行客户提供"零接触""零等待"的智慧金融服务。运用智能客服的优点在于:第一,降低了企业的人力成本。传统客服需要相关的人员和客户进行沟通,而智能客服不需要专业的人员去和客户进行面对面的沟通,只需要利用系统和客户进行智能交流,然后利用收集到的信息,提供符合客户需求的方案,大大降低了企业的人力成本消耗。第二,提升了服务效率。传统营销人与人的沟通,专业人员并不能及时获得客户的需求,这会导致服务的滞后性;而智能系统可以根据客户沟通时出现频率高的词语来进行分析,并生成一系列的方案给客户进行选择,大大提高了服务的效率。第三,给企业带来了竞争的优势。低成本和高效率是每个企业都追求的目标,智能客服系统可以通过各种渠道去获取客户的信息并进行沟通，给企业带来了更多的盈利机会。

智能投顾又称机器人投顾，是一种新兴的在线财富管理服务，相对于传统投顾门槛低、费用低。智能投顾是根据个人投资者提供的风险承受能力、收益目标及风格偏好等要求，运用一系列智能算法及投资组合优化等理论模型，为用户提供最终的投资参考，并基于市场的动态走势对客户资产配置再平衡提供建议。传统投顾投资门槛高，费用昂贵，主要为高净值人群提供一对一的理财服务，中间及以下的长尾人群很难享受专业化、定制化的投资顾问服务。智能投顾与传统投顾相比，优点如下：

第一，智能投顾降低了服务门槛。目前，每个智能投顾平台的金融产品配置类型都不相同，投资进入的门槛也不相同，但无论是哪种智能投顾平台的门槛，都远低于商业银行理财产品和私募基金的投资门槛，因此智能投顾平台可以服务于更广泛的人群。

第二，智能投顾降低了交易成本。智能投顾平台的模型和算法适用于每一位用户。智能平台对于单一的客户只收取少量的费用。国内智能投顾平台收取服务费用有两种方式，一种是按投资数目总额来收取服务费，另一种是按投资浮动收益部分来收取服务费，也有一些投资平台是不收取服务费的。当然，进行交易的手续费是每个平台都会收取的基础费用。同时，智能投顾冲破了传统投资顾问根据交易的佣金来获利的规则，适当降低了交易成本。

第三，快速提供方案。智能投顾是投资机构专门为未涉及投资的人群设计的，主要是为缺乏相关投资理论或者是没有理财时间的用户提供服务。用户可以在平台上进行简单的操作，而平台可以在众多理财产品中找出符合用户需求的投资组合，完成整个流程的时间缩短，操作更加方便。

智能风控主要利用人工智能技术构建线上金融风控模型，通过计算机运算与校验练习来提升模型的精度，最终应用到反欺诈、客户识别、贷前审批、授信定价及贷后监控等金融业务流程中，从而提高金融行业的风控能力。智能风控为金融行业风控提供了一种基于线上业务的新风控模式。随着互联网的普及，风险发生的频率减低了，但是出现的风险不再是显而易见，智能风控不仅突破了人工自动进行风控的局限性、空间性和时间性，还提高了金融机构的业务效率和安全性，而且业务涵盖的人群大。智能风控更加完善了传统风控的流程，降低了传统风控所需要的人力成本。

三、智能金融阶段金融科技的运用

随着金融科技的快速发展，无论是在电气时代、电子信息时代、互联网金融时代还是智能金融时代，金融科技的概念层出不穷，但是在实践方面，金融科技的应用并不广泛。大数据在快速发展，而金融新兴产业的相关法律并不完善，很多结构并不安全，其造成的风险是不可预测的，应重点控制金融风险。

金融科技在智能金融的应用方面包括量化投资、支付手段创新、清算手段创新。人工智能可以通过自主学习寻找相关金融信息和金融产品的价格，自然语言处理技术可以处理计算机收集到的相关金融信息，寻找金融市场存在的潜在规律，通过知识图谱进行数据建模把行业规则应用到计算机上，帮助排除错误信息，更好地完善结构化相关信息。量化投资领域的智能机器从基础层面、技术层面、交易行为方式、终端行为方式、互联网大数据信息、第三方信息等衍化生产为一个因子库，将因子数据分析处理生成训练样本，选取计算机算法进行建模训练，保留有效因子生成方程输出组合。金融行业利用计算机视觉技术，可以在非接触性支付、指纹识别支付等方面进行创新。金融市场的参与者在交易中可以使用区块链共享的信息进行交易，使交易流程更加简短方便、交易信息更加公开透明、交易效率更加高效。

人工智能为金融科技领域的信息收集的数据安全提供了巨大的推动力，银行和金融机构通过人工智能和客户沟通，提供匹配客户需求的方案，提高了安全措施；人工智能改善了银行和客户交易的功能，使交易记录公开透明，减少了客户联系相关专业人员的次数；随着人们更加接受人工智能，金融机构必须随时回答客户的相关问题，而人工智能可以通过客户复杂的情绪来完善金融科技的服务系统；金融科技可以借助人脸识别支付系统来预测客户未来的支付，为金融企业带来更多的盈利机会。

总之，金融和科技的结合是每个国家都支持的，金融行业是人工智能、大数据等应用的最佳行业。金融科技中的人工智能用于各种目的，而金融科技中的人工智能又有助于推动技术的创新、提供更加安全的服务、提高客户的满意度以及扩大金融科技在全球的影响力。

案例链接

> 某单位于 2014 年 6 月至 2015 年 12 月间，在不具有银行业金融机构资质的前提下，利用互联网金融平台发布虚假融资租赁债权项目及个人债权项目，包装成若干理财产品进行销售，以承诺还本付息等为诱饵，通过电视台、网络、散发传单等途径向社会公开宣传，向 115 万余人非法吸收资金 762 亿余元。其中，大部分集资款被用于返还集资本息、收购线下销售公司等平台运营支出，或被挥霍以及用于其他违法犯罪活动，造成集资款损失 380 亿余元。
>
> （案例来源：金融知识普及月 | 警惕以互联网金融名义非法集资犯罪 [EB/OL]. (2022-05-25) [2022-09-30]. https://www.163.com/dy/article/HIE00J7005539K8Q.html.）
>
> 思考题
> 1. 互联网金融下的金融风险有哪些？
> 2. 为什么不具备资质的银行都可以发布相关金融业务？

本章小结

> 1. 中国早期的金融创新具有三个特点：官方管控、突破区域性、打破原始性。三个特点共同促进早期商品经济的发展。立足于中国早期的金融创新，商品货币经济发展的产物有飞钱、交子和会票等，进入流通领域后，为商品的民间流通奠定了基础。中国早期金融创新的技术因素有造纸术、印刷术、密码学，解决了纸币的供应、印刷、防伪的问题，为后续的金融创新提供良好的技术条件。
>
> 2. 电气时代是金融与科技的结合，电气时代的金融科技包括电报、电话、银行电汇业务、证券交易业务。在电气时代背景下金融科技的应用场景主要包括金融科技对银行电汇业务的影响以及金融科技对证券交易业务的影响。电气时代为信息交流提供便捷，加大金融行业的信息共享力度，交流成本得到巨大的压缩。
>
> 3. 我国互联网金融的发展分为三个阶段，分别是互联网与金融的初步结合阶段、萌芽阶段、快速发展阶段。在互联网金融的发展背景下，各金融领域通过使用互联网技

术，发展进程得到了显著提升。在互联网金融热潮之下，衍生出了多种多样的金融产品和创新模式，提高了金融服务平台的效率，压缩了发展成本，但同时也存在各项风险与挑战。

4. 智能金融就是指人工智能与金融的全面融合。在智能金融阶段，技术的改良引起了人工智能和产业的改良。智能金融在金融科技方面的范围主要包括智能身份识别、智能营销、智能客服、智能投顾以及智能风控。各项智能化服务功能加速了金融市场的发展进程，催化金融市场的衍生功能。

第三章　金融科技的功能理论

素养目标

1. 深度学习

充分应用金融科技助力实现社会信息化、数字化已经成为全球大势。本章主要通过学习金融科技的各种功能，使学生正确认识和理解学习金融科技的价值，引导学生反思自己的学习策略和学习方法的灵活性，由此培养学生的信息意识，加强学生信息获取、评估、鉴别、使用的能力，同时帮助其把握全球信息化发展趋势，增强其在数字社会、信息时代的适应能力。

2. 实践创新

科技是第一生产力，而金融是民生大势，金融科技的发展和创新对社会经济有重要意义。通过学习金融科技的功能理论，引发学生对金融科技的应用场景的思考。此外，金融科技的基础是金融创新和科技创新，而创新无终点。时代发展日新月异，金融科技仍需不断优化，防范潜在危险。提倡学生在已有技术和理论的基础上实践创新。

案例导入

兴业银行的金融科技引领——兴业数金

兴业数金是兴业银行集团旗下一家提供金融信息服务的数字金融企业，成立于2015年12月。作为兴业银行集团布局金融科技的先行者，兴业数金自成立以来就明确了三大发展脉络：一是"延续发展"，即在继承"银—银平台"科技输出基础上，做大做强金融云，为中小银行、非银行金融机构、中小企业提供全方位金融信息云服务；二是"突破创新"，即打造开放银行平台，通过开放接口，开展微创新，成为"银行端"和"客户端"的连接器；三是集团业务服务方面，积极服务兴业银行集团，做好集团信息科技力量的补充。"构建云端共赢生态，打造金融创新引擎"，这是兴业数金的战略愿景，也是未来一段时间兴业数金的主要战略方向。

目前，兴业数金形成了"三朵云"+智慧服务的新格局——为金融机构提供服务的银行云、为非银机构提供服务的非银云、为全行业提供可靠基础架构的基础云，以及帮助银行机构拥抱金融服务场景化和普惠化变革的开放平台和智慧银行。官方资料称，兴业数金已

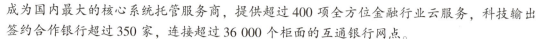

成为国内最大的核心系统托管服务商，提供超过400项全方位金融行业云服务，科技输出签约合作银行超过350家，连接超过36 000个柜面的互通银行网点。

（案例来源：九大银行拥抱金融科技，推动数字化转型［EB/OL］.（2019－05－30）［2022－09－28］.https://www.sohu.com/a/317528441_494793?_trans_=000019_wzwza.）

思考题

1. 兴业数金对兴业银行的发展有何意义？
2. 兴业数金可以实现哪些社会服务功能？

金融的服务宗旨是推动实体经济发展。金融科技的发展日趋完善，将金融科技融合到金融业，推动实体经济的发展已是大势所趋。认识金融科技的功能和应用方式可以帮助社会更好地使用金融科技。

第一节　支付清算功能的科技需求

科技不仅是各支付工具实现支付清算功能的支柱，还是完善和发展支付清算功能的关键动力。科技的发展驱动支付介质形态从有形到无形转变，促进支付服务渠道从线下向线上发展，推动支付身份认证从繁复向便捷演进，引导支付系统从分散向集中管理构建。这一过程依据支付工具的发展分为实物支付、信用支付和电子支付三个阶段。

一、实物支付阶段

实物支付是指以等价的货物或服务进行支付。在这一阶段，支付媒介经历了物物交换、实物作为一般等价物、贵金属作为一般等价物的演变，不同的时代技术在其中起到了举足轻重的作用。

物物交换以及牛、羊、贝、盐等实物作为一般等价物时期：文字、数字的发明与创造推动了支付工具的发展。金融史学家威廉·戈兹曼（William N. Goetzmann）在《千年金融史》中陈言："美索不达米亚产生了世界上第一批城市、第一种书面语言、第一部法律、第一份合同和最早的高等数学，其中许多直接或间接的来自金融技术。例如，楔形文字是古代会计制度和契约的一个意外副产品。巴比伦数学的发展要归功于金融经济对算术和计算的需求。"其一，随着物物交易种类的多样化、范围的扩大化，大脑记忆功不补患。最初的物物交换通常是直接交换和就近交换，即使没有文字也可以进行。城市出现以后，交易规模和范围扩大，大脑记忆的客观性和可信度降低。支付结算和清算需要更标准和具体的计算工具。其二，支付必然会出现跨期价值交换，单凭信任与承诺无法防控违约风险。支付功能的实现，需要客观、可验证的跨时间记忆方式作为凭证。对此，考古教授希曼德-贝斯拉（Denise Schmandt-Besserat）研究发现：苏美尔人在大约7 000年前就使用泥版（也叫陶片）记录物品，它们是文字的早期雏形，后演变成楔形文字。泥版在当时发挥着跨期价值储存的作用，是信用的载体，其意义同现在的纸币和金融合约。

黄金与白银等贵金属固定充当一般等价物时期：金属采矿与冶炼技术的发展让支付方式发生了质的飞跃。一方面，"金银天然不是货币"，金属的货币属性以金属开采和冶炼技术的存在为前提。担任货币的物体，必须具备以下几个特征：一是被普遍接受，二是价值稳定，三是便于携带，四是具有耐久性，五是价值统一和可分。有很多材料可作为商品交换的媒介物和衡量商品价值量，而金银最初只是作为一般商品存在，并不具备便于携带、价值稳定和价值可分的属性。在采矿技术和冶炼技术成熟之后，金银体积小、价值大、质地均匀、便于分割且不易腐蚀的自然属性被挖掘。另一方面，技术的发展推动着货币的发展，不断弥补和完善金属货币的缺陷。首先，货币材料由贱金属到贵金属的演变。货币金属最初是以铜为主的贱金属，随着商品经济的发展，铜逐渐普及，出现了货币材料与生产资料、生活资料争夺原材料的问题，而且由于其价值量降低，逐渐不适应于大宗交易。随着贵金属的开采和铸币技术的提高，币材由铜向银和金过渡。其次，货币形态从称量货币到铸币的演变。最初的铸币条件和工艺较为粗糙，金属货币以条块状流通，每次交易时要称其重量、估其成色，这时的货币称作称量货币。使用称量货币交易效率低，风险高。随着社会第三次大分工——商人阶层的出现，一些信誉好的商人在币金属块上打上印记，标明其重量和成色并进行流通，成为最初的铸币，即私人铸币。当商品交换突破区域市场的范围后，经国家证明、具有规定重量和成色、铸成一定形状的国家铸币出现，出于防伪性和权威性需要，铸币技术更加标准、精细。

二、信用支付阶段

信用支付是由实力雄厚、公信度良好的第三方对支付媒介赋予价值，并用于流通的价值符号。早期的信用支付工具是飞钱、会票等纸质票据，后随着技术和商品经济的发展演变为纸币。依据它们的各自的技术特点对其技术需求进行剖析。

1. 信用支付工具的权威性、耐用性，以及流通的可持续性，依靠造纸术、印刷术和防伪技术实现

一般来说，票据和纸币使用时间长、周转频率高且纸面信息价值高，因此要求其必须具备防伪、防霉变、防酸碱、耐磨、耐脏、耐折等基本性质。为此，纸的制造和印制都十分考究。以纸币的制造工艺为例，纸币的纸张原料主要是棉短绒，比一般的造纸原料贵重，原料配比也有着严格的固定比例。在制造基础纸张的过程当中，通过棉花深浅排序购置出防伪图标再印胶上色。印刷也不只限于复印图案，还要求形成排序有序、间隙极小的凹印效果。同时，通过对数字以及其他部位进行丝网和凸版印刷形成有效的防伪，比如无色荧光、渐变荧光等。最后在纸币的表面涂上一层保护层，从而提高耐脏、耐污的能力。可见，纸币的制造对造纸术、印刷术和防伪技术的要求极高，目前全球真正具备实力制造一些核心技术的国家寥寥无几。

2. 机械化、自动化技术设备为纸币在现代社会流通的稳定性和长久性提供保障

对于纸币制造来说，先进的制造设备能提升制造工艺，降低制造成本。一张人民币，从白纸到印刷出厂需要经过多道工序，凹印机、印码机、胶印机等系列印钞设备也会参与其中。人民币已发行到第五套，印钞设备也经过多次更新换代，如今已进入高速印刷时代。一台印钞机就可能配有 6~7 台电脑，在高科技加持下的印钞行业，印刷质量和单机产能都在大幅地提升。凹印对印机的研发也提高了防伪工艺和效率，以前凹印都是只能单

面印制，对纸币两面同时进行凹印较为困难，而目前真正掌握这种凹印对印技术的，只有中国、瑞士、日本、德国等少数国家。纸币进入流通后，点钞机、验钞机等设备的应用使纸币的获取和验伪都更加便捷，不仅提高纸币流通的效率，还极大地降低了假币流通的风险，使纸币能够稳定而长久地广泛使用。

三、电子支付阶段

电子支付是指消费者、商家和金融机构之间使用安全电子手段把支付信息通过信息网络安全地传送到银行或相应的处理机构，用来实现货币支付或资金流转的行为，它是以电子方式处理交易支付的各种支付方式的总称。电子支付主要的实现形式有网上支付、电话支付、移动支付、刷卡支付、自动柜员机转账支付以及以虚拟货币或数字货币支付等。电子支付对科技的需求可以从其电子支付的发展需要和安全需要进行分析。

从电子支付的发展需要来看，电子支付的创新和发展比实物支付和信用支付更加依赖于高新科技。传统的支付方式是通过现金的流转、票据的转让及银行的汇兑等物理实体来完成款项支付的。电子支付则是采用先进的技术通过数字流转来完成信息传输的，其通过数字化的方式进行款项支付。每一项高新科技尤其信息处理技术的创新发展都可能使电子支付实现阶段性跨越。例如，芯片技术更新了信息存储技术，促成了电子支付的兴起；云计算、大数据的出现，完善了信息的采集和处理过程，更新了先前计算机技术对于数据的处理模式，提升了数据处理效率，加快了电子支付的发展。互联网新时代的出现，冲击了人们对数据处理的认知。大数据时代解决了计算机设备终端面对非结构化数据的难题，通过对数据的处理，保证信息的安全性和采集效率。

从电子支付的安全需要来看，电子支付是在虚拟平台上实现的，传统的监管手段难以发挥作用，科技是实现监管和维护电子支付安全的必要手段。一方面，可以利用科技建立和完善电子支付监管体系。电子支付中的第三方平台利用科技处理着庞大的市场信息和资金流，也具有在短时间内吸收和转移存款的机会。传统监管机构面临着严重的信息不对称，更隐蔽的监管套利和更严重的系统性风险问题。而结合大数据、云计算、人工智能等新兴科技的监管体系可以更加高效安全地发挥监管作用。例如，加强电子支付系统的实时监测，对账户信息的信用评价和核对，建立智能的反洗钱系统等。另一方面，电子支付是个数据信息传递的过程，数据的保密性和完整性尤为重要，科技可以从多方面维护网络信息安全。一是防范病毒入侵，维护电脑安全。主要通过防火墙技术、入侵检测技术、漏洞扫描技术等对网络系统的来访者进行检查和拦截，避免非法侵入。二是对数据加密。数据加密技术采取多种不同的特殊算法将信息翻译为其他数据形式，为非法用户掌握原始数据设置障碍，以确保数据信息的安全性和完整性。三是对交易者的身份认证技术。由于电子支付是一种远程交易、匿名交易，因此在交易时，对支付两端交易者的身份确认就成了支付安全的第一道关口。身份认证技术不仅可以防止他人篡改客户信息，还可以对正在进行的网络交易和资金流转程序进行监督。主要的认证方式有密码认证、口令认证、生物智能认证和数字签字等。

第二节　金融长尾市场与普惠金融

一、金融长尾市场的理论及发展

(一)长尾理论及其发展

长尾理论由克里斯·安德森(Chris Anderson)于2004年10月首次提出，指只要产品的存储和流通的渠道足够大，需求不旺或销量不佳的产品所共同占据的市场份额可以和那些少数热销产品所占据的市场份额相匹敌甚至更大，即众多小市场汇聚可产生与主流相匹敌的市场能量。如图3.1所示，横坐标是产品的品种(Variety)，纵坐标是价值(Value)，包括销售和利润等金额指标。曲线头部是集中了人们需求的流行市场，曲线尾部就是众多零散的、小量的、个性化的冷门需求形成的非流行市场。这条曲线像一条长长的尾巴，向代表"品种"的横轴尽头延伸，所以直观地称为"长尾"。当然，长尾市场的客观存在不代表长尾理论就必然能实现。一般来说，长尾理论的实现有三个前提：第一，长尾产品的数量要远远大于头部产品；第二，整体份额能够和头部份额抗衡；第三，获取产品和交易产品的成本处于超低水平。

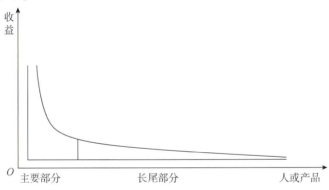

图 3.1　长尾理论模型示意图

传统的生产力和市场很难满足以上条件，普遍采用的是二八定律和蓝海战略，二者随着互联网时代商业环境变化的产物就是长尾理论。首先，长尾理论是蓝海战略的延续。蓝海战略是指避开热门市场的激烈竞争，通过创新开创出更多未知产品，挖掘新兴市场或未知市场，从而获取其中蕴藏着的需求和利润增长机会，以获取高额利润。这些尚未开发的新兴市场就被称为蓝海。长尾理论的基本原理与蓝海战略类似，都是以现有顾客需求为基础，积极发现新的潜在市场需求，把消费者视线从市场供给一方移向需求一方，为顾客提供个性化需求，从现有的红海市场中寻找那片蓝海。两者都是建立在对顾客潜在需求和价值元素分析的基础之上的价值创新战略。但两者的战略核心也有一定区别，蓝海战略的核心是开创新的产品和市场，避开"同质化"导致的高成本商战；而长尾战略核心是将众多个性化需求划分为固定的小小的细分市场集合，再为其提供服务。

其次，长尾理论是对二八定律的补充。传统经济学的一个重要前提假设是：资源是稀缺的。根据二八定律，最重要且起决定作用的只占总体的一小部分，约 20%；剩余的 80% 虽然数量多，却是次要的。体现在市场上就是，一些同质化、标准化的产品和服务虽然只能满足小部分人的需求但销售量巨大；而个性化的需求虽然很大，但每种个性化商品的销售量却相当小。因此，供应商只需选择生产某几种主流热门商品，形成规模经济，实现最大利益。长尾理论基于生产力的提高和互联网的兴起，各种生产成本、查找成本、交易成本都大幅下降。消费者对个性服务的需求更强烈，供应商也有生产个性化商品和服务的条件，使得长尾部分的规模和收益都能超过头部。综上可见，长尾理论只是在特定条件下从另一个角度来看问题，并不是对二八定律的否定，而是对二八定律在新环境下的补充和完善。

（二）金融长尾市场

金融长尾市场的形成与传统金融领域中存在的排斥现象有关。传统金融市场尤为信奉二八定律，认为 80% 的财富掌握在 20% 的人手中，剩下的 80% 就是被排斥的一些金融弱势群体，这些群体较少分享或完全没有分享到金融体系的服务。表面原因是弱势群体缺少接近金融机构的渠道或购买或享受金融产品及金融服务存在困难和障碍，深层原因是在传统金融模式下，金融机构无法提供合适的金融产品给小微企业和部分个人客户，无法满足这些弱势群体的金融需求。这部分客户群体即为长尾客户，长尾客户形成的总需求市场，即为长尾市场。

金融长尾市场具有需求客户的广泛性、客户需求的分散性和内在规律性的特征。相对于传统优质客户来说，金融长尾客户群体的显著特征就是规模庞大，金融资产零散，金融活跃度低，但需求呈现个性化、多样化的趋势，同时存在极大的潜在空间。其主要的群体包括小微企业、低收入人群、民工群体、大学生群体和普通社会公众等，他们恰好集中存在于互联网企业的用户当中。之前在技术和成本的限制下，金融长尾市场一直处于荒芜状态，而现代互联网、大数据、云计算等金融科技，为收集金融客户、开拓金融市场提供了必要工具。

二、普惠金融适用范畴及价值

（一）普惠金融理论

普惠金融的理论是随着社会需要和金融目标的变化不断发展演变的。其理论范畴不断延伸与完善，已逐渐呈现出大金融、广内容及多层次的发展特点。目前涵盖了基本账户存款、信用、证券交易、健康保险等各种金融服务商品和业务，并逐步形成了一套涵盖金融基础设施建设、金融业变革发展与结构调整等主要金融服务问题的发展策略与操作理念。

普惠金融的理念，最初是由联合国于 2003 年 1 月提出的。普惠金融希望形成有效、全面地为经济社会中每个阶段的人群提供公共服务的基本金融机构，并强调通过完善政府支持政策和完善市场机制，为弱势群体创造了公平获得基本金融的条件与权利，从而进一步提升基本金融的可获得性。2015 年 1 月，国务院办公厅颁布的《推进普惠金融发展规划（2016—2020 年）》中明确规定，普惠金融是指立足机会平等要求和商业可持续原则，以可负担的成本为有金融服务需求的社会各阶层和群体提供适当、有效的金融服务。所谓"普"是扩展服务的外延，即一切有金融服务需求者都能享用到服务；"惠"即强调价格实惠、公道，即使是贫困人口，也不会因为没有钱而无法享受金融服务。

从理论的运用和期望来看，普惠金融需针对国家经济社会中的所有人，特别是被中国传统金融机构所忽略的贫穷和低收入群体等，制订出具有针对性的服务，以使他们的金融需要获得有效满足，从而促进中国经济与社会发展得更为全面、较为平稳，促进中国社会经济的长期持续稳定发展。具体体现在：银行机构网点的便利性提高、银行金融服务和贷款利率价格降低等。

(二) 普惠金融的适用范畴

普惠金融是金融长尾市场理论的实践，金融长尾市场是普惠金融的中心。根据长尾理论，金融长尾市场待挖掘的价值极高，但长尾客户的需求个性多元，如何盘活金融长尾市场成为亟须解决的重要课题。而普惠金融则可以在较大程度上缓解传统金融机构无法接触社会各个领域这一问题。普惠金融的核心是实现金融的普惠价值，通过建立融资成本低、信贷便利、支付快捷的金融服务体系，让社会各阶层可以最大限度地共享金融资源，让普惠金融的成果惠及全体人民。普惠金融的服务主体主要为各类金融机构，由于其发展成熟，具有完善的管理制度、严格的内部控制，可以稳定高效地运转，因此能够保障公众的多样性选择。服务对象包括企业、家庭以及个人，尤其是低收入人群和弱势群体。综上，普惠金融的重点业务范畴有以下三种：

1. 普惠小微金融

普惠小微金融，是以普惠金融服务助力于改善中小型企业融资难、贷款过贵的情况，致力于实现政、银、企三方共赢的局面。中小企业是中国经济发展的重要力量。如图 3.2 所示，中国中小微企业的经济贡献可概括为"456789"。小微企业是国民经济的稳定器，在促进就业、保障发展和稳定民生方面发挥着重要的作用。但是小微企业本身风险抵御能力不足、信用等级受限、融资难的问题相对较为突出。尤其在疫情对实体企业产生极大影响的情况下，国内广大中小微企业面临前所未有的挑战。

40%	·民营小微企业的银行贷款占比为50%左右
50%	·民营小微企业为国民经济贡献50%以上税收
60%	·民营小微企业对于GDP的贡献在60%以上
70%	·民营小微企业贡献度在60%以上
80%	·民营小微企业带动80%以上的城镇劳动就业
90%	·民营小微企业在我国实体企业占比超过90%

图3.2 以民营小微企业为代表的普惠金融的贡献
(来源：中国银行普惠小微企业金融服务研究报告、智研咨询整理)

在普惠金融快速发展的情况下，以银行为代表的相关金融机构积极响应国家号召，探索新产品和新服务的设计和规划，为小微企业顺利融资创造相应的条件。中国国家银行业监管委员会信息研究表明，中国小微企业在信贷方面正呈现着量增、面扩、价降的趋势，普惠金融覆盖范围得到进一步拓展，小微企业将获得一定的优惠信贷利息、新增信用贷款和长期应付款等政策支持，及时解决资金流问题，为小微企业适时根据市场变化调整生产经营模式、在险境下生存并持续发展壮大提供坚实的保障。

2015—2020 年中国银行业金融机构普惠型小微企业贷款及增长率如图 3.3 所示。

银行业金融机构普惠型小微企业贷款合计（单位：亿元）；—— 增长率

图 3.3　2015—2020 年中国银行业金融机构普惠型小微企业贷款及增长率
（来源：中国银保监会、智研咨询整理）

2. 消费金融

消费金融为用户提供了资金咨询服务，缓解收入与支付能力之间错配的矛盾，解决了人们支付日常生活耐用品以及其他消费者所需要的现代金融方法。与一般的普惠金融重点覆盖中高收入群体不同，消费金融更是彰显了普惠金融的宗旨，将普通金融服务所无法涵盖的长尾群体引入消费金融系统当中。

普惠金融为促进消费金融的加快发展，在促进产品创新、拓展消费金融覆盖范围、增强居民的消费意愿等方面获得了许多进展。首先是进一步拓展了消费金融的顾客群范围，从而满足了更多长尾客户合理的金融服务要求；其次是借助网络和新金融技术探索，使得消费金融的可得性得以增强。利用网络新科技向消费行为金融服务的全环节渗透，更加符合线上消费趋势，不但增强了普惠金融的服务效果与感受，还大大降低了消费金融公司的经营成本。

3. 乡村振兴

乡村振兴和脱贫攻坚在很大程度上取决于农村经济的振兴，而经济与金融密不可分，这决定了普惠金融是实现乡村振兴战略的重要支柱。乡村的金融需求者以农户、涉农企业及中小微企业为主体，这些经济主体的金融需求主要有以下几个方面。一是贷款需求。其贷款需求基本是期限较短、额度较低且缺乏抵质押品，利润空间小、违约风险大。二是储蓄需求。在储蓄时主要关注安全性，对利率要求较低。三是保险需求。这类群体希望通过保险转嫁农产品种植和销售以及家庭生活方面的风险，通常额度不高且与自然环境密切相关，风险易聚集发生。

针对以上困难，普惠金融以科技为突破点，实行数字普惠金融，不仅可以利用数字技术突破传统物理网点的时空局限，打通农村金融服务的"最后一公里"，还能降低金融机构

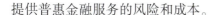

提供普惠金融服务的风险和成本。

（三）普惠金融的价值

大力发展普惠金融服务，是中国全面建设小康社会的必然需要，有利于推动中国银行业的健康与均衡发展，促进大众创业、万众创新，促进中国经济增长模式的转变升级，促进社会公正与社会和谐。

1. 纠正由现行金融体制所造成的巨大人均收入差别陷阱

为开发国民经济，发达国家政府往往会加大资金抑制，将最实用的金钱和各种资源配置给经济实力充足的人，这就可以引导一些人先富。但随着中国社会经济增长的加快，这些资金制度将会快速拉开经济社会的人均收入距离。通过银行理财产品、保险等高壁垒的投资收益把收入低拒之门外，使富裕的人更加富裕了，从而导致经济社会人均收入差距越来越大。普惠金融将惠及更多社会收入较低的群体，让其也获取相应的投资理财收益。

2. 帮助贫困人口改善生活条件

贫困人口为解决生存需要，就会有贷款需要，在其防范损失的保险能力下，普惠金融在一定意义上能够增加他们的生存收入。因此，我国当前将普惠金融作为扶贫的一项主要任务，并取得了良好成效。

3. 试点推进服务实体经营

中国的经济社会结构要改变城乡之间、大企业与中小企业之间、国企与民企之间、富有群体与贫穷人群之间不平等的经济状况，把更多资源吸引到经济发展中不完善、滞后的领域，达到与其他地区经济平衡的目的。

三、金融市场长尾理论的运用

长尾理论为大众提出了重要启示：产品种类的长尾大大地超过了人们的想象；有效开发长尾客户，集合所有利基产品，可创建出一个富有价值的巨大市场。金融服务企业应当利用长尾理论和金融长尾市场开展金融服务，进一步拓展经营边界，发掘企业的创新价值。这样不但可以更好地进行普惠金融的服务工作，同时也为金融服务企业本身增加了业务量和销售额，甚至提高了利润率，进而达到供需双方双赢的良好局面。

（一）利用互联网和大数据

长尾效应能发挥作用的基础是互联网。借助互联网，金融产业的供需双方可以相互衔接，降低了交易和管理成本，甚至有时成本几乎为零。金融机构应该更好地运用互联网和大数据分析，不管是发放贷款前的调查过程，或是放款中的工作过程，还是放款后的风险控制，金融机构都应该明确网络与大数据分析所起的关键作用。

金融机构要逐步扩大服务客户的数量规模，完善服务客户的各类信息系统，并进一步对数据进行加工与分类，向大数据分析要效益，向大数据分析要安全感。金融机构还应做好顶层设计，攻克信息系统孤岛，逐步建立多元化、覆盖全国的网络普惠金融信用征信体系。

（二）多角度延长金融企业的长尾

一是拉长金融服务目标的期限长尾。因为资本资源是社会经济发展与生命的灵魂，同时也是每个公民实际上所急需的一种商品与服务。以 2013 年阿里提出的"余额宝"金融服务为例，如果是淘宝实名认证的用户，且支付宝里有额度，则无所谓额度大小，都能够买入"增利宝"货币基金。一年时间，货币基金的用户数达到 1.49 亿人。余额宝在金融服务产品模式、营销、应用上的创新性引起金融企业思考，金融企业应重视网络长尾效应，进一步加大投资，强化对新市场、新客户有效开拓的重要策划。

二是延伸金融服务产品的长尾。不同消费者存在地域、年龄、性别、生活场景差异，所以对金融服务要求有所不同。金融企业将进一步针对他们的需要，提供差异化的金融服务，延伸金融服务需求的一个大长尾巴，包括创新农业知识产权质押贷款，把农业林地、建设用地使用权和水塘库堰经营权等作为质押对象；开展各种形式的小规模信贷业务，以适应中小微企业不同的贷款需要；发展农业小额贷款担保、创新扶持信贷等。

三是延长金融服务的长尾。金融企业要创新金融服务，注重改善用户体验，使用户感受到更加便利、便捷、安全、多样化的服务。要运用互联网充分理解并倾听用户的需要，甚至邀请用户来制定金融服务需求，如此才能持续留住用户并"粘住"用户。

(三)加强每个金融产品的尾巴

尾部足够大，意味着有足够多的不同用户以及各种各样不同的服务需求。尾部大且粗，就代表有一个精心策划的金融服务产品能够服务更多的用户。因此，可以增加金融服务的覆盖率和普惠的有效性。加厚加粗的金融服务产品尾部的根源就是可以使更多的用户认识、了解并体验到一个金融服务产品。各个金融服务需求者都在搜索属于自身的金融服务产品，怎样减少自身的寻找投入(包括费用、时间、精力和各种风险)是重点。各金融机构要有完善的服务体系，在对用户的所有数据进行综合研究的基础上，向用户推荐针对性的服务。要运用搜索引擎和金融产品，并通过客户在搜索过程的关键词对相关客户进行合理的推荐。在金融网站以及其他社会化网络中，有效地通过原来客户的自身体验与感知来获得新用户。

综上所述，长尾模型给银行企业研究怎样进一步的发展普惠金融供了一条全新的道路。在这个时期，金融机构企业要充分运用大数据分析的优势，为各类不同的用户特别是小微企业、农村地区等弱势群休，开发各类差异化的金融服务需求，从而延伸并加粗长长的尾巴，使普惠金融真正在中华大地上生根并开花结果。

第三节　信息不对称与搜索成本

信息不对称与搜索成本是影响企业融资成本和融资效率的关键。金融科技高效的信息处理与收集能力恰好塑造了其巨量数据沉淀优势，能有效降低融资成本和提高融资效率，对实体经济的发展有重要意义。

一、融资成本与融资效率

融资成本是资金所有权与资金使用权分离的产物，其实质是资金使用者支付给资金所有者的报酬。融资成本的含义有广义与狭义之分。狭义的融资成本仅指融资的显性成本，即财务成本，包括融资费用和资金使用费两部分，其中，融资成本指标以融资成本率来表示，公式如下：

$$融资成本率＝资金使用费÷(融资总额－融资费用)$$

融资费用是企业在资金筹资过程中为获得融资而支付给第三方的费用，如第三方担保人的担保费用、债券评估费、管理费等；资金使用费是指企业因使用资金而向其提供者支付的报酬，如股票融资向股东支付股息、红利，发行债券和借款支付的利息，借用资产支付的租金等。一般情况下，企业融资成本以狭义融资成本进行直接分析和评价。

融资效率是指公司在融资的财务活动中所实现的效能和功效，其本质上是对融资成本的另一种表达方式。效率的基础含义是指产出投入比，或者说收益成本比。从经济活动的主体角度而言，效率通常是单个交易主体的绩效体现。对融资效率的考察可概括为资金成本、融资机制的规范度、融资主体的自由度、资源利用率和清偿率等五个角度。

二、不确定性、风险、信息不对称与信息

信息是现代金融活动的重要因素，然而现代经济中存在着各种各样的不确定性和风险，以及信息不对称问题，严重阻碍了企业的融资和金融服务。由于市场参与主体双方的信息不对称，经济中出现了包括逆向选择、道德风险等一系列委托代理问题，在金融领域里表现为各种金融摩擦，抑制了金融效率提升。

(一)不确定性及风险

不确定性是经济学中关于风险管理的概念，指经济主体对于未来的经济状况（尤其是收益和损失）的分布范围和状态不能确知。在融资活动中，企业内部和外部都存在众多影响融资结果的因素，小到公司经营利润的异常、内部人员的流动，大到政策方向的改变、国际形势的变化等。这些不确定事件致使企业活动结果与活动目标产生的偏差，就称为风险。客观来说，人们只能预测这些不确定性事件发生的概率和影响程度，通过一定的防范措施来降低风险，而不能使之完全消失。

(二)信息与信息不对称

信息不对称(Asymmetric Information)指交易中的各方参与者所掌握的信息不同。在社会政治、经济等活动中，一些成员拥有其他成员无法拥有的信息，由此造成信息的不对称。融资方是否能展现出充足的有效信息决定着投资方是否向其投资，以及投资的金额。投资方需要利用足够的信息判断一个企业的经营能力和经营信用，以评估投资风险，其中既包括陈列在政府各部门的纳税信息、工商登记信息等，也包括银行的征信信息。但由于信息不对称的问题，有的企业隐瞒信息使得投资亏损，破坏了融资环境，而某些具备条件的企业却找不到投资方，在这种情况下，通过搭建一个数据库，全面、真实地展示企业信用信息，就可以更有效地解决交易双方的信息不对称问题。

三、信息不对称与金融科技发展

随着金融科技的不断发展，信息不对称问题可以得到多维度、动态化的解决，数据的采集和分析由封闭体系单维度过渡到全社会多维度，数据采集和分析由静态单一环节过渡到实时多环节，这有助于提升金融机构的风险控制能力。新常态下，传统金融正向以信息化技术为载体发展，向民间金融方面发展，正确应对和把握这种趋势，对经济转型发展至关重要。未来，在金融科技赋能之下，小微企业的风控智能化、业务场景化发展将进一步

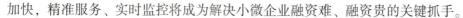

加快，精准服务、实时监控将成为解决小微企业融资难、融资贵的关键抓手。

信息不对称也是金融机构拒绝小微企业放贷要求的关键因素。解决贷款双方的信息不对称问题是打开市场的关键。金融科技手段的应用有助于提升企业自身信息可信度与准确度，开辟和完善我国征信体系，帮助完成更加快速、完整、准确的主体信用资质的判断，降低金融机构对传统信贷中抵押担保等风险规避手段的依赖。

完善征信体系可以有效减少因信息不对称问题而造成的公司投资约束。对于金融企业而言，征信数据也是核心资产之一，在风险管理与信用管理过程中起着承上启下的关键作用，传统金融机构对相关信息的收集与处理往往难度大、成本高、效率低，而这恰是金融科技的核心优势。

金融科技的主要优势就是天然的大量信息沉淀优势，利用云计算技术、大数据、区块链等新技术，可实现对大量数据的挖掘、储存、甄别、匹配与跟踪，从而有效防止贷前、贷中、贷后可能出现的逆向选择等道德风险问题，有效控制了对小微企业的信贷风险。其中最具代表性的是"大数据+区块链征信"模式的应用。

数据加持下的征信服务覆盖面更加广阔、数据体量更加大、数据来源更加广泛、数据分析手段更加多样化、信息处理更加快速，可形成客观有效的征信报告。**具体优势主要体现在以下几个方面：**

第一，利用大数据手段提供的数据信息，场景连接更多样、信息维度更多元、覆盖面更广，有利于打破信息孤岛。此时的信息来源渠道不仅限于金融机构、政府机构、电信，还包括各企业主体在互联网平台上的交易信息、社交行为偏好、习惯等信息。同时，可利用区块链易于追溯、难以篡改的技术优势，实现用户信用信息的"上链"，建立起一套公共数据库体系。广泛的信息来源渠道和链上监督使得传统征信不再单独依靠企业单方面提供的信用信息，也使企业相关数据信息伪造难度加大，增加了企业的违约成本，共同保障了相关数据的真实性和完整性，比企业自身提供的经营数据更为可信。

第二，利用大数据技术可利用互联网留痕，捕捉未被传统征信体系覆盖的人群。补充缺失群体的征信数据，提高征信覆盖面，利用大数据征信模式，在更大范围内促进整个社会构建健全的征信体系，形成良好的信用氛围和环境。

第二，金融科技赋能为更深层次审视和精准判断借款人信用状况和获取授信信息提供新途径。金融科技可以有效避免金融机构和客户相互之间的信息不对称，从而解决融资贵的现象。同时也极大地减少了融资各方的信息寻找成本、风险辨别成本、资金成本等，省去了大批人力物力，进而极大地减少了融资成本，解决了融资贵的难题。

四、搜索成本与金融科技的应用

搜索成本费用，在财务学中指市场上寻找行为自身所需耗费的生产成本。有时候指寻找行为所需的时间费用，有时候也指等待下一个时机所付出的代价。互联网、区块链等金融科技技术凭借其广连接、多渠道、高覆盖的优势，能够高效率地从拓宽融资渠道，挖掘长尾市场，降低搜索成本，帮助企业融资。

（一）助力拓宽融资渠道

中国实体经营公司中，小微公司数量庞大，但因为规模较小、抵押保障欠缺，以及财务与信用数据不完善、不透明等，很难得到金融机构的关注与支持，从而构成了传统金融

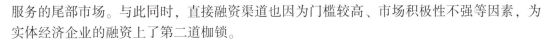

服务的尾部市场。与此同时，直接融资渠道也因为门槛较高、市场积极性不强等因素，为实体经济企业的融资上了第二道枷锁。

金融科技的繁荣为企业融资渠道多样性带来了光明，不仅可以通过优化传统以银行为主要资金来源的间接融资、以股票市场为主的直接融资拓宽资金来源渠道，更借助互联网平台创新性地开辟出新的融资模式，在大大增加中小微企业融资成功率的同时，也降低了融资成本。

1. 间接融资模式的优化方面

金融科技的出现为银行信贷服务注入了新动力。

一是体现在改善信息不对称问题上，内容如上所述。

二是体现在金融科技助力传统金融产品的革新上。技术的深入应用为金融业提供了各式各样的非同质化的产品，还可以根据客户信贷特征来定制个性化金融产品，更加精准地对接融资需求，提高融资可得性。

自 2013 年以来，国内绝大多数商业银行都推出了与金融科技技术相结合、主要面向金融弱势群体的信贷产品，如工行的网贷通、建行的善融 e 贷等。这些新型的信贷产品实现了交易渠道由线下网点向线上的转移，简化了手续流程，降低了融资成本，更大程度上满足了中小微企业的"小、频、急"的融资需求。

三是实现了对"区块链+供应链"发展方式的革新。中小企业金融服务将面临核心企业信用信息难以多级数据流转、数据透明化，以及上下游企业协作成本较低、资金成本偏高等问题。而随着区块链的推出，基于中小企业分布式账本的"区块链+供应商"中小企业金融服务的新方式形成，增强了中小企业供应商的透明度、可溯源度和安全性，并提高了中小企业数据的安全性、可信度、透明度。

金融机构采用此模式，可以更精准地监测供应链上的信息流、物流、资金流，为信贷供给的审核提供高效率与高便利性。另外还可以推出智能合同，在应收账款到期后，合同将进行归还，降低坏账风险。这种"区块链+供应链"的融资方案大大地降低了融资成本，也大大增强了中小微公司的资金可得性。

2. 直接融资模式的优化方面

金融科技的作用首先体现在完善资本市场建设上。融资证券市场的开发与运行高度依靠 IT 技术设施的支持，其交易清算过程也成为联系各银行和证券市场参与者融资、证券交易与资产权益交易行为的纽带，金融科技凭借大数据、区块链、云计算等底层技术，可有效赋能交易结算等环节的基础设施建设。

其次，金融科技实现了方便储蓄和融资转换。现代金融技术依托于我国庞大的经济体量和科技力量，能够捕捉和智能识别潜在的金融需求，打造个性化金融产品及服务，促进金融服务向长尾群体拓展，有效挖掘和聚集闲散资金。加之智能投顾这类金融科技典型应用模式在理财业务中的运用充分，引导资金由储蓄向投资转化，使资金进一步流向投资市场，进而扩大资本市场的融资增量。

最后，体现在融资模式创新上。众筹融资等利用网络金融服务平台的创新投融资模式，具备了开放、平等、匹配效率较高等优点，大大降低了传统投融资模式的投资高门槛，摆脱了复杂的投融资过程，扩大了对小微企业的投融资途径，减少了政府投资项目税费，从而降低了中小企业投融资成本，有效解决了中小微企业投融资的问题。

(二)捕捉长尾群体，扩展金融服务边界

传统金融服务中墨守的二八定律以及地域、时间等物理条件的限制，使得包括中小微企业在内的长尾群体被边缘化，不利于金融服务的普适性发展，且严重的产品同质化特征使得传统金融产品无法满足各类群体的差异化需求，进一步强化了长尾现象。金融科技的赋能，可以协助传统银行的信贷业务下沉至长尾末端，真正实现金融可及。

第一，金融科技捕捉长尾群体。首先，在二八定律中不被传统金融服务重视、被划分为剩余80%的长尾人群，在金融科技企业旗下的互联网金融平台被具有独特信息挖掘优势、全面精准匹配、人群广覆盖的大数据牢牢把握，成功运用场景化的营销模式迅速发展。金融科技型企业集聚了巨量的客户资源，且依托其过人的产品优势和平台基础，协助金融服务科技企业搭建低门槛、方便快捷的网络金融产品，加之其采用不受区域、气候和物理环境约束的线上业务方式，将继续助力服务面的拓展。其次，传统银行也在金融服务技术企业的影响下开始着手发展新获客的服务方式，通过差异化的产品与服务，变传统金融服务中的被动获客为主动迎合需求，将目标客群逐步扩至长尾群体。两条渠道相互促进，共同弥补传统金融的服务空白。

第二，金融科技突破二八定律。金融科技的发展使得传统金融机构经营成本降低，有可能以低成本关注"尾部"客户。此外，互联网金融平台有效覆盖了日益壮大的长尾市场，使金融机构得以从海量的零散小额交易中获取可观利润，进一步引导传统金融机构及互联网金融平台的关注度向长尾群体转移，切实打破了以往金融服务中存在的门槛、地域等壁垒，逐步解决了被边缘化的长尾现象。

(三)提升金融服务质量与效率

由于社会投资需求趋于多样化，传统金融模式无法适应小微公司的投资需要。金融科技加持下的金融服务经过不断重塑，大大提高了金融服务的质量与效率。

第一，金融科技打造智能风控新模式。智能风控平台集业务交易灵活接入、风险智能处置、智能决策平台、模型平台、数字化管理平台等功能于一体，实现了实时风险监测数据分析，特别是对线上线下环境整合的应用，将常规贷款方式的线下办理、审查转化为线上全智能审查、风控，突破物理局限，实现"7×24"的全天候业务，全面改善了贷款审查效率。在减少信用风险的同时节省了人力审查成本，有效解决了中小微企业融资流程烦琐的问题，甚至实现融资"秒到"，真正实现完美匹配中小微企业需求的高效率融资。交通银行在疫情期间发行线上理财产品"快捷贷"，从在线递交投资信息到贷款到账最快仅需要17分钟。

第二，金融科技助力个性化服务。金融服务模式从"千人一面"转变为"千人千面"。利用大数据对授信客户情况，包括消费能力、兴趣、风险偏好、财务状况等进行分析，进行高精度"画像"。

第四节 金融机制设计与技术实现

金融机制是对金融市场中各种运作体系的概述，包括金融监管机制、金融服务激励约束机制、金融调剂机制等。每个金融机制都像是一个模板，人们只需要按机制实施就能达到计划目标。当代的金融发展日新月异，社会对金融设计机制的效率和容错率都有了更高要求，金融科技赋能金融顶层设计的功能逐渐凸显。

一、金融机制设计与实施

金融活动激励机制设计的目的是在社会信息不对称以及个人自利性低的客观条件下，通过设定合理的激励机制（即制定有效的法律制度、规则、方法、流程等），使金融活动既有利于融资活动参加者从社会主体上获取收益，也有利于活动成果实现社会、团体、经济改革者和设计者所期望实现的目标。金融机制的设计与执行是一个不断循环的动态系统，同时，其设计与执行也会导致金融环境的变化，不断引发出新趋势。从长远考虑，机制需要不断微调以取得最佳的效益。这就需要金融的基本机制、过程满足于技术发展趋势，同时顾及经济发展的不均衡和社会主要矛盾。金融机制设计流程如图3.4所示。

机制设计流程，是指设计、分析和评估工作机制的流程。

图3.4　金融机制设计流程

（来源：舒尚奇，关文吉. 机制设计理论与设计过程综述[J]. 渭南师范学院学报（综合版），2011（12）：24-26.）

第一步则是确定目标。明确制度要实现的社会目标，研究制约此目标的各个因素。鉴于社会的重要性，经过调查研究来获取基础信息，然后经过对信息的研究明确制约信息的主次因素，进而通过抽象的思想方法明确要实现的社会目标，为制度设置打好基础。

第二步则是机制设计，这也是整个流程的核心。

第三步则是对制度运行的分析，考察制度如何成功运作。第二和第三个步骤中都要考虑到直接显示与激励相容，即在面临职业道德经营风险的情形下，怎样确保具有信息技术优势的当事人（又称代表人）依照合同另一方（委托人）的自由意志及行为，使各方利益都趋向于效益最大化，从而实现双赢甚至多赢，以维持机制的循环运转。

第四步则是对机制性能的评价。综合评价也可以说明机制的好坏，包括：有形的、无形的，短期的、长期的等各种情况。这部分的评价将直接关系最后阶段的走向，即社会价值。它是通过对机制的效能进行全面评估后所做出的，如原来的机制效益太高或副作用过多，则需要根据原有的效果做出调节，以实现成本效益最大化。但值得注意的是，每个机制的实现都可能产生额外的作用，其中有有利的作用，也有负面的作用。所以，对机制效能评估时，必须进行更彻底的研究，才能进行更正确、客观合理的评估。

金融机制的实施要求在机制运行时及时发现趋势，控制趋势，使其贴合设计目标。发展趋势往往是各种复杂因素综合影响的结果，发展趋势往往是一个长期的过程，并对社会管理工作的进展起着长期制约作用。发展趋势常常被现状遮蔽，既无法发觉又无法控制。因此掌握发展趋势的重点就是仔细观察现状，在发展趋势刚显露苗头时就能发现。

综上所述，金融机制设计和实施中有两大核心问题。首先是信息机制，即如何以最低的信息成本获得更具客观性、时效性、全面性以及精确度的信息数据。其次是信息激励机制，即在存在一定道德风险的情形下，怎样保障具有一定信息优势的当事人（称为代理人）按照契约另一方（委托人）的自由意志及行为，使各方利益都能趋向于效益最大化，从而实现双赢甚至多赢，以维持机制的循环运转。传统金融机构为保证融资方与自己利益一致，

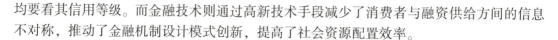

均要看其信用等级。而金融技术则通过高新技术手段减少了消费者与融资供给方间的信息不对称，推动了金融机制设计模式创新，提高了社会资源配置效率。

二、技术实现与瓶颈

（一）完善信息机制的技术实现

1. 互联网

互联网是天然的数据平台，降低了数据的获取成本。网络技术最重要的意义就在于突破阶级、消除差异、对称信息。换言之，网络技术彻底改变了等级观念森严的传统社会结构，使信息沟通、商品交易、信息交流等打破了时间与距离的限制，使人的交流更加公平，使信息、货物、资本传递得更快捷，使社会资源配置更加有效率。通过网络信息技术在资本需求方中间搭建起一座新型平台，克服了传统金融机构的许多困难，包括信息闭塞、交易市场分离、信息资源信息流动性较差、信息非规范化、受区域和时效约束等。将网络技术"公开、资源共享、公平"的特性放到网络金融机构上面，就体现为普惠金融，其作为服务的主要手段，通常采取低负债、轻融资的形式。在"互联网+"时期，大批的、急需低价获取服务的长尾顾客的需求得到满足。

2. 云计算

云计算也可以有效节省其他金融机构间的清算费用，从而降低成本，提高交易处理工作的效率，这就极大释放了数据的流动性。

第一，在技术方面，云计算通过采用虚拟化技术把物理的 IT 设施虚拟化为 IT 服务资源池，以这个资源池的功能来适应对金融机构计算能力和存储的要求。在物理基础设施方面，云计算通过使用 X86 服务器的磁盘阵列作为基础设施。而且利用云操作系统有效进行单元 IT 设施的负载均衡，提升单元 IT 设施的应用效能，减少单元信息化成本。所以在单元 IT 效能相当的前提下，云计算架构的性价比远高于以大规模机和中小机为基础设施的普通金融体系结构。

第二，虚拟化相较于常规金融机构，同时具备高准确性和高安全性的特质。常规金融服务结构注重安全，在基本信息上，大规模机或中小型机只能纵向拓展提升技术，无法进行更为敏捷的侧向拓展。随着服务要求的增多，系统愈来愈大，支付周期也愈来愈长。常规的应用框架注重于单体使用，数据库强调数据一致性，但可持续性相对较差。而虚拟化在安全上，能够采用数据信息多副本容错、统计节点同构可交换等安全措施，进而有效地保障金融企业服务的安全。在可持续性上，云计算支持企业通过增强系统和内存等 IT 设施进行性能改善，以快速实现金融服务企业应用规模增长和使用功能增多的需要。

3. 大数据和人工智能的支撑技术

云计算技术能够协助互联网金融机构利用统一网络平台，搭载或负责管理国内现有的电子商务信息系统，解决信息技术孤岛问题。另外，电子商务信息系统的联通能够将存储在各系统内部的财务数据汇集到一块，成为"数据信息粮仓"，进而完成企业内部财务数据的集约化管理工作。如果大数据资源是金矿，金融云则可能被认为是矿山。因为矿山的安全性、可靠性，直接决定着对金矿的利用效果。

另外，云计算也为大数据等人工智能计算带来便捷和可拓展的计算能力以及数据功

能。人工智能可以取代人类重复性操作，提升客户服务，扩展营销和业务功能，宜应用在客户服务、智能投顾等领域。

(二)优化激励机制的技术实现

资源的最大化与鼓励举措的最佳利用是同一个事件的两种侧面。鼓励相容的激励机制设计既包含奖赏等刺激举措，反映于目标函数；也包含处罚等制约举措，表现为约束条件。现实中常常要求奖赏与制约"双管齐下"。随着信息技术、金融科技的发展和应用，激励机制的运行效率更高，也更全面。

实时动态大数据能加强金融监管，缓解逆向选择和道德风险。这里的大数据中除相对简单的商户信用等级数据之外，也有其他各类活动信息，包括用户通过社交网络的活动、日常行为的活动轨迹，还有金融消费行为、驾驶行为和个人健康信息等。由于有了大数据分析技术、人工智能算法和算力，相比于传统科技模型，金融技术服务的智能性更强，其可依据这些底层数据对每一个客户的风险进行评定。结合云计算技术，应用到银行卡、小额消费信贷、车险核保、个人健康险产品定价等服务上，可提升金融业风险甄别、风险定价的能力。例如，网络借贷模式的资格评定，网络保险个性化定制，差异化定价等。

(三)技术实现的瓶颈

1. 数据计算

从信息角度出发，数据的收集有赖于信息的整合，而信息所有者和数据消费者间的诚信关系无法打破，信息孤岛的形成使得金融技术不能充分发挥信息的能力；与此同时，在数据经济的大背景下，由于大数据、人工智能等知识密集的行业对计算能力需求比较大，作为基础技术的芯片，计算能力还需要进一步增强。

当前的主流芯片已由 7 nm 发展至 5 nm，在基础科学领域，1 nm 的芯片正在探索中。1 nm 已经达到了原子尺度，从物理的角度来说，当前算力水平已逼近物理学极限。但对模型而言，由于深度学习模型已历经多年的发展，面向具体领域的建模结构也早已探索穷尽，而利用建模结构实现的知识形态又开始面临发展停滞。究竟怎样冲破三大瓶颈，是金融科学在当前的发展中所无法避免的问题。

2. 数据安全

安全问题也是数字化时代大数据分析开发与利用的主要障碍，其限制了数据的可用性。当前，数据盗窃、勒索威胁、数据污染攻击、数据内容泄露、数据滥用等问题此消彼长，安全问题可谓新旧交织，安全风险前所未有。特别是大数据入侵事故频繁，严重威胁着国家、公司、个人安全，以及整个社区的稳定性。

我国的勒索软件攻击情况也不容乐观。在勒索软件攻击案例增多的同时，勒索软件攻击不断向 APT(Advanced Persistent Threat，高级持续性威胁)方向发展，并显示出愈来愈高的攻击性。不管对于公司、政府部门或是普通用户来说，大数据始终都是重要的信息生产因素，同样也是信息驱动行业的重要基础。这表明大数据不仅将直接关系行业安全以及国家安全，也关乎着信息垄断、数据出境安全、信息保障。但毫无疑问，大数据的作用领域早已超出网络安全，因此维护大数据已变成最关键的任务。

3. 整合成本

对所有创新，现有机构都要确保其既能带来经济效益，又要满足政府监管需求，并且

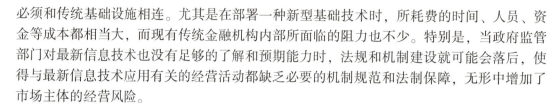

必须和传统基础设施相连。尤其是在部署一种新型基础技术时，所耗费的时间、人员、资金等成本都相当大，而现有传统金融机构内部所面临的阻力也不少。特别是，当政府监管部门对最新信息技术也没有足够的了解和预期能力时，法规和机制建设就可能会落后，使得与最新信息技术应用有关的经营活动都缺乏必要的机制规范和法制保障，无形中增加了市场主体的经营风险。

三、金融机制与技术实现设计

金融机制与技术实现设计指的是将新一代人工智能、区块链、大数据分析、云计算等底层科学技术应用融合于金融机制设计中去，其涉及金融产业、金融机构、金融生态、金融基础设施以及金融服务功能等各个方面，终极目的是提升金融服务效能。这些底层技术的功能在主要体现在以下方面。

（一）改造金融产品的设计

改造金融产品的设计重点表现在运用各类底层科技对金融商品进行改良，包括运用网络、人工智能等技术手段进行金融商品的线上化、差异性、订制化，更好适应客户群体个性化金融服务需要，提升客服体验。个别客户群体的融资需要具备小额、离散、高频等特征，因此金融机构必须借助领先的技术手段，才可以高效实现这些融资需要。相应地，底层信息技术和基础金融服务产品之间的融合也在解决个别客户群体需求问题上表现得十分突出。

（二）升级金融业务流程与内部管理

底层信息技术能够被普遍地运用到金融机构业务流程的各个环节，以实现服务再造。具体来说，在顾客销售环节，商业银行可运用大数据分析工具和人工智能信息技术，通过收集线上、线下的潜在顾客数据并加以挖掘，从潜在用户中鉴别出优质顾客，进而实现主动销售和提升获客水平等。在顾客准入阶段，商业银行还可利用大数据分析工具，通过评估顾客中可能出现违规的时机和严重程度，形成最优的贷款准入标准。另外，银行能够通过新的手段对内部管理模式进行更新，实现数字化转型，减少差错和运营损失，改善内部管理水平。

（三）打造有机高效的金融生态

底层技术对于金融生态建设中的不同节点都发挥了关键作用。在获客节点，掌握客户大数据资源和具备较强技术能力的科技企业，能够为金融机构开展业务进行精准导流；在风险防控节点，底层技术也能够被用来检验贷款人的真实身份和还款意图。而专门的大数据提供商则能够和其他金融机构协同，运用包括电商、交易、银行业务、保险公司、视频、社交、航旅、外卖、快递等多个平台的大数据分析，并融合云计算技术、生物识别、复杂联网等新技术手段，甄别可能的诈骗情况，提升风险评估质量。另外，底层技术还能够对金融生态建设中的各个节点实现有机集成，进而形成生态化、平台化的金融服务发展模型。经过融合，发挥各个节点在行业属性、服务网络、大数据沉淀、科技发展、资金渠道等方面的不同优势，从而形成协同效应。

（四）完善金融基础设施

就金融基础设施的现状而言，支付行业是底层信息技术对金融服务基础设施的改变较为突出的行业之一。第三方支付通过移动网络等手段，变革着现行的制度，大大增加了用户的便利性。另外，底层信息技术还强有力地推动监管体系的发展，加速形成了监管科技。比如，云计算可以给金融监管技术带来大量的计算能力和存储资源；大数据技术可以增强对大量信息的挖掘分类功能和数据处理能力，从而增强政府监管的合理性；人工智能技术可以增强大量信息的智慧分类能力，实现监管主体和监管客体之间的智慧互动；区块链技术可以增强所掌握的关键数据的准确性，从而促进行业的管理规范。

(五) 改造金融功能

由于金融功能具有高度的稳定性，因此改造金融功能是最难的，也最具有突破性和创造性。例如，利用区块链技术来实现金融机构中介化的转型。一旦这些改造完成，未来整个金融体系的资源配置功能将在极大程度上得到重塑。但必须指出的是，利用底层科技对金融功能的重塑并不是从根本上颠覆金融功能，而是通过利用新技术使金融功能借助某种新的手段重新产生功能。

第五节 金融创新的技术驱动和监管博弈

一、金融创新的技术驱动

(一) 技术进步推动了传统金融业的革新

新科技革命所带来的技术进步，为现代金融业务、理财工具和财政业务的革新，提供了必要的物质条件。金融服务电子化为银行业的运营带来的变化主要表现在三个方面：

一是对企业中心管理系统的更新。这里的中心管理系统是指企业的，用来控制活动和管理风险的主要业务软件管理系统。通常，管理数据信息都在本行的服务器设备硬件上，涵盖了总行的最大机器(主服务器设备)、支行前置机等，另外还有各种数据信息的备份系统。应用软件都是服务管理主程式，一般使用 UNIX 编程语言写成。数据分析已成为各产业的基本资料，并将给金融业发展趋势产生十分重要的影响。由于金融市场活动所产生的信息越来越复杂，金融服务领域的传统业务模型必被重建。而金融科技下的大数据分析则能够通过融合大数据，高效识别用户的信用信息，使传统模式下无法衡量的风险信息显性化。现在通过 IT(Information Technology，信息科技)技术建立的各种数据库和管理信息系统，大大降低了信息管理和业务处理的费用。如信息的收集、贮存、处理和传递等一系列过程，已经以自动化处理方式代替了人工纸质处理方式。

二是金融服务产品和服务模式的创新。金融服务产品和服务模式的创新，通过信息化手段(如远程支付业务、网上银行业务、手机电话银行、自助银行等)，极大地改善了用户获得信息服务和金融需求的途径。其中，最有意义的便是付款手段的发展，由原来的实物变成了现在的移动支付，而移动支付(支付宝、微信支付)也开始撼动传统商业银行的支付优势。与信用卡付款的单一手段相比，基于网络和移动场景的全新付款方式和手段显得更加清晰。全新移动支付方式、多元化的付款通道和简单的验证手段提升了付款效果，可以提供资金支付与各类投融资服务。

三是业务应用的丰富和完善。信息技术进步使得过去不能由人力动作完成的工作得到完成，如证券交易的无纸化、互联网的全球化，及智能投顾等。另外，通过信息技术进步，金融服务不断完善，从而使金融业务的服务范围变得规范化、模型化，大大缩短了业务时间。

（二）新技术扩大了金融服务市场的发展空间

首先，技术创新打开了传统金融无法估计的市场。传统银行的经营模式相对简单，业务上通常触及不到以长尾群体为代表的"信用白户"，而金融科技利用技术和产品的创新性，将传统金融服务行业快速链接到网上，通过线上化、平台化和场景化的方式，将传统金融机构的业务、产品扩展至更为深入的金融领域和服务行业。

其次，技术是金融创新的基础，也是金融创新得以应用的重要工具。金融创新包括理念创新、模式创新和技术创新。理念创新和模式创新是基于现有技术条件对传统金融的突破，技术创新可以为金融创新提供新的基础。例如，微信支付、支付宝等是在成熟的通信技术和计算机技术下形成的新支付方式。

最后，随着科技的不断发展，将新方法、新科技应用于商业环境中，可为金融发展提供更多的可能性。目前，金融创新着重于虚拟化和智能化的实现。虚拟化将大大提高用户处理交易的便利性，提高用户满意度。通过充分融合各交易环境的金融服务入口，通过网银、电话、微信、短信、视频等途径构建适合用户多样化需要的金融服务网络平台。"智能"企业透过集聚人才，进行智能产品的研发，实现商业模式、技术、服务流程等方面的创新，将线下网点的经营重心从核算产品向客户体验转型，以促进实体网点的智能提升，并夯实企业智能建设的科技基础。

二、金融创新与监管的博弈

（一）金融监管与金融创新的对立统一

金融监管制度是国家直接干预市场行为的方式，而金融技术创新则是指金融服务行业中各部门对各种因素的综合运用和创造，两者是对立统一关系。两者的对立贯穿了整个金融业领域，两者的统一则反映了追求金融的工作效率。两者既相互依存，也彼此排斥，两者之间动态的关系变化导致金融的发展趋势。

（二）金融监管制度和金融技术创新方面的问题一致性

1. 内在动因一致性

发明并非目的，创新只是手段。金融创新追本溯源仍是传统金融家们提升金融发展效益的主要手段，而金融监管则是由地方政府部门主导，预防金融风险、维持金融秩序的主要形式。总的来说，两者的出发点一致，都是为提高和维护金融效益而努力。

2. 内在关系相互促进

金融业技术创新主要在于推动金融业资源的优化配置，从而提升金融服务的有效性。金融监管的目的在于保障市场的安全，避免因为过分的市场竞争而造成市场的不平衡，并营造健康的金融环境。二者相互促进，共同推动金融业的健康发展。

3. 发展内容相互补充

技术创新是保持银行长期活力的源泉，所以银行需要运用技术创新去获得最佳收益，但是技术创新也可能带来其他的风险问题，创新可能失效，这就要求银行通过监管的举措来化解银行技术创新可能带来的风险。二者在周而复始的博弈进程中完成了金融市场发展和监管的共同进步，也完成了二者功能的互相弥补。

（三）在金融监管和金融技术创新之间的矛盾性

1. 执行主体的不同

金融监管的主体是国家的最高金融监管机关，金融创新的主体就是金融。二者由于执行主体的不同，在寻求共同利益时是具有差异性的，因此二者的对立冲突也不可避免。

2. 执行结果的矛盾性

金融技术创新将使金融服务活动变得复杂化，也将带来社会危险和不安全因素。金融监管虽是为了使金融稳定健康发展，在一定程度上可以抑制金融服务发展，遏制金融服务产业的成长。二者在实施结果上是具有冲突的。

3. 执行效率的矛盾性

金融监管同时也是政府对金融公司的一项成本追加，也称隐含的税收，必然抵消一部分金融创新的效率。反之，金融创新的开展势必造成监管效能的削弱，二者在执行效率方面相互矛盾。

三、金融监管科技的拓展与延伸

早期的金融监管科技侧重于将各种信息技术用于进行风险控制、金融监管、规范金融机构行为等。随着中国的数字化进程加快，金融监管科技的领域不断扩大，若将金融监管科技局限为某种技术就显得十分片面。于是在原有定义的基础上，将金融监管科技定义扩展为：服务于我国金融政策，综合利用先进技术手段，建立由监管部门、银行、社会金融服务获得者、公共服务部门及其技术提供者协调发展的标准化和现代化管理体系，如图3.5所示。

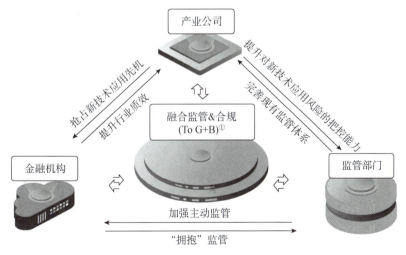

图3.5 数字经济时代监管科技生态

（来源：杜宁，赵骏. 数字经济时代的监管科技［J］. 中国金融. 2022（3）：77-78.）

---

① 合规：直接或间接符合政府、组织内部规定；To G+B：G指 Government，政府客户；B指 Business，企业客户。

数字经济时代的监管体系是监管科技在数字化领域的扩展和延伸，相比于传统监管科技，主要有以下四点变化：第一，应用范畴从过去主要为监管、合规与风控提供支持和服务，扩大到为各项国家战略的贯彻实施提供服务；第二，参与主体从监管机构和从业机构延展到金融服务获得方、技术供应方以及公共服务机构等，进一步推动市场各参与主体的协同发展；第三，新时代的监管科技具备可交互、可认定、可分级、可审计等特点。第四，新时代的监管科技强调对相关技术进行综合运用，以突破数字金融监管瓶颈。数字化金融监管科技更加符合中国现在对规范解决系统性金融风险的治理需要。数字化金融监管通过改进金融机构管理方法能够更有效激活地方金融机构的经营活动，促进合规管理，从而提升地方银行的管理质量。数字化金融监管技术革新将是一个全局性、长期的任务，该项技术的推动过程将涉及金融市场法制构建、现代银行业转型发展、营商环境改进以及系统性金融风险预防等，将逐步澄清法制、技术、企业之间的界限，并完善电子化金融市场环境制度等。它可以实现科学审慎管理、配置调整金融市场体系，充分发挥大数据处理和计算机信息技术的优点，完成对监管、银行和相关管理主体信息的高效集成，汇聚数据，促进现代化金融监管事业的发展。

 案例链接

金融监管的新挑战和新需求

在第五次全国金融工作会议上，习近平总书记指出，要把主动防范化解系统性金融风险放在更加重要的位置，科学防范，早识别、早预警、早发现、早处置，着力防范化解重点领域风险，着力完善金融安全防线和风险应急处置机制，这为金融监管工作指明了方向。在2019年2月22日中共中央政治局第十三次集体学习时，习近平总书记强调，要健全及时反映风险波动的信息系统，运用现代科技手段和支付结算机制，适时动态监管线上线下、国际国内的资金流向流量，使所有资金流动都置于金融监管机构的监督视野之内。这为监管信息化建设提出了具体目标和要求。

从行业发展的角度看，监管信息系统的革新时不我待。近年来，金融科技发展迅速，金融产品创新层出不穷，金融机构风险发生了本质变化，金融体系的结构性变化速度加快，金融系统性风险的隐蔽性、复杂性、传染性更为突出。新的金融环境对传统的银行监管工具和方法均提出了巨大的挑战。

（案例来源：刘春航. 监管2020 宏观审慎的困境与金融科技的挑战[EB/OL].（2019-12-30）[2022-09-30]. https://finance. sina. cn/zl/2019-12-30/zl-iihnzahk0996330. d. html. ）

思考题

1. 传统金融监管有何缺陷？

2. 如何将金融科技融入金融顶层设计？

 本 章 小 结

1. 支付工具作为商品交换和贸易发展到一定阶段的必然产物，为满足各时期支付的需求，形式也在不断发生变化。其可分为实物支付、信用支付和电子支付三个阶段。各阶段都具有鲜明的特色，在促进经济发展的同时，也存在各种挑战。

2. 普惠金融是一种不断发展演变的范畴，普惠金融的重点业务范畴有三种：普惠小微金融、消费金融，以及乡村振兴。普惠金融的发展是中国全面建设小康社会的必然需要，是创业创新的重要金融支持，是中国经济转变升级的坚实基础。

3. 信息不对称与搜索成本是影响企业融资成本与融资效率的重要指标，打造一个适合企业发展的营商环境需要高度重视信息不对称与搜索成本所带来的问题。应将金融科技的运用与信息不对称、搜索成本结合，通过充分发挥金融科技的驱动力，解决这类问题。

4. 金融机制包括金融监管机制、金融服务激励约束机制、金融调剂机制等。金融机制设计和实施中有两大核心问题，分别是信息机制和信息激励机制。金融机制与技术实现设计指的是将新一代人工智能、区块链、大数据分析、云计算等底层科学技术应用融合于金融机制设计中，功能主要体现在以下方面：改造金融产品的设计，升级金融机构的流程与内部管理，打造有机高效的金融生态，完善金融基础设施，改造金融功能，最终达到提升金融服务效能的目的。

5. 金融创新的技术驱动作用大，推动了传统金融业的革新，扩大了金融服务市场的发展空间。金融监管与金融创新是对立统一的关系，针对创新方面的问题，两者具有一致性和矛盾性。一致性体现在：内在动因、内在关联、发展内容。矛盾性体现在：执行主体、执行结果、执行效率。

第四章　金融共识机制与共享金融

素养目标

1. 实践创新

本章通过多方位的教学改革和创新，深入挖掘课程中所蕴含的思政元素，并灵活运用多样的教学方法，将思想政治教育之"盐"融于金融学专业知识"食材"之中，将"思政"贯穿于知识模块、知识点和教学评价等教学活动的各环节，既使学生扎实掌握金融理论基础，培养其金融专业技能，又对学生形成潜移默化的价值引领，从课程所涉专业、行业、文化、历史等角度，揭示课程的时代性和人文性，使金融学基础知识传授与思政教育同向同行、形成合力，助力培养金融领域的新时代中国特色社会主义合格建设者和接班人。

2. 人格发展

通过在该金融科技学课程中融入思政内容，引导学生追根溯源，辨别共享金融与共享经济的差异，让他们在思考的基础上，理性客观地判断、理解和认知金融共识机制不同的逻辑内涵。这一方法可以起到培养学生文化素养、人文精神、批判性思维与能力和加深学生对金融与科技概念理解的双重功效。

案例导入

芝麻信用：被批准开展个人征信业务

在征信体系方面，近年来大数据技术为互联网金融征信提供了一定的技术基础，电商平台崛起，大量资金流从银行体系转移到互联网企业，大量基于互联网的数据和信息为测算个人的信用状况创造了条件。

以芝麻信用为例，作为首批被批准开展个人征信业务的商业机构，芝麻信用通过云计算、大数据等技术，对用户身份信息、人脉网络、行为偏好、履约能力和信用情况五个维度进行信用评估。蚂蚁金服的互联网理财和阿里巴巴的电商交易平台具有天生的数据规模优势，能够实现物流与现金流的匹配，并与政府和公安网络合作以获取个人信息。芝麻信用采用 FICO 评分模型，但与传统征信不同的是，其实现了从静态评估到动态评估、从狭义的经济信用评估到广义的综合信用评估的转变。

其得出的"芝麻分"可以被用于各种生活服务和金融机构，人与人之间也可以通过信用分来互相了解。从这一层面来说，芝麻信用从数据来源和征信结果的使用两方面实现了"共享"，数据在商户和征信机构之间形成了良性循环。

诚然，芝麻信用作为互联网征信的新兴产品，也面临一些问题。首先，数据主要来自电商平台和一些合作商家，存在"数据孤岛"，某些企业为了保护自身的商业机密，不愿向个人征信机构出售客户的行为数据。其次，在共享金融体系尚未发展成熟的阶段，征信结果的共享容易造成用户隐私的泄露。最后，传统的评分体系和相关理论未必适用于互联网征信，征信评分体系还需进一步完善，以适应互联网非结构化数据快速增长的趋势。

（案例来源：杨望. 数字时代未来范式——共享金融［EB/OL］.（2019 - 02 - 25）［2022 - 09 - 23］. https：//column. chinadaily. com. cn/a/201902/25/WS5c73586da31010568bdcbaf0. html.）

思考题

1. 金融共识机制的含义是什么？
2. 简单阐述从共享经济到共享金融的演变过程。

第一节　金融共识机制

一、共识与共识机制

(一) 共识机制的含义

为了处理去中心化的分布式记账系统，达成记账节点的一致性，人们创造了共识机制这一系统。共识机制也是所有节点都必须遵守的一种规则。共识的达成需要具备以下三个条件：第一，不同主体需要共同接受法律、规则、规范等共识机制的约束，即共识机制对所有社会主体具有共同的约束力；第二，社会行动者一致支持实施这些共识机制的系统；第三，社会主体需要身份或统一意识，所以他们会承认他们在协议条款是相等的。

共识机制是一个相当重要的社会功能，其本质是在相同的规则下实现信息对称的一种体系。完善的共识机制也可以使整个社会的生产速度提高。共识机制的体系包括社会信仰、社会道德以及法律等多个方面。具体而言，社会信仰充当社会评价体系，结合社会道德，给民众带来希望。社会道德是一种自发形成的共识机制，具有认识、教育、评价、调控、均衡等五大功能。法律是国家制定以及公开认证的行为规范，也是国家强制力保障实施的行为规范。

(二) 金融共识机制

在相关金融领域中，经济金融运行紧紧依托于共识机制。金融体系中的共识机制包括信用货币制度、国际货币体系、市场机制、契约机制等多个方面。信用货币制度是以中央银行或国家指定机构发行的信用货币作为本位币的货币制度；国际货币体系就是各国政府为适应国际贸易与国际支付的需要，对货币在国际范围内发挥世界货币职能所确定的原则、采取的措施和建立的组织形式的总称；市场机制起到发挥传递信息、促进利益竞争、优化经济、推动技术进步、提高效率等作用。契约机制是指双方当事人基于对立合作的意思表示而成立的法律行为，为私法自治的主要表现，其中契约包括要约及承诺两个基本意思。

二、区块链共识机制

(一)POW(工作量证明机制)

工作量证明机制(Proof of Work，POW)。工作量证明最常用的技术原理是散列函数。由于输入散列函数 $h(\ )$ 的任意值 n，会对应到一个 $h(n)$ 结果，而 n 只要变动一个比特，就会引起雪崩效应，所以几乎无法从 $h(n)$ 反推回 n，因此借由指定查找 $h(n)$ 的特征，让用户进行大量的穷举运算，就可以达成工作量证明。

工作量证明系统的主要特征是客户端需要做一定难度的工作得出一个结果，验证方却很容易通过结果来检查出客户端是不是做了相应的工作。这种方案的一个核心特征是不对称性：工作对于请求方是适中的，对于验证方则是易于验证的。它与验证码不同，验证码的设计出发点是易于被人类解决而不易被计算机解决。

比特币系统的共识机制是基于 POW 算法的。比特币网络中任何一个节点如果想生成一个新的区块并写入区块链中，必须解出比特币网络给出的工作量证明的谜题。这道题关键的三个要素是工作量证明函数、区块及难度值。工作量证明函数是这道题的计算方法，区块决定了这道题的输入数据，难度值则决定了这道题所需要的计算量。

(二)POS(股权证明机制)

股权证明机制(Proof of Stake，POS)实际上就是一个根据用户所持有的货币数量和时间来决定派发利息的制度。POS 机制中有一个叫作"币龄"的概念，每个币每天产生 1 币龄，如果用户持有币的数量达到了 100 个，并且所持时间为 30 天，那么其拥有的币龄为3 000。这时候，如果用户发现一个 POS 区块，那么他的币龄就会被清空，用户每被清空365 币龄，就会获得区块中 0.05 个币的利息(这里可以理解为年利率为 5%)。由于币龄清空为零，每发现一个新区块，矿工的计算力也归为零。

与 POW 相比较，POS 机制是一种升级的共识机制，根据每个节点代币数量和时间的比例降低挖矿难度，加快随机数的寻找速度。在实际运用中，POS 机制具有在一定程度上缩短共识达成时间的优点，同时也在安全性方面有了更大的保障，这对于大数据在金融领域中的应用具有十分重要的作用。另外，POS 机制构建了区块链技术前沿运用的基础。其缺点是还需要挖矿，实际上并没有从根本上解决商业应用的痛点。

(三)DPOS(委托权益证明机制)

委托权益证明机制(Delegated Proof of Stake，DPOS)是由被社区选举的可信账户(超级账户)来创建区块。DPOS 机制类似于股份制公司，普通股民进不了董事会，要投票选举代表(受托人)代他们做决策。

(四)PBFT(实用拜占庭容错算法)

实用拜占庭容错算法(Practical Byzantine Fault Tolerance，PBFT)的设计思想在很多共

识机制中都有借鉴，同时也被很多联盟链采用，其支持容错故障节点之外，还支持容错作恶节点。假设集群节点数为 n，有问题的节点为 f。PBFT 算法的最大容错节点数量是 $(n-1)/3$。有问题的节点中，既可以是故障节点，也可以是作恶节点，或者只是故障节点或者只是作恶节点。假设故障节点和作恶节点都是不同的节点，那么就会有 f 个问题节点和 f 个故障节点，当发现节点是问题节点后，会被集群排除在外，剩下 f 个故障节点，那么根据小数服从多数的原则，集群里正常节点只需要比 f 个节点再多一个节点，即 $(f+1)$ 个节点，正确节点的数量就会比故障节点数量多，那么集群就能达成共识。所以，所有类型的节点数量加起来就是 $(f+1)$ 个正确节点、f 个故障节点和 f 个问题节点，即 $3f+1=n$。

PBFT 算法的基本流程主要有以下四步：一是客户端发送请求给主节点。二是主节点广播请求给其他节点，节点执行 PBFT 算法的三阶段共识流程。三是节点处理完三阶段流程后，返回消息给客户端。四是客户端收到来自 $(f+1)$ 个节点的相同消息后，代表共识已经正确完成。

（五）RAFT 算法

RAFT 算法与 PBFT 不同，RAFT 不支持作恶节点，因此更多地用于私链中。RAFT 算法包含三种角色，分别是跟随者（Follower）、候选人（Candidate）和领导者（Leader）。集群中的一个节点在某一时刻只能是这三种状态的其中一种，这三种角色是可以随着时间和条件的变化而互相转换的。RAFT 算法主要有两个过程：一个过程是领导者选举，另一个过程是日志复制，其中日志复制过程会分记录日志和提交数据两个阶段。RAFT 算法支持最大的容错故障节点是 $[(N-1)/2]$，其中 N 为集群中总的节点数量。

在 RAFT 中，每个节点会处于下面三种状态中的一种。

第一，Follower：所有节点都以 Follower 的状态开始。如果没收到 Leader 消息则会变成 Candidate 状态。

第二，Candidate：会向其他节点"拉选票"，如果得到大部分的票则成为 Leader。这个过程就叫作 Leader 选举（Leader Election）。

第三，Leader：所有对系统的修改都会先经过 Leader。每个修改都会写一条日志（Log Entry）。Leader 收到修改请求后的过程如下（这个过程叫作日志复制（Log Replication））：复制日志到所有 Follower 节点（Replicate Entry）—大部分节点响应时才提交日志—通知所有 Follower 节点日志已提交—所有 Follower 也提交日志—整个系统处于一致的状态。

第二节　共享金融

一、共享金融的内涵

（一）从共享经济到共享金融

共享经济是一种基于共享平台的新兴商业模式，是代表组织或个人以获得某种奖励为主要目的，通过某些交易平台以及金融市场，临时转移内容的临时使用的新经济模式。共享经济包括共享金融，共享金融依托于高新科技以及有关制度变革，突破时间和空间的传统金融限制，构建资源元素以及利益共享的金融可持续发展模式。共享金融可以使降低融资成本的效率大大提升，为企业提供更多方法及更大优势以筹集资金。

共享金融包含了互联网金融、普惠金融、金融市场化等一系列金融模式理念以及演进构架，成为金融领域前沿的研究方向，同时也适应了后工业时代和消费主权社会特点。互联网金融以及新兴科技等多方面的崛起，推进了共享金融的发展，并为其奠定强有力的现实基础。一方面，从"互联网金融"这一概念被提出，互联网金融一跃成为金融机构、金融行业以及各个投资方的关注重点。互联网金融快速地崛起，各种新模式以及新业态不断演变。并且，随着区块链、人工智能等多方面新兴前沿技术的不断提升与完善，在市场监管日剧严格、竞争挑战加剧的金融背景下，互联网金融也通过寻找自身的突破点，显现自身的平台优势，大大提高其行业竞争力。同时，市场多元化的需求以及产业格局的演变，同样促进了金融机构以及行业与新兴科技跨界融合，以及资源的分析共享，这推进互联网金融正式步入 3.0 时代。另一方面，伴随着互联网金融正式进入 3.0 时期，各个从业机构以及银行管理平台也开始了全新的探索研究。其中最为显著的特点是机构之间的交易更加频繁，并不断达成共识。互联网金融 3.0 时代的最重要的目的是实现共享金融，实现共享金融需要依托于科学技术的革新、风险精准化以及动态测量，显著降低金融交易以及服务成本，有效提升金融服务管理效率。

金融行业与互联网模式相互融合，推进金融共享经济需求的产生，其中最主要的有 P2P 网贷模式以及众筹模式。根据互联网大数据的平台进行对海量数据的效率化收集以及高效寻找资金的需求方，提升资金的周转效率，以最大限度发挥金融的利用价值，让越来越多的民众享受到相关人性化的金融服务。在融资、投资以及支付等相关领域，共享金融处于初步发展的阶段。以新兴金融机构为核心，广大的传统金融机构还没有跟上前沿的步伐。值得肯定的是，这一大的潮流趋势已经形成，并且将超出众人的预期，实现爆发式增长。同样也有人认为，共享金融将发展出更加丰富的金融生态圈，精细地分解出海量的业务，其总规模预计达到数以万亿元计。同样，也有人猜想，未来的共享金融可能会附着于各种类型的银行以及商业活动中，通过随时随地解决相关互联网金融问题，达到金融功能效益的最大化。

（二）共享金融的共识基础

第一，共识的内容主要包含资金运用的真实性和偿还能力两个方面。金融活动中首先要防范的是金融欺诈，即确认资金运用的真实性，这是道德风险问题。资金与一般商品不同，当使用权由一方转向另一方后，其所有权是很难保证的。同样，偿还意愿和偿还能力是融资者能够还本付息的两个决定因素。

第二，传统的金融活动中，共识依靠暴力维持、法律制裁和道德约束。互联网、大数据、区块链等信息技术为共享金融的共识基础提供了更加客观的实现方式。大数据分析帮助金融中介和投资者更好地去捕捉和了解融资者的特征和过往经历，做到对其性格、行为、信用程度的精准判断，在事前更好地识别融资者。区块链技术将相关的生产经营活动在去中心化的账本上记录下来，保证利益相关者共同监督且不可篡改，维持了信息的真实性。

二、共享金融的主要表现形式

（一）P2P 网络借贷

P2P 网络借贷是依托于金融互联网系统，使得金融供需链中的交易用户直接完成交易过程及相关手续流程，一般情况下是指个体用户之间小额借贷的交易行为。1983 年，尤努斯博士创建的可以根据无抵押小额信用贷款的格莱珉银行，帮助行业消费者并且实现金融创新，使双方达到共赢。由于 P2P 网贷模式日趋兴起，2015 年网络信用贷款的交易营业额突破万亿元，同比增长 258.62%，历史累计成交 16 312.15 亿元。P2P 网络贷款根据不同平台分成四大类模式，其中包括大型金融集团引入的互联网服务平台、具有担保模式的担保机构、P2P 网络借贷机构下的合约债券转让模式，以及依托电商交易指数和大型金融系统将线下电商与网络结合的交易模式。因为法律监管制度并没有对 P2P 网络信贷有明确界限，会致使一些犯罪行为滋生，因此完善法律监管制度是当务之急。

利用 P2P 网络信贷机构构建的第三方互联网交易平台，进行买方、卖方的配对沟通，这形成了一种直接明了的信用贷款流程结构。金融交易的供需双方进行直接交易，大大降低了金融机构与中介的风险和成本，较好地诠释了共享金融的理念。它的缺点是由于征信体系的不全面，互联网金融会遭受风险与陷入困难，也易使借款人蒙受不必要的损失。相对线上 P2P 网络借贷的经营模式，线上和线下相结合的模式更具有前瞻性，P2P 网络借贷平台通过线下信用审核、开发借款人、销售债权产品等方式弥补 P2P 网络借贷的线上缺陷，拉近借贷双方与平台的距离。图 4.1 展示了 P2P 网络借贷平台的常规借贷模式。

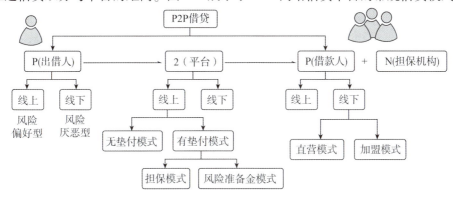

图 4.1　P2P 网络借贷平台的常规借贷模式

（二）互联网众筹

自 2012 年在国内首次出现互联网金融，互联网行业和传统金融行业间的跨行业融合便迅速发展起来。依托于互联网金融模式，资金的供求两方进行直接交易，大大降低了金融中介的交易成本，推进实体经济的发展，体现了共享金融的基本概念。在互联网金融服务的发展历程中同样存在相关缺点，比如征信系统不完善，给互联网金融的信用风险控制带来困难；互联网金融处于起步阶段，相关的法律规范、准入机制、监管机制不完善，造成监管风险；网络属于虚拟平台，网络黑客直接影响互联网金融的正常运作；由于互联网金融违规惩戒机制不完善、违约成本较低，造成很多蓄意骗贷等情况。

互联网众筹是基于"互联网+金融"所创新的一种模式。互联网众筹最重要的意义不仅在金融创新本身，而且每一位普通人都可以通过该模式获得从事某项创作或活动的资金，使得融资的来源者不再局限于风投等机构。但不足之处在于起步较晚，发展有待完善，国内大多项目以营销为主，质量不高。

（三）供应链金融

供应链金融是商业银行信贷业务的一个专业领域（银行层面），也是企业尤其是中小企业的一种融资渠道(企业层面)。它是指银行向客户(核心企业)提供融资和其他结算、理财服务，同时向这些客户的供应商提供贷款及时送达的便利，或者向其分销商提供预付款代付及存货融资服务。简单地说，就是银行将核心企业和上下游企业联系在一起，提供灵活运用的金融产品和服务的一种融资模式。以上定义虽与传统的保理业务及货押业务(动产及货权抵/质押授信)非常接近，但有明显的区别，即保理和货押只是简单的贸易融资产品，而供应链金融是核心企业与银行间达成的一种面向供应链所有成员企业的系统性融资安排。

一般来说，一个特定商品的供应链是从原材料采购，到制成中间产品及最终产品，最后由销售网络把产品送到消费者手中，其将供应商、制造商、分销商、零售商直到最终用户连成一个整体。在这个供应链中，竞争力较强、规模较大的核心企业因其处于强势地位，往往在交货、价格、账期等贸易条件方面对上下游配套企业要求苛刻，给这些企业造成了巨大的压力。上下游配套企业恰恰大多是中小企业，难以从银行融资，致使资金链紧张，整个供应链出现失衡。供应链金融最大的特点就是在供应链中寻找出一个大的核心企业，以核心企业为出发点为供应链提供金融支持。一方面，将资金有效注入处于相对弱势的上下游配套中小企业，解决中小企业融资难和供应链失衡的问题；另一方面，将银行信用融入上下游企业的购销行为，增强其商业信用，促进中小企业与核心企业建立长期战略协同关系，提升供应链的竞争能力。在供应链金融的融资模式下，处在供应链上的企业一旦获得银行的支持，将资金这一"脐血"注入配套企业，也就等于进入了供应链，从而可以激活整个"链条"的运转；而且借助银行信用的支持，还为中小企业赢得了更多的商机。

三、共享金融的优势

(一)助力实现普惠金融发展

实现普惠金融的良好途径是使用共享金融。从资金需求方的角度看，由于有较高的固定运营成本等，传统的银行等金融机构有"大客户"偏好，现实的资金需求者却处于长尾分布，这就使尾部的需求无法获得金融资源。据有关调查显示，规模以下的小企业90%没有与金融机构发生任何借贷关系，小微企业95%没有与金融机构发生任何借贷关系。从金融资源的供给方来看，我国绝大部分资金都要通过银行等金融机构来实现间接融资，投资者投资渠道窄、收益低。共享金融模式可以通过现代信息技术平台，实现资金供求双方的直接交易，一方面拓展融资空间，有助于中小微企业等尾部需求者获得融资；另一方面，极大地拓宽了广大居民的投资渠道，从而最大限度地实现"每一个人在有需求时都能以合适的价格享受到及时、有尊严、方便、高质量的各类型金融服务"的普惠金融理念。

(二)降低融资成本有效手段

共享金融可以通过两个途径降低融资成本。一是共享金融可以极大降低中介成本。共享平台主要依靠计算机和网络信息技术，不需要大批量的固定经营网点，信息的搜集、整理和分析也主要是依靠云技术，以及少量的专业技术人员。与传统的中介成本相比，共享金融的平台成本可以忽略不计。二是共享金融资金供求双方的直接匹配机制可以极大地提高资金的使用效率，降低融资成本。传统的金融中介是采取某种固定的风险偏好进行资金分配，而且在融资时较少关注投资者的风险偏好，当以某种平均水平对资金进行定价时，会造成资金的低效使用，风险低的融资者承担较高的成本，而投资者只能获得较低的平均收益。共享金融则能够同时关注投资者的风险偏好，以及与融资者风险收益水平，实现双方的直接匹配，从而提高资金的匹配效率，实现投资项目的高风险高成本、低风险低成本，从整体上降低融资成本。共享金融作为一种新生的金融业态，必会对原有的金融市场体系形成一定的冲击，打破原有的格局。由此可见，新的金融市场体系将会面临一次再平衡，这也促使我国的金融体系更具竞争性和包容性。

 案例链接

e 租宝：被指控涉嫌非法吸收公众资金762亿元人民币

在监管体系方面，安全问题是制约互联网金融向共享金融发展的重要因素。2016年是互联网行业跌宕起伏的一年，特别是随着 P2P 平台、众筹的野蛮生长，违约、跑路事件频出，引发整个行业对于互联网金融监管的关注。互联网借贷风险以技术风险和操作风险为主，呈现风险高、突发性强、传播快、影响范围广等特点。根据网贷之家的数据，2016年11月，网贷平台停业及问题平台数量为98家，其中，提现困难占10家，跑路占12家，其他平台为停业转型。随着监管规则趋严和清理整顿，停业转型平台所占比例可能会进一步上升。自2015年12月起，累计停业及问题平台量达到1 645家，其中包括 e 租宝、卓达、泛亚等大型平台，也包括大量小额诈骗案件。

以 e 租宝为例，作为中国最大的 P2P 平台之一，被指控涉嫌非法吸收公众资金762亿元人民币。其宣称的以融资租赁收益权转让作为底层资产，但在实际操作过程中并没有开展相关业务，存在大量虚假标的，资金流向不明确，这一点已经背离了 P2P 的本质。因此，有问题的并不是 P2P 本身，而是互联网金融企业违规操作、涉嫌欺诈的行为。当然，合规的 P2P 平台风险也不容小觑，与国外成熟模式运用大数据建立风控模型相比，国内平台缺乏相关技术，风控能力不够成熟，违约率较高。从长远来看，技术是互联网金融发展的根基所在，监管政策、法律法规则起到为其"保驾护航"的作用。

（案例来源：杨望. 数字时代未来范式——共享金融［EB/OL］.（2019－02－25）［2022－09－30］. https://column. chinadaily. com. cn/a/201902/25/WS5c73586da31010568bdcbaf0. html.）

思考题

1. 金融共识机制如何使用？
2. 共享金融应用于哪几个方面？

本章小结

1. 共识与共识机制是为了处理去中心化的分布式记账系统达成记账节点的一致性而创造的。区块链是去中心化的分布式记账系统，区块链共识机制包括 POW（工作量证明机制）、POS（股权证明机制）、DPOS（委托权益证明机制）、PBFT（实用拜占庭容错算法）、RAFT 算法。经济金融的运行也紧紧依托于共识机制，金融体系中的共识机制包括信用货币制度、国际货币体系、市场机制、契约机制等多个方面。

2. 共享金融包含了互联网金融、普惠金融、金融市场化等一系列的金融模式理念以及演进构架，其主要表现形式有 P2P 网络借贷、互联网众筹、供应链金融。共享金融在助力实现普惠金融发展和降低融资成本两方面具有发展优势。

第五章

大数据概述及运用

素养目标

1. 时代担当

大数据以极快的速度从概念走进现实，融入了社会生活的方方面面，强力助推社会发展。相关企业的发展离不开国家政策的大力支持，壮大的企业共同推进大数据产业发展，助力国家大数据战略和产业优化升级。企业主动承担了经济生活的发展重任，为先进制造、社会治理、国防建设等方面补齐关键技术短板，为实现技术突破和自主可控等贡献企业智慧。

2. 理性思维

大数据技术是人类制造的一种伟大的工具，但当大数据技术快速融入社会生活后，却被频繁滥用。大数据的滥用不仅会与国家法律制度、价值观相违背，还会侵犯人们的隐私、公平等合法权益。运用大数据技术应该将科学技术与人文精神相结合，实现"美美与共"。大数据的运用者在坚持以人为本的同时，要学习大数据的理性和客观精神，避免大数据的滥用行为频发。

案例导入

利用大数据预测犯罪活动的发生——洛杉矶 PredPol 软件

位于美国加利福尼亚州的 PredPol 公司基于地震预测软件推出了犯罪活动预测软件。其主界面是一张与谷歌地图相似的城市地图，它会根据某一地区过往的犯罪活动统计数据，借助特殊算法计算出某地发生犯罪的概率、犯罪类型，以及最有可能犯罪的时间段。它能处理大量犯罪数据，尤其是犯罪地点和犯罪时间，再与已知的犯罪行为相联系，比如窃贼通常倾向于在他们最熟悉的社区犯罪等，最终得出一个较为完善的结果。每次运算结束后，它还会用红色方框表示需要提高警惕的犯罪"热点"地区，有时候这些区域能准确地缩至很小范围。警方可以通过个人电脑、手机或平板电脑对其进行在线查看，并且加强这些高危区域的巡逻。洛杉矶警察局通过在软件画出的高危区中高调巡逻而降低犯罪，而非等案子发生后破案，有利于维护社会稳定。

（案例来源：生活中的大数据例子［EB/OL］.（2022-05-06）［2022-09-01］. https://mbd. baidu. com/ma/s/piVvuvJK.）

思考题

1. 大数据如何做到精准预测？
2. 针对海量数据挖掘路径的原则是什么？

第一节 大数据的概述

一、大数据的概述

（一）大数据的概念

大数据，或称巨量资料，是伴随着信息数据爆炸式增长和网络计算技术迅速发展而兴起的一个新型概念，是指所涉及的资料规模巨大以至于无法借助传统软件工具实现在合理时间内达到收集、储存、管理并处理以帮助企业经营决策等积极目的的资讯。大数据需要通过更新模式处理，才能成为具有更强决策力、洞察力和流程优化能力的海量、高增长率和多样化的信息资产。

（二）大数据的主要特点

作为数据分析的前沿技术，大数据具有容量大、类型多样化和价值密度低等特点，具有巨大的潜力。

1. 容量大

数据体量巨大，从 TB 级别，跃升到 PB、EB 级别。数据的单位，已经从 G 和 T 发展到 P、E、Z、Y 等计量单位。计算机中存储信息的基本单位是字节（Byte）。一个西文字符用一个字节存储，一个汉字需要两个字节存储。其他单位及其相互间的关系更加生动形象地说，如 1TB，仅需要一个硬盘就可以存储。它的储存容量大约是 20 万张照片或 20 万首 MP3 音乐，或者是 671 部《红楼梦》小说。1PB，需要大约 2 个机柜的存储设备，容量大约是 2 亿张照片或 2 亿首 MP3 音乐。如果一个人不停地听这些音乐，可以听 1 900 年。而 1EB，需要大约 2 000 个机柜的存储设备，如果并排放这些机柜，可以达到 1.2 千米的长度，如果摆放在机房里，需要 21 个标准篮球场的大小。目前的大数据运用，主要集中在 PB、EB 级别。

2. 类型多样化

第一，大数据的类型多样化表现在数据类型繁多。大数据类型包括结构化数据、半结构化数据、非结构化数据。结构化数据是指通过关系型数据库表示和存储，由二维表结构来逻辑表达和实现的数据，严格地遵循数据格式与长度规范，如企业 ERP、财务系统、医疗 HIS（Hospital Information System）数据库等；半结构化数据是指介于结构化数据和非结构化数据之间的数据，例如 XML（Extensible Markup Language）数据文件、JSON（JavaScript Object Notation）文件等；非结构化数据是指信息没有一个预先定义好的数据模型或者没有以一个预先定义的方式来组织，即没有固定结构的数据，包括所有格式的办公文档、文本、图片、图像和音频或视频信息等。物联网、工业 4.0、自动驾驶和视频直播等领域的发展所产生的，就是非结构化数据。例如，人工智能、机器学习、语义分析、图像识别等技术则需要大量的非结构化数据来开展工作。

第二，大数据的类型多样化也表现在数据来源多样。大数据分析的数据来源包括公司或者机构的内部来源，以及外部来源，如交易数据、移动通信数据、人为数据、机器和传感器数据以及互联网上的"开放数据"等。

3. 价值密度低

价值密度低，商业价值高。也就是说，单位数据的价值并不高，所以需要耗大量精力在大量的数据中发现有价值的数据，或者将低价值的微小数据集聚成有价值的大数据。任何有价值信息的提取依托的就是海量的基础数据，但海量的数据中有很多并不一定有运用价值，真正有价值的数据总量可能很少，而且可能隐藏在没有价值的数据中，所以需要通过对海量数据进行一系列的科学分析处理，以获取有用的数据。因此价值密度的高低与数据总量的大小成反比。

（三）大数据的作用

大数据的作用是在海量数据的基础上，通过计算分析，获得有意义的结果，用于各类决策分析。大数据可以帮助行为主体从大量的数据中挖掘出有用的信息，实现由量到质的转化，从而真正地创造价值。我国坚持创新驱动发展战略，制定实施网络强国战略、国家大数据战略、"互联网+"行动计划、《中国制造 2025》等，出台了一系列重大举措。以大数据为代表的创新意识和传统产业长期孕育的工匠精神相结合，使新旧动能融合发展，并带动改造和提升传统产业，有力推动虚拟世界和现实世界融合发展，打造中国经济发展的"双引擎"。习近平总书记在十九大报告中指出，要"推动互联网、大数据、人工智能和实体经济深度融合，在中高端消费、创新引领、绿色低碳、共享经济、现代供应链、人力资本服务等领域培育新增长点、形成新动能"。具体而言，大数据主要有以下几点作用：

第一，对大数据的处理分析正成为新一代信息技术融合运用的关键。移动互联网、物联网、社交网络、数字家庭、电子商务等新一代信息技术的运用不断产生大数据，而云计算为这些海量、多样化的大数据提供了一个存储和计算的平台。通过对不同来源数据的管理、处理、分析与优化，将结果反馈到上述运用技术中，从而创造出巨大的经济效益和社会价值。

第二，大数据是信息产业持续高速增长的新引擎。面向大数据市场的新技术、新产品、新服务、新业态会不断涌现。在硬件与集成设备领域，大数据将对芯片、存储产业产生重要影响，还将催生一体化数据存储处理服务器、内存计算等市场。在软件与服务领域，大数据将引发数据快速处理分析、数据挖掘技术和软件产品的发展。

第三，大数据运用将成为提高核心竞争力的关键因素。各行各业的决策正在从业务驱动转变为数据驱动。目前，大数据运用已经渗透到农业、工业、商业、服务业、金融、教育、医疗领域等各个方面，成为影响产业发展的一个重要因素。

第四，大数据使人们的日常生活更加便利化。大数据让人们有针对性地选择，让人们的日常生活更加便利，更加省时。人们的日常生活起居，离不开衣食住行。因为实体店的物品种类有限，并不是每次都能购买到满意的产品。当消费者在网上购物的时候，常常会发现购买商品界面会出现类似于"猜你喜欢"这样的信息，大数据会对消费者以往的购买记录进行查询，进而分析消费者的年龄、收入等，并推荐相关的商品。大部分情况下，推荐的商品都是消费者真正想要的，这样可以节约大量的购物时间和实现更高效的购买。

二、大数据的发展

（一）发展历程

1. 萌芽阶段

20 世纪 90 年代到 21 世纪处于数据挖掘技术阶段，也称数据挖掘阶段。在数据挖掘理论和数据库技术的不断发展和成熟中，逐渐出现了商业智能工具和知识管理技术。

2. 突破阶段

2003—2006 年是大数据发展的突破期，也称非结构化数据阶段。随着社交网络的流行，大量非结构化数据出现。传统的数据库难以应对和处理，数据处理系统、数据库架构开始重新思考并发生改变。

3. 成熟阶段

2006—2009 年，大数据形成并行计算和分布式系统，进入大数据发展的成熟期。谷歌公开发表两篇论文《谷歌文件系统》和《基于集群的简单数据处理：MapReduce》，其核心的技术包括分布式文件系统 GFS、分布式计算系统框架 MapReduce、分布式锁 Chubby 及分布式数据库 BigTable，大数据研究的焦点是性能、云计算、大规模的数据集并行运算算法，以及开源分布式架构 Hadoop。

4. 运用阶段

2009 年至今，在大数据基础技术发展成熟之后，学术界及企业界纷纷将其运用到实践中去。2013 年，大数据技术开始渗透到社会的各个领域，包括商业、科技、医疗、政府、教育、经济、交通、物流等，因此 2013 年也被称为大数据元年。2010 年以来，智能手机被广泛使用，数据碎片化、分布式、流媒体特征越来越突显，移动数据急剧增长。

（二）发展现状

1. 全球各国或区域联盟大数据战略布局

大数据与人工智能、云计算、物联网、区块链等技术日益融合，已经成为抢抓未来发展机遇的战略性技术，各国都将大数据产业上升至国家战略高度。如表 5.1 所示，世界各国都对大数据的发展给予了高度的关注，并提供强有力的战略支持。

表 5.1　世界各国或区域联盟大数据战略布局

国家	具体内容
美国	2012 年 3 月 22 日，奥巴马政府宣布推出"大数据的研究和发展计划"，该计划承诺投资 2 亿美元推动和改善大数据相关的收集、组织和分析工具及技术。这是大数据技术从商业行为上升到国家科技战略的分水岭，表明大数据正式提升到战略层面。2014 年 5 月，美国发布《大数据：把握机遇，守护价值》白皮书，对美国大数据应用与管理的现状、政策框架和改进建议进行了集中阐述。从《白皮书》所代表的价值判断来看，美国政府更为看重大数据为经济社会发展所带来的创新动力，对于可能与隐私权产生的冲突，则以解决问题的态度来处理。2019 年 12 月 23 日，美国白宫行政管理和预算办公室(OMB)发布《联邦数据战略与 2020 年行动计划》。以 2020 年为起始，联邦数据战略描述了美国联邦政府未来十年的数据愿景，并初步确定了各政府机构在 2020 年需要采取的关键行动
英国	大数据发展初期，英国在借鉴美国经验和做法的基础上，充分结合本国特点和需求，加大大数据研发投入，强化顶层设计，聚焦部分应用领域进行重点突破。2013 年英国政府加大了对大数据领域研究的资金支持，提出总额 1.89 亿英镑的资助计划，包括直接投资 1 000 万英镑建立"开放数据研究所"。2020 年 9 月 9 日，英国数字、文化、媒体和体育部(DCMS)发布《国家数据战略》，支持英国对数据的使用，帮助该国经济从疫情中复苏，并在 2020 年 12 月之前面向社会进行公开咨询。《国家数据战略》将设定五项"优先任务"，研究英国如何利用现有优势来促进企业、政府和公民社会对数据的使用。政府必须充分利用这些任务来发挥数据带来的机会，创建一个蓬勃发展、快速增长的数字行业，以促进经济发展
日本	日本在新一轮 IT 振兴计划中把发展大数据作为国家战略的重要内容，新的 ICT 战略重点关注大数据应用技术。日本总务省 2012 年 7 月推出了新的综合战略"活力 ICT 日本"，将重点关注大数据应用，聚焦大数据应用所需的社会化媒体等智能技术开发，以及在新医疗技术开发、缓解交通拥堵等公共领域的应用。2019 年 6 月于大阪举办的二十国集团(G20)峰会上，日本提出将致力于推动建立新的国际数据监督体系和 G20"大阪路径"，并希望在国际数据治理中拥有话语权
欧盟	为应对未来发展，欧盟致力于平衡数据流动和广泛使用，希望通过建立单一的数据市场，确保欧洲在未来的数据经济中占据领先地位。2020 年 2 月 19 日，欧盟委员会公布了《欧盟数据战略》，以数字经济发展为主要视角，概述了欧盟委员会在数据方面的核心政策措施及未来五年的投资计划，以助力数字经济发展

(来源：IDC 前瞻企业研究院整理)

2. 全球大数据储量情况

　　根据 IDC(互联网数据中心，Internet Data Center)的监测数据，如图 5.1 所示，2013 年全球大数据储量为 4.3 ZB，相当于 47.24 亿个 1 TB 容量的移动硬盘；2014 年和 2015 年全球大数据储量分别为 6.6 ZB 和 8.6 ZB。近几年全球大数据储量的增速每年都保持在 40%，2016 年甚至达到了 87.21% 的增长率。2016 年和 2017 年全球大数据储量分别为 16.1 ZB 和 21.6 ZB。2018 年全球大数据储量达到 33.0 ZB，2019 年全球大数据储量达到 41 ZB。根据 Statista 的数据统计，2020 年全球大数据储量约为 47 ZB。在数据储量不断增长和运用驱动创新的推动下，大数据产业将会不断丰富商业模式，构建出多层多样的市场格局，具有广阔的发展空间。

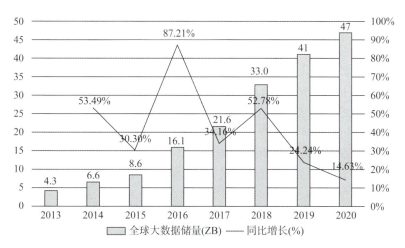

图 5.1 2013—2020 年全球大数据储量及其增长情况

（来源：IDC 前瞻企业研究院整理）

3. 全球大数据产业竞争格局

根据 Statista 的统计数据，如图 5.2 所示，全球大数据中心主要集中在美国、中国及日本。截至 2020 年年末，美国大数据中心数量占全球的比例达到 39%，中国占比达到 10%，日本为 6%。同时，从 2017—2020 年全球大数据中心数量的分布变化趋势来看，中国的份额越来越大，说明中国大数据产业的潜在空间巨大。

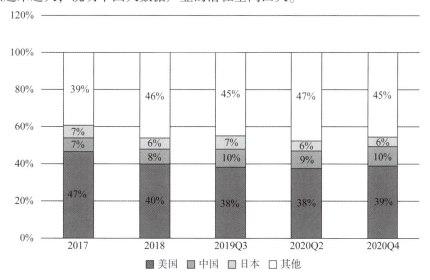

图 5.2 2017—2020 年全球主要国家大数据中心数量分布情况

（来源：IDC 前瞻企业研究）

（三）未来发展方向

信息科技经过 60 多年的发展，已经深入人类生活之中，政治、经济中的大量活动都与数据的创造、采集、传输和使用有关。经过十多年的发展，大数据技术逐渐成熟，大数据运用的影响也越来越广泛，从辅助到引领，从热点到支点，已经成为所有新旧技术、新旧商业模式和社会经济管理的基础。未来几年，大数据发展与运用可能呈现以下趋势：

1. 大数据处理

（1）数据处理引擎专用化。大数据系统需要改变传统的通用体系，采用更为专业的架构技术来降低成本，提高能效。为此，国内外的互联网企业都在开源型系统的基础上开发面向典型运用的大规模、高通量、低成本、强扩展的专用化系统。

（2）数据处理平台多样化。自 2008 年以来，大部分互联网企业逐渐接纳 GFS 和 Apache Hadoop，并成为大数据处理领域的事实标准，但在全面兼容 Hadoop 的基础上，Spark 通过更多的内存处理大幅提高系统性能。而 Scribe、Flume、Kafka、Storm、Drill、Impala、TEZ/Stinger、Presto、Spark/Shark 等的出现并不是取代了 Hadoop，而是扩大了大数据技术的生态环境，促使生态环境向良性化、完整化和多样化发展。

2. 大数据运用

大数据热点运用主要是在医疗保健、智慧城市、金融服务业、电子商务、工业大数据等领域。并且在城市数据、视频数据、语音数据、互联网公开数据以及企业数据、人体数据、设备调控、图形图像等方面取得了运用和技术突破。在数据资源流转上，大数据只是单纯储存下来已经不能满足各领域的需求，那些只保留而未经验证有效运用的数据会被删除，从大数据中挖掘并创造价值成为趋势，大数据工具、分析、服务收费越来越受到市场认可。但是随着大数据技术的逐步成熟，大数据开始深入风控分析、用户推荐、营销闭环等商业场景。以纯技术起家的大数据融入商业场景后，开始创造出独特的商业价值，更多的企业开始愿意为获得大数据服务而付费。在大数据技术的广泛运用中，个人、组织和政府更加关注数字道德和隐私，大数据安全和隐私保护也成为研究和运用热点。

三、大数据的优势

大数据处理比传统数据更能产生新价值、数据时效性更高，以及更加结构化。根据数据产生方式、数据特征以及运用情况的变化，可以将数据产业发展历程分为三个阶段。从表 5.2 的数据产业发展历程中可以看出，大数据处理就是传统数据的增强版本，不仅强化了传统数据的分析处理能力，而且也为监测更多的复杂数据处理和价值挖掘，带来了更广阔的视角。

表 5.2　数据产业发展历程

阶段	时间	数据产生方式	数据特征	应用情况
第一阶段	20 世纪 90 年代	多为随生产经营活动被动生成	只有结构化数据	数据仓库、专家系统、知识管理
第二阶段	21 世纪前 10 年	用户上网行为主动产生数据	非结构化数据量增加	谷歌 GFS、MapReduce 技术、Hadoop 平台等带动大数据解决方案逐步成熟
第三阶段	2010 年至今	各类设备主动短时间、密集生成各类数据	结构化、半结构化数据并存	大数据应用渗透各行各业：智慧城市建设、精准营销、网络舆情监测等

（来源：杜宁，王志峰，沈筱彦，等. 监管科技　人工智能与区块链运用之大道［M］. 北京：中国金融出版社，2018.）

首先，在数据产生方式上，大数据处理更为宏观，并且更能产生新价值。传统数据处理目标比较明确，会根据分析目标确定采集数据的范围。大数据的目标通常只是一个大致方向，不够精确，会在尝试性的分析过程中逐步细化或调整。例如，跨区域银行在分析不同地区农产品价格变化时，具体用哪些数据来编制农产品价格指数，就需要借助大数据方法进行综合分析后再逐步确定。在分析数据的过程中，商品条码等细微信息常常容易被忽视，但是这些数据也有自己不易被发现的作用，从而产生新的价值，进而演化出新的分析目标。跨区域银行目标在不同地区经常具有不确定性，监测机构无法采用明晰的指标加以管控，借助大数据处理可以更高效地确定、分析目标并且产生新的价值。

其次，在数据采集上，大数据处理更加具有时效性。由于传统方式的处理能力和储存空间有限，往往需要通过精心的选择，选出最具代表性的数据指标。定期发动自动化或半自动化的采集任务，以批量传送为主，将数据储存在结构化数据库中，采集频率普遍较低，时效性偏差。而大数据范围广、种类多，借助物联网、云计算等新数据处理技术，多为流式传输方式，将明细数据以文件形式储存于非关系数据库中，数据时效性更高。不同地区之间的银行由于区域信息具有时效性，往往存在信息差，导致无法及时处理金融信息数，无法及时监测到指标异动，从而无法监管到位。

最后，在数据特征上，大数据处理更加结构化。大数据不仅由传统的生产、交易等结构化数据（包括媒体、社交网络等行为数据）组成，也包括地理位置、气象监测、研究开发类数据。数据中往往以非结构化数据占多数，并且数据结构纷繁复杂，很难建立统一的标准。不同区域之间的金融指标不同、情况不同，导致了数据差异化，无法进行有效的金融监测，无法做出及时的分析及处理。大数据处理能很好地弥补这一缺陷，在实践中为便于将各类数据联合分析，常常会处理一些非结构化数据。

第二节 大数据的运用

一、大数据的流程与关键技术

(一)大数据流程

大数据的处理流程主要包括数据采集、数据预处理、数据存储、数据分析、数据可视化以及数据运用等环节。其中，数据质量贯穿在大数据流程中，每一个环节都会对数据质量产生一定的影响。

(二)大数据关键技术

大数据技术在数据采集、数据预处理、数据储存、数据分析与可视化等领域都有伴随数据生命周期发展的一系列创新技术和工具，如图5.3所示。

第一，在数据采集层，各类传感器、软硬件设施负责从各类数据源获取财源数据（如生产、管理、系统运行情况等组织内部数据，以及客户行为、政策法规、社会舆情等组织外部数据），最终形成贴源数据区。数据的采集技术包括网络数据采集方法、系统日志采集方法等。

第二，数据预处理层负责对多源异构数据按既定规则进行清洗、整理、筛重、去噪、补遗，形成临时数据区。当前在数据预处理方面得到广泛运用的系统多为支持分布式、并行处理的流处理系统。

第三，数据存储层负责整合原本分散且各自独立的数据，形成相对统一的视图，并且根据使用需求，对部分数据项附加标签，便于进一步查询；最终以较低的成本保存海量历史明细数据，形成历史数据区和及时区。大数据储存系统主要包括分布式存储系统、数据仓库与非关系型数据库(NoSQL)三大系统。

第四，数据分析挖掘层负责按主题建立数据模型，并为上层运用提供复杂的、大批量的数据处理能力。常用的大数据分析包括可视化分析、数据挖掘算法等。

第五，数据可视化层融合多种工具，对数据加工处理结果进行灵活生动的展现；通过全面实时展示的动态大屏，帮助客户全面及时了解内外部的关键信息变化情况，为决策者提供数据支持。

大数据主要技术

数据可视化	2D法 时间可视化	多维法 层次法	
数据分析挖掘	实时处理 Spark Storm	机器语音 用户画像构建 R语言	用户画像构建 推理预测 知识图谱
数据存储	分布式架构 Haroon MapReduce	数据库体系 NoSQL NewSQL	MPP混合架构 Lambda架构
数据预处理	数据清理 遗漏值处理 噪声数据处理	数据集成 数据残余 实体识别	数值规约数 数据归约 维度归约
数据采集	硬件采集 传感技术 RF1D	软件采集 系统日志抓取 企业特定APP、网络众包	

图5.3　大数据主要技术
（来源：《监管科技 人工智能与区块链运用之大道》，2018.）

二、大数据在金融领域的运用

近年来，随着对新技术、对产业的赋能，各行各业都在运用大数据技术。同样，大数据技术在金融行业各个领域也发挥出重要的价值。一般情况下，大数据技术在金融领域中的运用主要体现在银行业、保险业、证券业及互联网金融行业中。

（一）大数据技术在银行业中的运用

在客户信用分析场景中，银行传统的信贷数据由于采集频度慢等原因，很难反映借款人的还款能力变化。但结合一些细节信息(如电话费、水电费等缴费记录，出行位置、职业变化、日常消费等行为数据)，并借助大数据技术，有利于开展借贷风险管理。大数据处理比传统数据处理更加结构化，可将海量的行为数据保存；以较低的成本保存海量历史明细数据，形成历史数据区和及时区。再输送到分析挖掘层，分析处理复杂的、大批量的银行贷款数据。最终则可以较全面、动态地分析出其还款意愿和能力变化，并进行相关决策。例如，中国建设银行借助龙行四海平台客户端技术，利用JSON轻量级的数据交换和Redis缓存数据库，分析各地区客户的需求，根据客户特征通过短信、白名单等形式向客户提供个性增值服务。中国建设银行不仅减少分析客户的合规成本，也可以随时随地发现

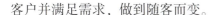

客户并满足需求，做到随客而变。

（二）大数据技术在保险业中的运用

传统的保险业务开拓最为关键的因素在于保险代理人的素质及其人际关系，而随着互联网以及大数据的迅速发展，大数据在新客户开发和关系维系中的作用日益突出，越来越多的保险公司意识到数字化转型有助于提高保险行业的核心竞争力。以阳光保险集团为例，阳光保险集团在 2015 年开启"数据阳光"战略。集团搭建了基础数据体系、数据交换与支持体系、人力数据管理体系、产品服务体系以及风险数据体系来支持该战略的实施与发展。首先，在营销方面，利用资产消费、互联网行为以及信用评级等内外部数据，深层次挖掘客户的需求，设计针对潜在客户与老客户不同的营销模型，实现客户、产品、业务员的职能匹配，辅助业务开展向数据智能化转型。其次，在定价方面，阳光保险利用自有数据和外部医疗健康类数据，建立风险定价模型，对不同客户群的责任风险进行精细划分，开发定制化的健康险产品，实现对不同人群的差异化定价。然后，在服务方面，阳光保险利用文本、语音、图像、人脸识别技术以及自然语言处理和深度学习算法，提升传统核保、保全、理赔、客服等运营环节的服务自动化和智能化水平，改善客户体验。最后，在管理方面，结合人员管理需求，利用大数据和相关技术，针对人员留任、优选和职场数据开展相应的项目，为实现办公职场的精细化管理提供数据技术支持。

（三）大数据技术在证券业中的运用

大数据的最终目的就是通过大量的数据对相关的行业领域进行更加高效、智能化的管理，而证券行业庞大的数据规模决定它必然需要一个证券数据分析系统作为其发展的重要支撑。大数据技术在证券行业的运用有助于证券行业的可持续发展。一方面，有利于股票行情预测。大数据有效拓宽了证券企业量化投资数据的维度，帮助企业更加精准地了解市场行情。证券企业运用大数据对海量个人投资者的投资收益率、持仓率及资金流动情况等指标进行持续性的跟踪监测，了解其交易行为的变化、投资信心的现状与发展趋势、对市场的预期以及风险偏好程度等。通过一系列的大数据运用对市场行情进行预测。另一方面，有利于智能投顾。智能投顾业务提供线上的投资询问服务，基于客户的风险偏好程度、以往的交易行为等一系列数据，通过量化模型，为客户投资者提供个性化投资方案。

（四）大数据技术在互联网金融行业中的运用

互联网金融与传统金融业相比，具有管理弱、信用风险大的特点。一般情况下，互联网金融服务客户难以被传统征信系统完全覆盖。然而，大数据通过对客户相关数据实时分析，可以为互联网金融机构提供客户全方位信息，并且通过分析和挖掘客户的交易和消费信息掌握客户的消费习惯，并准确预测客户行为，综合考量客户情况，使金融机构和金融服务平台在风险控制方面能够有所改善。例如，2017 年腾讯、支付宝等第三方支付平台相继推出各种信用服务。就支付宝而言，其推出的信用租房、信用免押金等业务，要求芝麻信用分必须在 650 以上。支付宝通过芝麻信用分来大致判断客户是否会守信，进而减少了平台因客户失信等造成的损失。

三、大数据在金融领域内的运用发展趋势

随着大数据分析技术的不断创新与完善，数据中蕴藏的巨大价值被不断挖掘并被金融领域所应用。下面从非结构化数据价值、大数据迁移上云、开源软件这三个技术层面依次

深入展开描述，以此来更好地展望金融行业的未来。

非结构化数据的挖掘将会提供更多监察视角。公开资料显示，超过80%的商业相关信息以非结构化格式存在、整理、组织的，它具有容量大、产生速度快、来源多样化等特点。目前，为了取得更多的竞争优势，许多公司正在寻找工具来挖掘非结构化数据的价值。比如，总部位于硅谷的大数据分析公司 Taste Analytics，把非结构化数据以图像形式输出，让大多数人能看懂这些数据。在未来，随着非结构化数据分析技术的不断深入，越来越多的非结构化数据能被金融机构读懂。这样，各种各样的非结构化数据就能被监管到，为金融从业者提供不一样的视角，使金融行业更多元化地进行发展与监管，也有利于投资者分析金融机构背后的价值。

大数据迁移上云将会加快新数据监管。云计算通过网络"云"将巨大的数据计算处理程序分解成无数个小程序，云计算和大数据都以分布式存储和分布式计算为基础，云计算的优势在于具有强大的储存和计算能力，能更加高效、迅速地处理大数据信息，并且更方便地提供服务。不同的是，云计算更专注于服务，而大数据则更专注于数据价值化，因此大数据能为云计算的落地找到更多更好的实际应用。随着未来新技术的不断发展，云计算与大数据很大可能会融为一体，发挥更大的价值。商业分析软件 Tableau 于 2016 年发布的《云端数据报告》中指出，越来越多的企业数据将重心开始向云端集中。除了数据，金融机构正在不停地尝试将自己的数据工具也放在云端运行。如果实现数据分析迁移上云，不但能降低监管维护和操作成本，还能加快新数据的监管采用。

开源软件将推动大数据分析技术的进步。大数据分析技术中的关键技术几乎都来自开源模式，开源模式不仅是大数据的基石，也推动了大数据的进步。利用好开源软件，金融机构将会更为便捷地进入大数据应用服务市场，提供丰富的大数据开发和应用工具。目前，无论是行业科技巨头还是小微企业都普遍使用开源软件做金融大数据的处理和预测分析。由此可见，开源技术不仅驱动着大数据技术的创新，也推动着大数据产业链的不断进步。在未来，先进的大数据分析技术可以加快跨金融业的新数据监管，促进金融业大数据整体生态体系的繁荣发展。

大数据渐成金融稽查利器 设数百指标进行监控分析

证监会公布一系列老鼠仓案

证监会曾经向外宣称，自 2013 年 9 月以来，证监会根据相关线索发现了一批利用未公开信息交易股票、非法牟利的嫌疑账户。并且至 2013 年年底，证监会针对基金从业人员利用未公开信息交易股票的违法违规行为，共启动调查 10 多起。而目前部分案件已经有了结果。在以往针对老鼠仓或者内幕交易的查处，其线索要么来自举报，要么是现场突击检查，但是对于那些具有专业知识和经验的从业人员来说，在交易的各个程序上都会力求完善，可想而知，要想凭借传统稽查方式去发现和查处，其难度必定很大。而在大数据年代，一旦交易所的监控系统发现某只股票有异常交易行为，监管层会立刻锁定在此期间交易的可疑账户，然后会调动各省的派出机构核查人员对这些账户同时展开调查，还会找到上市公司的内幕知情人，逐一对这些目标的账户资金来源、个人联系做调查。而前述证监会披露的一系列涉嫌老鼠仓案件，其线索均是通过交易所日常监控下的大数据分析来获取。

证券交易监控系统

2013 年 4 月，证监会开始筹划和分步实施以"一个平台、四个系统"为核心的稽查执法综合管理平台建设工程。公开资料显示，上海证券交易所和深圳证券交易所各有一套证券交易监控系统，上海证券交易所异动指标分为 4 大类 72 项，敏感信息分为 3 级，共 11 大类 154 项；深圳证券交易所建立了 9 大报警指标体系，合计 204 个具体项目，其中包括典型内幕交易指标 7 个、市场操纵指标 17 个、价量异常指标 15 个。而大数据监测的具体步骤大致分为三步：首先是通过对网络信息和交易数据的分析挖掘出可疑账户，其次通过分析交易 IP、开户人身份、社会关系等进一步确认，最后进入调查阶段。比如，系统发现两个交易账户交易的品种、时间、频次、手法非常接近，而其中一个是基金账户，那另一个就很有可能是老鼠仓。两个账户的交易时间、标的股票和操作手法都很接近，则基本可以确定两个账户间存在关联关系。大数据监测已经成为交易所的"武器"，维护着资本市场的繁荣与公平。

（大数据渐成稽查利器设数百指标监控分析［EB/OL］.（2014-06-10）［2022-09-25］. http://www.chinanews.com.cn/fortune/2014/06-10/6264609.shtml.）

思考题

1. 数据监测对于证券交易系统的风控有哪些影响？
2. 大数据监测会不会被数据交易频次、时间、手法等数据误导？

本章小结

1. 大数据具有容量大、类型多样化和价值密度低等特点。在海量数据的基础上，大数据通过计算分析，用于各类决策分析等，促进产业信息技术融合，为日常生活提供便捷。相较于传统数据，大数据处理更有优势，体现在更具价值的数据产生方式、更有时效性的数据采集、更具结构化的数据特征等方面。

2. 大数据技术的数据分析能力运用在银行、证券、保险等金融领域，发挥出其重要的价值。大数据的运用在金融领域具有巨大的发展潜能，能够通过提供更多监察视角、加快新数据监管等方式，加快金融业大数据整体生态体系的发展。

第六章 云计算概述及运用

1. 以人为本

云计算作为一项新兴技术已经深入人们的日常生活，为人们提供特定的服务。无论何时，科技发展的目的都是为人们提供更加便捷、幸福美好的生活。基于云计算而产生的人工智能将成为人类美好生活的服务者，而不是管理者，这是践行科技以人为本的真谛。

2. 社会责任

信息化时代，云技术已然成为社会发展的强大动力。云计算、大数据、人工智能等科学技术既是新型科技能源资源，又是一般的基础设施。云计算运用者应始终坚持以社会数"智"化为己任，将云技术遍布政务、教育、医疗、交通、金融等诸多领域，推动社会经济的发展和人们生活工作方式的转变。

案例导入

阿里云分担 12306 七成余票查询流量

12306 网站曾被认为是"全球最忙碌的网站"，在应对高并发访问处理方面，曾备受网民诟病。不过，2014 年的春运大考因为阿里云的加盟而顺利过关。根据实际情况，阿里云与 12306 的合作采取了以下步骤：首先，把余票查询模块和 12306 现有系统进行分离，使阿里云也具备独立部署的能力；其次，在云上独立部署一套余票查询系统，因 12306 和云上都有了一套余票查询系统，调度更为灵活；然后，根据运行情况，云上的余票查询与 12306 原来的余票查询可以互相补位，根据实时的负载情况，来调配不同的访问比例，充分利用云的弹性；最后，在完成了查询以后，用户信息和购票过程依然在 12306 自己的服务器上完成。对云和已有系统的对接，以及其中可能的安全隐患，阿里云也做了一些安全措施来配合防范。

公开数据显示，2014 年春运火车票售卖的最高峰日出现在 12 月 19 日。12306 网站访问量(PV 值)达到破纪录的 297 亿次，平均每秒访问量超过 30 万次。当天共发售火车票 956.4 万张，其中互联网发售 563.9 万张，占比 59%，均创历年春运新高。一位知情人士

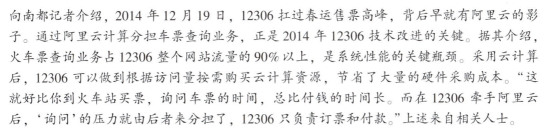

向南都记者介绍，2014 年 12 月 19 日，12306 扛过春运售票高峰，背后早就有阿里云的影子。通过阿里云计算分担车票查询业务，正是 2014 年 12306 技术改进的关键。据其介绍，火车票查询业务占 12306 整个网站流量的 90% 以上，是系统性能的关键瓶颈。采用云计算后，12306 可以做到根据访问量按需购买云计算资源，节省了大量的硬件采购成本。"这就好比你到火车站买票，询问车票的时间，总比付钱的时间长。而在 12306 牵手阿里云后，'询问'的压力就由后者来分担了，12306 只负责订票和付款。"上述来自相关人士。

（资料来源：阿里云分担七成 12306 余票查询流量［EB/OL］. (2015－01－20)［2022－09－21］. http://www.ocn.com.cn/shangye/201501/aliyun200858.shtml.)

思考题

1. 阿里云的查询功能还可以运用在哪些领域？
2. 阿里云的查询与大数据预测是否可以有效结合？

第一节　云计算的概述

一、云计算的概念

云计算是分布式计算的一种，指的是通过网络将庞大的数据计算处理程序分解成无数个小程序，然后通过多部服务器组成的系统进行处理和分析，得到结果并返回给用户。早期的云计算就是简单的分布式计算，解决任务分发，并进行计算结果的合并。因而，云计算又称网格计算。通过这项技术，人们可以在很短的时间内完成对数以万计的数据的处理，从而提供更有针对性的网络服务。

美国国家标准与技术研究院(National Institute of Standards and Technology，NIST)认为，云计算是一种基于互联网的，只需最少管理和与服务提供商的交互，就能够便捷、按需地访问共享资源的计算模式，其中共享资源包括网络、服务器、存储、运用和服务等。这也是目前公认的定义。

二、云计算的工作原理

云计算工作的基本原理是，用户所处理的数据存储在互联网上的数据中心中，通过大量的分布式计算机进行计算，而非本地计算机或远程服务器。云服务提供商对数据存储中心的正常运行进行管理和维护，其必须确保自身具有足够的运算能力和存储空间，以满足客户的要求。各种数据及其计算、存储等网络资源和信息技术实现按需分配与弹性供应，以获得取用方便、费用低廉的优势。用户可以随时随地通过任何能连接至互联网的终端设备访问这些信息服务应用，而不需关心存储或计算发生在云端的哪个地方。

云计算作为一种以互联网为基础，通过网络技术实时申请资源、快速释放资源，以帮助用户更好地获取共享资源的新型计算方式，它的服务理念是以用户为中心，通过不断提高云计算的处理能力，将用户终端简化为一个单纯的输出设备，使用户的使用更为便利。并且云计算具有按用户需求灵活地调度和分配资源的特点，满足了大量用户的需求，以并

行方式为多个用户提供高效的服务。

三、云计算的发展阶段

云计算主要经历了四个阶段，依次是电厂模式阶段、效应计算阶段、网格计算阶段和云计算阶段。

（一）电厂模式阶段

电厂模式可以理解为利用电厂的规模效应，从而来降低电力的价格，让用户的使用更加快速便捷，且无须用户自身来维护和购买任何发电设备。

（二）效应计算阶段

在 20 世纪 60 年左右，由于计算设备价格非常高，远远超过普通企业、学校和机构所能承受的程度，相关领域的专家们由此产生了共享计算资源的想法。1961 年，用户终于能够便利地使用计算机资源，并且能根据自己所使用的数量来付费。

（三）网格计算阶段

网格计算是研究如何把一个需要非常强大的计算能力才能解决的问题给分解成若干小部分，然后把这些小部分分配给其他低性能的计算机来处理，最后把这些计算结果综合起来以攻克这个大问题。可惜的是，网格技术在商业模式、技术、安全性等诸多方面有所不便，未能在工程和商业领域取得理想的结果。

（四）云计算阶段

云计算就是一种整合了大量分散的资源，实现规模管理、节约成本、便于使用的模式。云计算的本质与效应计算和网格计算非常一致，也是为了让信息技术更加快速便捷且投入成本较低。但与效应计算和网格计算不同的是，云计算实践运用的成果较好，2014 年已经取得一定规模的成就，同时在技术方面也已经基本成熟。

第二节　云计算的模式与特点

一、云计算的工作流程与模式

（一）云计算的工作流程

1. 企业用户操作流程

企业用户操作过程如图 6.1 所示。

第一，企业需要设定自己的目标。各个企业对使用云计算的优先顺序各不相同，也没有一个统一的云计算解决方案。企业确定所要实现的目标后，首先要了解自身需要迁移的内容，如何将其迁移到云端，以及在访问云平台时应该如何管理。然后，企业还需要确定将核心数据系统迁移到云端将会对其安全性和合规性计划产生怎样的影响。一开始就明确处理目标，有助于企业正确确定项目的范围。

第二，企业需要评估自己的内部部署数据和应用程序。企业准备云迁移是评估企业内部部署数据和应用程序，并根据业务重要性对其进行排名的机会。这不仅有助于了解在云计算环境中企业所需要的架构，还可以排出迁移应用程序的顺序。一旦企业拥有完整的环境和工作负载清单，就要对可能需要云端特别关注的特定网络要求和物理设备进行标记。除此之外，还可以使用此清单来整理云计算资源和计算相关成本。该流程还能对工作负载进行分类，并对其进行优先排序，从而有利于减少成本。例如，基于云计算的灾难恢复方案，可以为不同的工作负载分配不同级别的保护。

第三，在迁移期间和迁移后建立技术支持。许多企业在遇到危机时首先考虑的是进入云计算平台寻找恢复解决方案，所以在数据迁移到云端后，加强技术支持是非常必要的。这些解决方案使该平台不间断地将数据复制到次要位置，而几乎没有停机或数据丢失。这与云端迁移基本相同，只是在方便的时间进行，而不是由极端事件引发。

第四，对已有的东西进行升级。企业需要查看自己的本地部署的环境，并研究如何与云端建立协同效应。例如，全球云基础架构和移动商务解决方案厂商 VMware 的用户会发现，选择基于 VMware 的云环境有很多需要说明的地方，这些环境配备了平滑过渡初始工作负载和模板的专用工具和模板。这是一次刷新虚拟机环境并在云中构建一个全新干净系统的机会。

第五，物理工作负载的迁移。调查显示，90%的企业表示难以迁移到云中，复杂性是最常见的问题。由此可以说明，转移物理系统是很多问题的根源。它们通常是传统 IT 战略的最后一个遗留问题。企业需要确定将它们移动到云中是否有好处，如果有好处，那么有两种选择：选择可虚拟化的系统和设备，或找到可以支持物理系统的云计算提供商的云平台。

第六，确定信息传输方法。信息传递到云端的方法选择取决于数据集的大小。在可视化时代以及相对较大的网络管道时代，云散播往往被视为代价高昂、效率低下且容易出错的方式。但是，如果数据集足够大，散播可能是最佳选择。服务提供商会为企业提供加密驱动器，帮助企业人工地将数据导入云中，这是一种将散播用于快速启动迁移过程的创新性方法。通过在企业的环境时间点散播到云数据中心，企业可以通过与云端的标准网络连接，在切换前同步任何更改，这样可以最大限度地缩短停机时间。

第七，检查网络连接。企业拥有足够的带宽意味着其网络管道将能够看到更多的流量。所以，企业需要事先检查自己的带宽，并保证带宽足以满足云计算运行的需要。如果企业的任务关键型应用程序要求零延迟的实时流式传输，可能需要通过 VPN（Virtual Private Network）调查与云端直接连接。

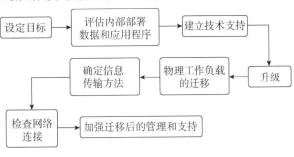

图 6.1　企业用户操作流程

第八，将迁移后的管理和支持视为购买决策的一部分。企业的迁移项目完成后，必须管理自己的云环境并熟悉与管理本地应用程序。管理工具的强大功能和可用性应该成为选择标准的一部分，以便确保其具有持续的可见性和监控安全性。此外，技术支持是企业与云计算服务提供商保持合作关系的重要组成部分，企业需要支付费用以获得提供商的技术支持。

2. 云计算平台运营流程

云计算运营平台在"Cordys BOP 平台+应用"模式构架的基础上构建并开放 PaaS（Platform as a Service）平台和运营体系，如图 6.2 所示。在技术规范体系的指导下，运营平台提供基础云能力和技术服务，并由基于平台构建的 SaaS（Software as a Service）应用向企业客户提供业务、服务和支撑。面向企业客户的云计算运营平台好比互联网市场，为入住市场的 SaaS 服务供应商、普通 Web 应用等提供 PaaS 服务、租户管理、计量服务。运营平台是把业务流程管理、复合应用开发和云计算结合起来，提供以流程为中心的一体化解决方案，在帮助客户利用现有的企业软件的同时，可增加业务运营的敏捷性，并且保证企业 IT 架构的可持续发展。在这样的市场生态环境中，基于 PaaS 服务的运营平台是 SaaS 服务供应商、消费市场的互联网载体。在这种模式下，任何软件企业都可以成为 SaaS 服务提供商，只需要按云平台的要求规范接入并改造成 SaaS 模式应用，剩下的由运营平台进行管理。

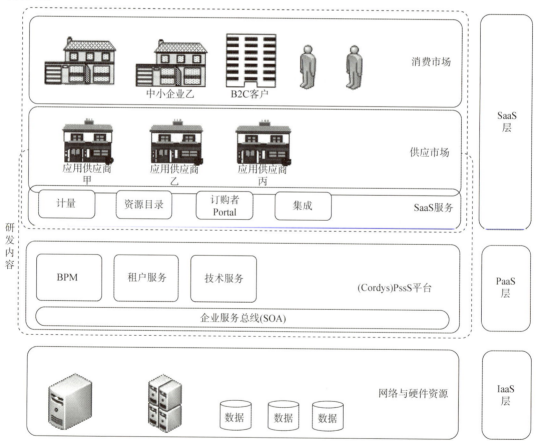

图 6.2 云计算运营流程

（来源：http://blog.csdn.net/xiaoyw71）

（二）云计算的模式

云平台的功能是提供云计算服务，云计算有三种服务模式，如图 6.3 所示。第一，软件即服务（Software as a Service，SaaS），是通过互联网配置和管理的即时计算基础结构。SaaS 是最常见也是最早出现的云计算服务，指为用户提供完整并可直接使用的应用程序，用户通过网页浏览器即可接入使用。由于 SaaS 产品起步较早，开发成本低，所以 SaaS 产品在数量和类别上都是非常丰富的，例如，GoToMeeting、WebEx 以及 Salesforce。第二，平台即服务（Platform as a Service，PaaS），也称为中间件。用户通过互联网可以使用 PaaS 公司在网上提供的各种开发和分发应用的解决方案，比如虚拟服务器和操作系统等，软件的开发和运行都可以在提供的平台上进行，这样不仅节约了硬件成本，更大大提高了协作开发的效率，例如，Google App Engine、Microsoft Azure 以及 AppFog。第三，基础设施即服务（Infrastructure as a Service，IaaS），用户通过租用 IaaS 公司的服务器，存储和网络硬件，利用互联网就可以获取计算机基础设施服务，大大节约了硬件成本，例如，Amazon、Microsoft 及 Aliyun。

云计算的三种服务模式间存在着联系与区别。PaaS 构建在 IaaS 之上，在基础架构之外还提供了业务软件的运行环境。SaaS 与 PaaS 的区别在于，使用 SaaS 的不是软件的开发人员，而是软件的最终用户。

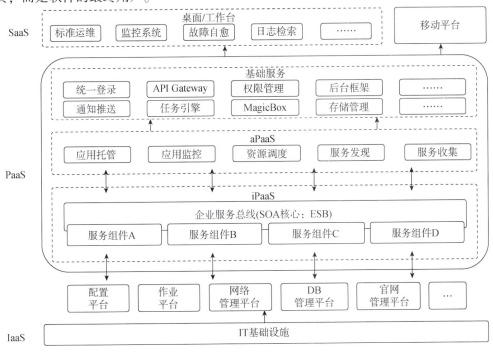

图 6.3　云计算三大模式

（来源：https://m.sohu.com）

二、云计算的优势与特点

（一）云计算的优势

云计算技术具有以下四个优势。一是运行便捷。云计算可充当"技术平台"，当人们想要使用某种技术时能够通过这一平台快速启动，并且能够突破简单应用向更深层面进行，如重新部署技术服务、快速测试技术试验效果等。二是扩展性和弹性大。资源供应与需求相契合是最优状态，但实际情况下总会出现各种因素对达到这一状态造成阻碍，出现资源"供过于求"或"供不应求"现象。云计算扩展性和弹性能帮助用户基于实际需求快速调整资源供应量，进而达到最优状态。三是节省成本。云计算能节省用户硬件投入，并以"按需服务、按需收费"模式向用户提供服务，进而提高成本投入有效率，减少用户无效投入。云计算模式通过虚拟化技术在云层建立相应的计算资源池、存储资源池以及网络资源池，形成特殊的云计算架构，用户只需拥有终端设备便能从中受益。四是数据安全性较高。用户访问云平台以及在云平台上进行各种操作均是独立的，不受具体网络和硬件设备影响。当网络或设备出现问题时，并不会对相关数据造成损害，这样保障了数据原貌存在与安全性。

（二）云计算的特点

1. 虚拟化

目前云计算是硬件资源的虚拟化，大多依赖于虚拟化技术。在计算机领域，虚拟化技术是一种将各种计算及存储资源充分整合和按需高效利用的技术。用户不需要关注具体的硬件实体，只需要选择一家云服务提供商，注册一个账户，登录云控制平台，购买和配置自己需要的服务，例如云服务器、云存储等。应用在完成简单的配置之后就可以对外开放服务，相较于传统的在企业的数据中心设计一款应用，云计算更为简单便捷，并且用户可以通过移动网来实时监控。

2. 灵活性高

云计算的灵活性较高。首先，表现在能够快速准备计算资源。它通常可以在极短时间内提供新计算实例和数据，大幅缩短前期的准备时间，有利于工作更加快速地展开。其次，表现在按需服务。用户可以根据自己的需求来购买相应的服务，甚至可以按照用户对服务的使用量来进行精确计费，这样就大大节约了成本，资源利用率也得到了提高。最后，表现在用户可以随时随地无中断按需访问数据。在使用时，用户只需要连接网络，通过浏览器或者应用程序便可访问云服务并获取网络资源。

3. 可延展性高、可靠性高

云计算具有较高的可延展性和可靠性。云计算的资源池化使得云计算平台上部署的用户业务可以动态地扩展，不仅可以保障用户业务中所需要的资源迅速扩充与释放，还能够避免因为用户需求短时间内的剧增而造成的客户业务系统异常和中断。例如，云计算供应商一般会采取数据多副本机制、云计算备份等措施来提高业务系统的稳健性，避免平台服务的中断甚至是用户数据的丢失。

三、云计算与大数据的区别与联系

大数据与云计算之间存在一定的区别。云计算是基于互联网的相关服务的增加、使用和交付模式，通常涉及通过互联网来提供动态易扩展且经常是虚拟化的资源。大数据指无法在一定时间范围内用常规软件工具进行捕捉、管理和处理的数据集合，是需要新处理模式才能具有更强的决策力、洞察发现力和流程优化能力的海量、高增长率和多样化的信息资产。通过二者的定义可以了解到，云计算强调的是资源的分配，是硬件资源的虚拟化，而大数据是海量数据快速且有效的处理。

同时，云计算与大数据相辅相成。大数据和云计算技术都是在信息技术的发展和进步基础上产生的新型技术。无论是在资源的需求上还是在资源的再处理上，都需要二者结合才能充分发挥作用。大数据受限于无法用单独的计算机进行数据处理，必须采用分布式计算架构。大数据的特点在于对海量数据的挖掘，但前提是它必须依托云计算的分布式处理、分布式数据库、云存储和虚拟化技术才能够实现。云计算作为计算资源底层，支撑着上层的大数据挖掘与处理，而大数据的发展趋势是对实时交互的海量数据查询、分析提供各自需要的价值信息。云计算技术更像是一个容器，而大数据正是存放在这个容器中的水。大数据要依靠云计算技术来进行存储和计算，而云计算技术可以得到大数据挖掘出的有效信息。

第三节　云计算的运用

一、云计算的类型

(一)私有云

私有云是指专门为一个企业或组织的使用需求而构建的云计算平台。私有云通常由公司自己的 IT 机构或者云提供商进行构建，云平台的资源由一个企业或组织所独享和运营，并且该企业需要支付基础架构、软件以及硬件的费用。私有云具有数据安全性高、服务质量好、资源利用率高以及对 IT 部门流程冲击小等优点。例如，IBM 蓝云、IBM 云爆以及采用 IBM 蓝云技术的中化云计算中心，都是私有云的典型代表。私有云如图 6.4 所示。

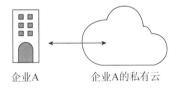

企业A　　企业A的私有云

图 6.4　私有云

（来源：https://mbd.baidu.com/ma/s/2kRypK7P）

(二)公共云

公共云，又称公有云，是指第三方提供商为用户提供服务的云计算平台。公有云由第三方供应商管理和运营，用户不需要购买基础架构、软件以及硬件，只需要根据自己的需求通过互联网去使用资源。该资源的使用可能需要支付低廉的费用，也可能是免费的。公有云具有安全性高、使用方便、使用费用低廉等优点。例如，微软公司的 Microsoft Azure、谷歌公司的 Google Apps 以及国内世纪互联的 CloudEx 云快线等，都是公有云的典型例子。公有云如图 6.5 所示。

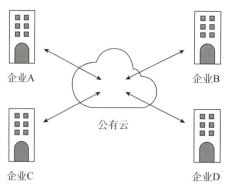

图 6.5　公有云

（来源：https://mbd.baidu.com/ma/s/2kRypK7P）

（三）混合云

混合云是私有云和公有云的融合，以私有云为基础的同时结合公有云。由于私有云的安全性较公有云较高，故混合云将内部的重要数据资料保存在本地数据中心。同时，公有云的资源较私有云较为丰富，故混合云使用公有云的计算资源。在两者的结合下，混合云更加地高效快捷，吸引了大量用户。混合云具有降低成本、增加存储和可扩展性、提高可用性和访问能力、提高灵活性以及获得应用集成优势等优点。例如，腾讯云 TStack 混合云和中国电信天翼云，是混合云的优秀实践成果。混合云如图 6.6 所示。

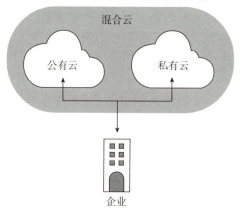

图 6.6　混合云

（来源：https://mbd.baidu.com/ma/s/2kRypK7P）

（四）社群云

社群云，又称社区云，是指由一个特定的社群单独享有使用的云计算平台。该社区是由具有共同使命、共同安全需求和共同政策等共同关切的多个组织组成的。社区云可能是由组织内部运营管理，也可能是由第三方负责。其具有区域性、行业性以及资源高效共享等特点。例如，深圳有以满足数字化客房建设和酒店结算所组建而成的酒店社区云，还有卫计委联合各区域内的医院组建了区域医疗社区云。

公有云与社区云的区别如图 6.7 所示。

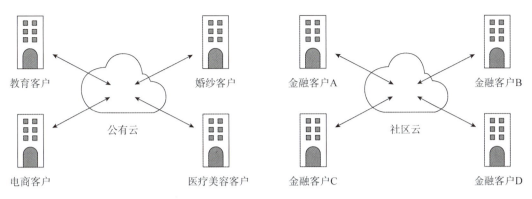

图 6.7　公有云与社区云的区别

（来源：https://mbd.baidu.com/ma/s/2kRypK7P）

二、云计算在金融领域内的运用及瓶颈

（一）云计算在金融领域内的运用

随着金融科技的快速发展，金融领域由于客户量大、产品种类丰富、渠道繁多等，成为云计算运用最为迫切的领域之一。云计算在银行业、保险业及证券行业中的运用都取得了一定的成果。

1. 云计算在银行业的运用

在银行业中，云计算技术主要运用于信息技术运营管理和开放型底层平台等方面。银行运用云计算技术搭建开放云平台，提供便利服务。例如，可以借助 API 方式构建全面金融服务生态圈，提供生活缴费、资讯查询、网上购物等"金融+非金融"服务，依托金融服务与生活场景的结合提升金融账户价值。银行业运用云计算技术的目的：首先，增强数据存储的储存能力和安全性；其次，推进业务和网上服务的运作模式发展以及客户需求个性化服务；最后，为了降低银行投入成本，提高银行运营效率。

2. 云计算在保险行业的运用

在保险领域，云计算技术主要运用于个性化销售和风险分析等方面。首先，云计算在保险行业为保险企业建立客户的统一视图，以客户为中心取代了以保险产品或者保单为中心。能够快速分析客户实时数据，提供个性化定价和产品，还能够通过社交媒体为目标客户提供专门的保险服务。然后，分析是云计算帮助保险企业获得收益的一部分。运用云计算技术来核保与风险评估、欺诈检测以及评估客户的售后满意度，大大提高了企业工作效率。最后，云计算服务为保险企业储存了大量的客户数据。对于保险公司而言，保护好客户的个人信息是至关重要的。云计算根据数据的敏感程度，将不同数据储存在归档、近线及冷线等不同的存储集群中，以此确保储存数据的安全性。

3. 云计算在证券基金行业的运用

在证券基金领域，云计算技术主要运用于客户端的行情查询和交易量峰值分配等方面。通过业务系统整体上云，在数据库分库、分表的部署模式下，可实现相当于上千套清算系统和实时交易系统的并行运算。例如，2009 年申银万国证券公司完成企业云计算平台项目的建设，增加了业务量，同时提高了经济效益。该项目具有五个特点：第一，运用虚拟化技术构建共享数据中心，实现了资源的按需分配和海量数据的可靠处理；第二，在多点冗余和有效隔离原则的基础上构建了云计算可信网络平台；第三，为证券行业提供了标准化业务平台云服务；第四，架构了高性能应用基础平台云服务；第五，实现了多种网上应用系统的部署和运行，形成了以统一化、标准化和自动化为特点的企业云计算平台运维管理体系。

(二)云计算在金融领域内运用的瓶颈

云计算具有工作效率高、投入成本低的特点，有着难以替代的运用价值。云计算是助推金融行业发展的强大动力，但目前在金融领域并没有大规模深入运用，主要是因为有三个主要问题没有得到解决。

1. 数据储存存在风险

金融业是以客户为导向的，其存储的数据中包含了许多与客户相关的敏感信息，因此，在金融行业中，信息安全与隐私权的保护显得尤为重要。目前，大部分金融数据是各个金融机构储存在自己的安全系统之中的，而将全部数据迁移到云端上，意味着云服务商要承担保护数据安全的责任，并且也意味着云服务商要承担数据泄露、丢失等带来的风险。从主观来看，云服务商有权限访问用户数据。而云服务提供商是属于独立于金融机构的第三方时，其数据转移过程中可能会有利用权限收集或使用业务数据、数据泄漏等风险产生；从客观来看，企业存在倒闭的风险，云服务提供方倒闭可能会造成使用其服务的金融机构数据丢失，甚至导致业务中断。目前，由于 IT 系统的安全与可靠性问题还存在争议，各金融公司对云计算业务的发展一直保持着警惕性和谨慎性。

2. 前期迁移成本巨大

金融行业是较早运用信息技术来助力自身业务、管理和决策的行业。当时所配备的设备一般是大型机器，并且机器通常经久耐用。除设备以外，相应的软硬件的投资成本也非常高。如果将这些能继续平稳使用的资源全部迁到"云"上，那就意味着之前的机器、软件及硬件都要废弃，因此会产生巨大的闲置成本。如果不考虑云计算能够带来的后期投入成本减少和业务利润增多，那么前期资源迁移上云端所投入的巨大成本也将阻碍了部分金融企业运用云计算。

3. 云计算相关法律制度不完善

目前，我国金融监管部门已经出台了一些政策来支持、引导金融机构使用云计算技术，但是在具体执行方面，监管体系还不够清晰，覆盖范围也不够完善。例如，云计算服务会涉及国家层面的数据存储问题，即某一方提供的数据是否是跨国界进行存储和传输的。因为数据提供者完全可以找一个成本低的国家作为存储中心，然后向全世界所有国家提供存储服务。但各国对数据的输入和输出都有严格的限制，不允许任何涉及国家利益的重要数据外泄，也不允许其他国家可能影响社会稳定的数据随意进入国内。这就给云计算的法律界定带来了问题和思考，而这正是当前云计算法规中缺失的一环。

三、云计算的未来发展趋势

云计算作为企业数字化转型的重要基础，在今后的发展过程中会有很多的发展机会。

随着云计算技术与产业的不断优化与成熟，云计算正逐渐成为推动经济增长、加速产业转型的一股重要力量。根据 2021 年中国信息通信研究院的预计，在未来数年内，私有云的发展将会持续稳步发展。

云计算是信息技术发展和服务模式创新的集中体现，是信息化发展的重大变革和必然趋势。随着云计算市场的迅速发展以及政府对云计算的扶持，云计算在未来的发展中存在着许多机遇。一方面，在未来云计算技术的运用中，会更多地考虑客户的需求。购买新的终端后，用户不必再考虑数据复制以及其他问题，只需要通过浏览器查找所需要的数据。未来的 APP 应用软件也将会更多地被部署在云端上，通过浏览器便可以完成内容。并且应用会将用户通过互联网更为紧密地联系到一起，以达到更良好的用户体验。这些都是在未来基于云计算技术而产生的新产品服务模式。同时，企业还会更加注重提高系统性能，降低能耗并增强安全性。另一方面，根据 Sun 公司推出的"黑盒子"理论预测，数据中心将由传统的机房向可移动的数据中心转变。随着云计算技术的不断成熟和普及，未来云计算技术的发展可能会改变用户的很多习惯，让用户在使用计算机时开始从以桌面为核心转向以浏览器为核心，计算机将更多地简化为终端角色，不再需要安装各类软件或保存各类数据等。因此，未来个人数据空间管理、Web 数据继承以及隐私安全等问题将成为发展重点。此外，云计算技术未来产业化发展也会对产品软件开发理念和方式等造成一定影响。云计算技术的发展以网络为基础，需要提高其服务内容的丰富性与安全性，在确保高效、实用的前提下对终端设备进行精简。

 案例链接

> **云计算技术的运用：电梯云**
>
> 奥的斯、日立、三菱等几大电梯厂家生产的在用电梯数量巨大，广泛分布于城乡。对电梯系统的维护升级和质量监控主要依靠工作人员现场进行。随着业务量的拓展，在用电梯不但历史数据分析的数据量越来越大，其维护和监控的难度也越来越大。技术部门的人手统计分析已经远不能满足需求。提高数据分析能力和结果复用成为技术、工程、财务等部门共同关注的问题。相关企业为了提高电梯企业对在用电梯的海量信息监控和处理能力，提高研发设计和售后维保服务水平，将云计算架构引入传统电梯行业。电梯的云计算架构是以企业为中心的私有云服务架构，如图 6.8 所示，它将企业内原有的服务器资源整合为管理平台，将企业在用的电梯用网络和企业内数据平台连接起来，通过远程监控各台电梯的电气系统数据，并依靠平台的数据分析处理能力，为设计和维保终端用户提供应用服务。电梯的云计算架构包括三个层次：基础终端层、云计算平台管理层、云端应用层。

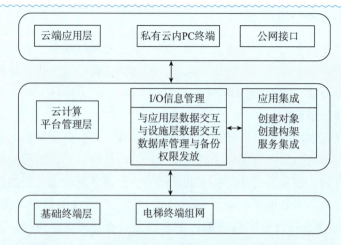

图 6.8　电梯云计算架构

（案例来源：关于云计算的三个应用实例[EB/OL].（2022-09-02）[2022-09-30].https://mbd.baidu.com/ma/s/2y3n5CcN.）

思考题

1. 电梯云技术是否可以推广至数字交通，进行高峰期适度引流，有效防范交通堵塞问题？

2. 云计算还可以运用到哪些领域？

本章小结

1. 云计算是一种获取共享资源的新型计算方式，发展至成熟水平主要经历了四个阶段，依次是电厂模式阶段、效用计算阶段、网格计算阶段和云计算阶段。其主要特点有虚拟化、灵活性高、可延展性高、可靠性高。

2. 云计算的工作流程包括企业用户操作流程以及云计算平台运营流程，三种服务模式包括软件即服务、平台即服务、基础设施即服务。云计算与传统 IT 部署相比，其突出优势是能够充分发挥集成作用以及大幅降低成本。云计算在与大数据二者相辅相成的同时，也存在一定的区别。

3. 云计算类型有私有云、公共云、混合云、社群云。云计算运用于银行、保险等多个金融领域，但同时也存在着发展瓶颈，包括数据储存存在风险、前期迁移成本巨大、相关法律制度不完善。云计算在未来的发展中存在着许多机遇，在发展中将更全面地考虑客户的需求以及预测数据中心未来的发展趋势，正逐渐成为推动经济增长、加速产业转型的一股重要力量。

第七章 人工智能概述及运用

素养目标

1. 正确价值观

伴随人工智能技术的快速发展，个人隐私将面临互联网、大数据与人工智能三者叠加的风险。人工智能人才，不仅应关注于专业知识，还要了解相关法律、伦理和社会问题。本章通过讲解人工智能的风险与发展前景，引导高校学生坚定中国特色社会主义核心理想信念，帮助学生牢固树立正确的三观，具备健全人格。

2. 科学精神

本章注重培养学生的科学精神。在世界主要大国纷纷在人工智能领域出台国家战略、抢占人工智能时代制高点的环境下，具备不畏困难，迎接挑战的精神，培养严细精优的军工精神，培养具有批判性思维、计算思维的新一代全面发展的社会主义接班人。本章节通过讲解人工智能的应用与人工智能的潜在风险，引导学生阅读相关的参考文献，鼓励学生开展纵深阅读探究。

案例导入

2022 年北京冬奥会体现着十足的"科技范儿"，大量运用人工智能、5G 和云计算等新科技。北京旷视科技有限公司为开幕式举办地"鸟巢"和速滑比赛场馆"冰丝带"专门设计了"智能向导"，可以实时提供定位精准的引导服务，是一套融合了 AI 和 AR 技术的智能应用。进入场馆后，人们只需要通过网络连接到 AR 导航应用，然后用摄像头对准自己所处的周围环境，再选择要前往的目的地，就能直接获取当前位置的定位信息和目的地的导航路径。在 AR 实景叠加的路线、路标和箭头指引下，人们可以轻松找到目的地。相较于传统的室内定位技术，视觉定位技术具有高精度、易部署的特点。无须对室内建筑环境进行二次改造，仅使用激光视觉地图采集设备对现有环境进行采集，就可以实现定位的功能。该智能应用既节约了一定的成本，又为场馆内部的用户提供了方便，省去了不认路、兜圈子带来的诸多麻烦，在一定程度上维持了会场内的秩序。

为了将新冠肺炎疫情的风险降到最低，旷视公司打造了"区间智能防疫系统"，实现了快速的无感测温与健康核验功能，将防疫信息检测速度从分钟级提升到秒级，实现了闭环区域的全方位科学防疫。其中的明骥测温系统可以实现多人同时测温通行，甚至最远可以支持 4 米距离非接触式的无感测温。在人工智能技术的支持下，大量人员的测温工作只需要少数工作人员，在大幅度提升检测效率的同时，也减少了交叉感染的风险。此外，2022 年冬奥会还配备了专职消毒的机器人，机器人能自适应地识别物体的形状，自主规划消毒轨迹，实现高效、精准的消杀。从进入场馆的智能测温到进入场馆之后的智能导航，再到高效运营的智慧场馆建设，旷视提供的一系列便捷、精准、高效的 AI 技术应用，将大幅度地提升运动员、观众和工作人员的参赛、观赛和运营体验。

（案例来源：2021 人工智能经典案例 TOP100（1 ~ 50）[EB/OL].（2022 - 09 - 02）[2022 - 09 - 21].https：//mbd.baidu.com/ma/s/Xr1YA6Q4.）

思考题

1. 人工智能、5G 和云计算等新科学技术的创新点是什么？
2. 新科技是否存在待突破的技术壁垒？
3. 人工智能深度学习还可用于哪些领域？

第一节　人工智能的概述

一、人工智能的定义

人工智能（Artificial Intelligence，AI）又称智械或机器智能，是指由人制造出来的机器所表现出来的智能。通常人工智能是指通过普通计算机程序来呈现人类智能的技术。"人工智能"一词最初是 1956 年达特茅斯（Dartmouth）提出的。美国斯坦福大学人工智能研究中心尼尔逊教授（Nilsson）对人工智能下了定义："人工智能是关于知识的学科——怎样表示知识以及怎样获得知识并使用知识的科学。"而美国麻省理工学院的温斯顿教授认为："人工智能就是研究如何使计算机去做过去只有人才能做的智能工作。"人工智能是研究人类智能活动的规律，构造具有一定智能的人工系统，研究如何让计算机去完成以往需要人的智力才能胜任的工作，也就是研究如何应用计算机的软、硬件来模拟人类某些智能行为的基本理论、方法和技术。

二、人工智能的类型

（一）人工神经网络

1. 人工神经网络的概念

生物神经网络一般指生物的大脑神经、细胞、触点等组成的网络，用于产生生物的意识，帮助生物思考和行动。大脑的生物神经网络由大约 1 000 亿个神经元组成，这是大脑的基本处理单元。神经元通过彼此之间巨大的连接——突触来执行其功能。而人工神经网络（Artificial Neural Network，ANN）是基于生物学中神经网络的基本原理，在理解和抽象了人脑结构和外界刺激的响应机制后，以大脑的生理研究为基础，模拟人脑的神经系统对复杂信息的处理机制的一种数学模型。

2. 人工神经网络的结构

一个完整的人工神经网络主要架构是由神经元、层和网络三个部分组成，如图 7.1 所示。整个人工神经网络包括一系列基本的神经元并且通过权重相互连接。神经元是人工神经网络最基本的单元。单元以层的方式组，每一层的每个神经元和前、后一层的神经元连接，分为输入层、输出层和隐藏层，三层相互连接形成一个神经网络。首先，是输入层。输入层由输入单元组成，主要从外部环境接收各种不同的特征信息。该层的每个神经元相当于自变量，不进行任何计算，只为下一层传递信息。然后，是隐藏层。隐藏层介于输入层和输出层之间，仅用于分析，其函数联系输入层变量和输出层变量，使其与数据更配适。最后，是输出层。输出层生成最终结果，每个输出单元会对应到某一种特定的分类，为网络送给外部系统的结果值，整个网络由调整链接强度的程序来达成学习的目的。

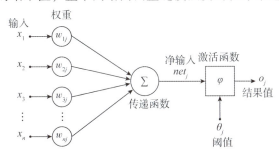

图 7.1　人工神经网络的结构

（来源：杠十四分手. 人工神经网络简介［EB/OL］. (2019-05-07)［2022-09-06］.
https://blog.csdn.net/qq_44992121/article/details/89922348.）

3. 人工神经网络的特点

人工神经网络具有四个基本特征。

第一，非线性。非线性关系是自然界的普遍特性，人工神经元处于激活或抑制二种不同的状态，这种行为在数学上通常表现为一种非线性。

第二，非局限性。一个神经网络通常由大量的神经元连接而成。一个系统的整体行为不仅取决于单个神经元的特征，而且主要由每个单元之间的相互作用、相互连接所决定。通过单元之间的大量连接模拟大脑的非局限性，例如联想记忆。

第三，非常定性。人工神经网络具有自适应、自组织、自学习能力。神经网络不但可以处理各种变化的信息，而且在处理信息的同时，非线性动力系统本身也在不断变化，经常采用迭代过程描写动力系统的演化过程。

第四，非凸性。非凸性是指函数有多个极值，所以系统具有多个较稳定的平衡状态，这将导致系统演化呈现多样性。一个系统的演化方向，在一定条件下将取决于某个特定的状态函数。例如，能量函数是描述整个系统状态的一种测度。其系统越有序或概率分布越集中，系统的能量越小。反之，系统越无序或趋于均匀分布，则系统的能量越大。它的极值相应于系统最稳定的状态。

(二)机器学习

1. 机器学习的定义

机器学习(Machine Learning)是一门涵盖概率论、统计学、近似理论和复杂算法的多学科交叉专业。机器学习是人工智能的核心,是计算机智能化的根本途径。它通过使用计算机进行实时的人类学习方式模拟,并划分现有内容的知识结构来有效提高学习效率。1959年,被誉为"机器学习之父"的亚瑟·塞缪尔(Arthur Samuel)对机器学习作出定义:"机器学习是这样的领域,它赋予计算机学习的能力,这种学习能力不是通过显著式编程获得的。"非显著性编程,是指计算机在不人为干涉的情况下,独立总结规律的编程方法。1998年汤姆·米切尔(Tom Mitchell)提出:"一个计算机程序被称为可以学习,是指它能够针对某个任务和某个性能指标,从经验中学习。这种学习的特点是,它在任务上被某个指标所衡量的性能,会随着经验的增加而提高。"

2. 机器学习的模式

根据学习方式的不同,可以将机器学习的模式分为无监督学习、监督学习和半监督学习。

无监督学习是指没有给定事先标记过的训练示例,机器自动对输入的资料进行分类或分群。它具有没有明确的目的、不需要给数据打标签、无法量化效果等特点。典型的无监督学习包括聚类分析、关系规则、维度缩减。

监督学习是指把训练数据输入计算机并且给定事先标记过的训练实例。计算机在进行学习之后,独立计算出新数据导致各种结果的概率并呈现一个最接近正确的结果。常见的监督学习的算法有回归分析和统计分类。

半监督学习是监督学习和无监督学习结合的一种方法。半监督学习在使用大量未标记数据的同时也使用少量标记数据,未标记数据的数量远远超过标记数据。它所要考虑的主要问题是,如何综合运用标记数据和未标记数据来进行训练和分类。

(三)深度学习

1. 深度学习的概念

深度学习(Deep Learning)是在机器学习基础上延伸出来的一个新领域。它以人工神经网络算法为基础,加上模型结构深度的发展,并伴随大数据和计算能力的提高而产生一系列新的算法。2006年,其概念由著名科学家杰弗里·辛顿(Geoffrey Hinton)提出。自2006年起,深度学习兴起并不断发展。学术界和工业界在深度学习方面的研究取得了突破性进展,并广泛应用于图像处理与计算机视觉、自然语言处理以及语音识别等领域。

2. 深度学习的特点

区别于传统的浅层学习,深度学习的不同在于:一方面,深度学习重点强调模型结构的深度。深度学习的实质是通过构建具有很多隐层的机器学习模型和海量的训练数据来学习更有用的特征,从而最终提升分类或预测的准确性。通常有5层、6层,甚至10多层的隐层节点。另一方面,深度学习明确了特征学习的重要性。浅层学习主要是依靠人工的经验或特征转换方法来抽取,而深度学习的目的是通过建立、模拟人脑进行分析学习的神经网络,以及模拟人脑的机制来解释数据。通过逐层特征变换,将样本在原空间的特征表示变换到一个新特征空间,从而使分类或预测更容易。

第二节　人工智能的运用

一、人工智能的优势

人工智能类似于计算机程序，不会疲倦，因此具有在特定任务上全天工作的能力，直到实现期望的结果。与人类的速度相比，它们可以快速计算各种问题并得到精确结果。它们还拥有大量现实生活中的应用程序，以使大家的日常生活更加便捷。人工智能具有以下优势。

(一)促进生产力提升

生产力的提高是人工智能技术发展的一个主要驱动力。从当前的人工智能产品在工业中的应用来看，将会有越来越多的智能体进入工业领域，而人工智能也会成为行业发展的新动力。当然，人工智能在工业领域的落地需要搭建相应的应用场景，这是一个相对复杂的过程。

(二)降低岗位工作难度

人工智能对于职场工作人员来说最为积极的一个影响就是降低岗位工作难度，同时提高工作效率。其实，利用人工智能技术不但可以降低岗位工作难度，还可以进一步拓展能力边界，成为一个"全面手"。

(三)加速创新

在当前产业结构升级的大背景下，人工智能技术的应用会对企业的创新起到更大的推动作用。创新是企业发展的根本动力，也是企业实现绿色、可持续发展的重要基础。人工智能的加速创新可以通过多种方式实现，例如高效的资源管理。

二、人工智能的潜在风险

现阶段人们更多地享受着人工智能提供的便利，而对其消极的影响却知之甚少。首先，虚拟化等"黑箱效应"的开发环境，使其在某种程度上容易脱离管制，进而导致失控。其次，算法的主观性和局部偏颇也是导致人工智能风险的重要因素，比如谷歌公司开发的智能系统曾经把黑人认作大猩猩，微软开发的智能聊天机器人在模拟少女时，就存在着种族歧视等偏见。而工业中的失业问题更是成为人们关注的焦点，工厂流水线、无人超市、无人旅馆的兴起，餐饮业的机器人配送等，让社会对于劳动力的需求量都在不断减少，标志着更多的人面临失业。从现实意义上来看，人工智能存在以下的潜在风险。

(一)不透明性导致信任风险

在政治、经济、职业、社会、文化和宗教等方面，透明性都是一个至关重要的因素。目前，人工智能技术的特殊性和复杂性，使得人工智能具备不透明性的特点，也就是所谓的"黑匣子"，主要体现在消费者对人工智能决策和行为的背后命令不甚了解。对于使用者来说，他们对未知的东西信任程度较低，因为用户并不知道在使用过程中收集了多少数据又将数据传输到了哪里，是否发挥了人工智能应该起到的作用。正因如此，一旦出现了严重的问题，它的责任归属就会变得非常重要，不管是人为的，还是错误的指令，对于不懂产品的用户来说，都是非常不利的。

（二）技术发展导致技术失控风险

与其他人类技术相比，人们更忧虑人工智能会出现技术上的失控。虽然人工智能的发展曾经历过低谷，但随着云计算、大数据等技术的迅猛发展，人工智能的研究已经取得了一定的突破。在1997年，国际商业机器公司（International Business Machines Corporation, IBM）"深蓝"击败了世界棋王加里·卡斯帕罗夫，此后，随着阿尔法围棋（Alphago）的不断发展，人工智能进入了大众的视野，并开始影响人们的认知。人工智能的发展是从模拟到对抗，最终形成一种自我学习的模式。当机器的智能超过人类创造者的智力，人工智能修改会到达失控的一个临界点，即奇点。可以想象，机器有可能获得自主塑造和控制未来的能力。如果人类对它们缺乏监督，当人工智能程序具备越来越强烈的学习倾向和相应的自主行动能力时，可能会开始做一些人类无法预测、理解或控制的事情。

（三）法律法规不明确导致监管约束风险

人工智能已经逐步进入人们的生活，但是它的管理与制约问题却是一个巨大的隐患。从人工智能研发到应用，似乎还没有出现明确的规章制度来规范行业的发展，也没有明确的法律法规来规范人工智能。至今为止，人们还没有一个清晰的概念来界定人工智能，也没有办法让它作为承担责任的主体。而公共监督作为一种有效的社会管理手段，在机器人的身上似乎是难以实现的。在现实生活中，人工智能行为的规范并没有得到太多的突破，所以监管约束风险仍然是人工智能发展道路上存在的一道无法逾越的鸿沟。

（四）功能增多导致依赖性风险

一直以来，人工智能的发展目标都是让人工智能达到类似于人的水平，可以自我学习和思考。但是随着人工智能功能的不断增加，人们对它产生了更多的依赖。智能音箱、智能扫地机器人、智能空调、餐厅的上菜机器人、工厂的流水线、智能识别系统等，都有人工智能的身影，甚至还有一些产品，已经渗透到人们的日常生活中。人类的很多发明都是源自一些意想不到的事、各种机缘巧合，以及对生活的观察，但是人们对人工智能的依赖在一定程度上会对思维产生影响，当人工智能的自我学习和思考能力发展到 定程度时，在一些领域的趋势预测能力就会超过人类。在没有证据的情况下，人们更愿意相信数据的准确统计和分析，人类要和智能共存，就必须克服依赖，提高自己的认知水平，保持自己的独特性。

三、人工智能在金融领域的运用

目前，金融服务中的人工智能应用日益增多，其应用范围包括金融资产交易、财富管理、保险、客户服务、合规和防欺诈检测、信用评分和信贷贷款。具体而言，包括：

（一）提高金融交易效率

运用人工智能技术，能够对各种参数、数字、自然语言、图片等进行高效地处理，从而提高交易的效率，改进交易流程，为企业的决策提供有力的支撑。在股票价格的预测上，一些证券公司和投资机构通过使用人工智能进行高频率的交易来获取利润。日本人工智能科技公司HEROZ，通过分析历史股票价格和交易数据，并基于目前的股票价格和交易量，对未来几分钟股票价格做出预测。

（二）提供智能理财服务

人工智能的机器人顾问可以为资产组合的管理和再平衡决策提供建议。该机器人顾问根据客户的投资状况、风险承受能力和投资决策的习惯，提出对应的投资策略。贝莱德集团（BlackRock）是世界上最大的资产管理公司，目前已设立一家人工智能实验室，利用人工智能技术为客户提供顾问服务。瑞银集团（UBS Group）从新加坡 Sqreem 公司收购了一项人工智能技术，使其财务顾问能够为其客户提供个性化的咨询。

（三）为保险业开拓颠覆性商业模式

保险行业的核心是要对顾客进行充分的了解，例如，他们的生活方式，教育程度，以及身体状况。人工智能算法可以通过物联网、可穿戴设备收集用户的行为信息，通过个性化、定制化建模来为客户提供个性化服务，从而有效地减少用户损失。美国汽车保险公司 MetroMile 使用人工智能开创了一种全新的商业模式，通过在车上安装一个无线装置，来记录使用者的数据，并以其实际驾驶情况为基础，来计算保险费。

（四）提升客户服务体验

部分金融科技企业利用自然语言处理技术（Natural Language Processing，NLP）实现了对用户的即时服务，从而在客户中树立了良好的口碑。英国数码银行 Revolut 通过智能聊天将客户的咨询信息发送给相关的业务部门，使客户能够与其业务人员进行直接沟通。苏格兰皇家银行为客户提供了一种叫作"LUVO"的智能辅助系统。当系统无法有效地处理用户的查询时，"LUVO"会向业务人员发出查询要求，从而提升用户的体验效果。

（五）机器人流程自动化

机器人流程自动化（Robotic Process Automation，RPA）是一种可以自动完成重复工作的软件。预计到2024年，全球机器人处理自动化的市场将达到87.5亿美元，主要应用集中于使用光学字符进行支票识别处理、通过语音转换文本和自然语言处理来改善沟通、协助客户使用聊天机器人等领域。罗马尼亚的人工智能公司 Unicorn UiPath 是机器人流程自动化领域的领导者之一，它为银行业的众多顾客提供自动化的银行服务。

（六）助力金融领域的合规性与防欺诈检测

图像识别技术在金融领域得到了越来越多的应用，特别是在新兴的几个经济体。在自动认证金融消费者识别方面，使用了多种开放的数据库，实现了对用户进行身份认证、背景检测等相关信息的提取功能。利用人工智能技术，银行能够在一定程度上保持合规性并识别欺诈行为，甚至通过使用自然语言技术对法规中的合规性规定进行扫描，并将其与现实中的合规工作进行自动对比，从而发现差异并加以警示。除了这些，人工智能技术还可以对"了解用户"（Know Your Customer，KYC）和反洗钱（Anti-Money Laundering，AML）管理流程进行再定义，从而减少诈骗的风险。

（七）助力信用评分和信用借贷服务

首先，银行利用监督与非监督的学习模型可以构建出一个详尽的顾客风险档案，并对其进行有效的识别。其次，利用人工智能能够对银行的 IT 基础设施进行实时监测，从而发现并防范可能的攻击。再次，利用人工智能技术和其他数据，银行可以在不依赖于传统信贷数据的前提下，对中小企业的信贷风险进行评价。另外，利用机器学习技术，可以有效地减少合规审核与管理的费用，同时，利用基因组学、微粒物理等技术，为贷款人建立一个动态的非线性信贷风险评价模型，从而提高信贷质量，提高信贷决策水平。目前，人工智能技术正在帮助没有信用评分的人获得信贷服务。就拿 Upstart 这个人工智能借贷平台来说，它基于客户的工作经验、教育背景及诸如社会媒体等其他数据源的信用决定是否放贷及放贷金额。

四、人工智能的发展前景

（一）产业发展前景

我国相继出台了一系列政策和措施，推动人工智能的推广和发展。

1. 产业链逐步完善

人工智能产业链主要包括基础层、技术层、应用层三个部分，如图 7.2 所示。基础层以硬件为中心，主要是大量的数据和强大的计算能力，是人工智能技术的基础；技术层的重点是软件，它为人工智能的应用提供了高效灵活的算法、框架和平台；而应用层则是各种技术的集合，是对人工智能技术的一种实际运用。目前，中国的人工智能行业已经逐步走向成熟。在基础层，有海思半导体、寒武纪、阿里云；在技术层，旷世科技、科大讯飞、百度在计算机视觉、语音识别、机器学习等领域均有不俗的表现；在应用层，许多地方企业从消费终端到工业应用，都在促进着人们的生产与生活方式的数字化。然而，从整体上来看，我国的人工智能公司主要还是发展应用层，而在基础层、技术层则比较薄弱。

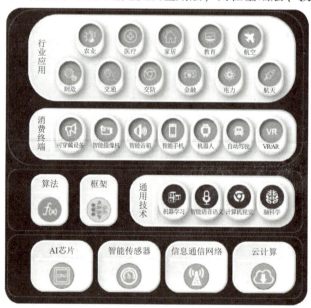

图 7.2　人工智能产业链架构图
（来源：王桓．培育健康产业生态，打造人工智能发展新优势［J］．中国信息化，2021（2）：5-6+10.）

2. 泛在赋能性逐渐显现

人工智能的泛在赋能性体现在与制造业、医疗、交通、教育、安全、家居、零售等领域的深度融合，将改变传统产业生态，并催生新的数字经济。例如，机器人赋能机器有工

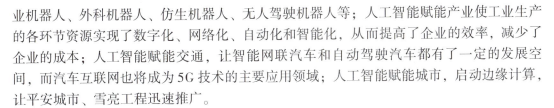

业机器人、外科机器人、仿生机器人、无人驾驶机器人等；人工智能赋能产业使工业生产的各环节资源实现了数字化、网络化、自动化和智能化，从而提高了企业的效率，减少了企业的成本；人工智能赋能交通，让智能网联汽车和自动驾驶汽车都有了一定的发展空间，而汽车互联网也将成为5G技术的主要应用领域；人工智能赋能城市，启动边缘计算，让平安城市、雪亮工程迅速推广。

3. 产业集群正在形成

目前，国内的人工智能公司主要集中在北京、上海、浙江、广东、安徽等地，已初步形成具有鲜明特色的工业集群。在人才、科研、政策、资金等方面，北京拥有国内一半以上的人工智能公司，并在核心算法等基础领域与汽车工业领域形成了一个完整的生态圈；上海凭借雄厚的资金和科学研究实力，在芯片、软件、类脑等方面不断努力，积极推进人工智能与金融、制造、医疗、交通、物流等行业的深度融合；杭州利用自己的工业优势，在"城市大脑"的帮助下，积极建设智慧城市的生态系统；深圳依托自身的产业链优势，重点建设"人工智能产业集群"；安徽利用科技、政策等方面的优势，发展语音识别、智能制造等行业。

4. 科技伦理备受关注

自2018年起，欧盟、经济合作与发展组织、电气与电子工程学会、谷歌等机构相继颁布了关于人工智能的伦理准则。2019年6月，我国国家新一代人工智能治理专业委员会发布了《新一代人工智能治理原则——发展负责任的人工智能》，7月，国家科技伦理委员会正式成立。人工智能伦理引起了人们的广泛重视，既反映出人工智能技术不同于传统工业技术，又体现出中国经济社会进入高质量发展新阶段的新要求。

(二)技术发展趋势

现在任何技术早已不再孤立存在，而是与其他技术融合、共同发展，从而形成新的应用和新的商业模式，人工智能也不例外。人工智能是一种具有代表性的应用技术，其发展方向有以下几个方面。

首先，人工智能将被商品化和民主化。正如互联网使信息和知识商业化、民主化一样，云计算、5G等技术也将促进人工智能商业化和民主化。一方面，人工智能和其他技术融合，催生出智能装备、智能硬件、智能机器人、智能服务等一系列产品和服务，并逐步融入工厂、田间、城市、家庭；另一方面，智能终端为人们提供了便捷的服务，方便了生活，愉悦了自己。但技术是一把双刃剑，随着人工智能的商品化和民主化，除了提供方便、优质的产品和服务外，还涉及信息安全、隐私和伦理道德等问题。

其次，以人工智能为代表的新一代信息技术将成为新型基础设施。新一代的信息技术具有普遍性，它应用于人们生活的各个领域，极大地提高了生产效率和生活质量，并成为一种新的社会基础设施。与传统的基础设施相比，新的基础设施具有更多的内容和更广泛的覆盖面，更好地反映了数字经济的特点。所以，新的基础设施建设所带来的发展机会，本质上源于数字化、智能化升级和经济社会转型的需要，是时与势的融合。

再次，人工智能与云计算、物联网、5G、移动互联网等新一代信息技术相互交织和演化，使得云端和边缘端融合更加显著。一方面，云服务已经成为获得人工智能技术的重要手段，具体来说，各大科技公司纷纷将AI用户导入云平台，以实现其价值，比如亚马逊

AWS、微软 Azure、阿里云、谷歌云计算等。而在边缘计算的推动下，分布式人工智能开始兴起，智能传感器、智能摄像机、智能穿戴设备等智能硬件组成了一个庞大的智能网络，其中的 AI 赋能也需要通过云计算来实现。这种人工智能在云端和边缘端融合发展的态势，必然会催生新的产业生态系统。例如，谷歌的飞鲨操作系统、微软的视窗操作系统、华为的鸿蒙操作系统等，都是各大公司在云计算领域努力的有力例证。

最后，目前的人工智能技术发展道路无法实现超级人工智能的诞生。这一轮由数据、算法和算力推动的人工智能发展浪潮，已经过了最激烈的阶段。未来，若要使人工智能发生质变，可以从以下几个方面进行：算法模型革命，量子计算突破，脑科学发展，仿生学和基础科学的交叉。只要在基础理论和方法上有所突破，就可能发生翻天覆地的变化。虽然目前科技与工业的发展已经进入白热化的阶段，但是一百年前相对论和量子科学所带来的科技革命，却从未被打破。从这一点上讲，在很长一段时间内，凌驾于人类之上的人工智能，都将处于大众的幻想之中。

案例链接

Airdoc 助力江苏阳光集团，人工智能排查万名员工复工风险

2020 年 2 月 26 日新闻联播中报道了一家名为阳光集团的公司，他们不忘记自己的初衷，牢记自己的使命，没日没夜为前线制造防护服。江苏阳光集团联合 Airdoc 公司，对员工进行了风险排查，利用视网膜扫描和图像处理技术，对企业的复工员工进行全面排查，并主动响应国家号召，实现分区分级的精准复工安排。"秘密武器"操作简单，检查速度快，第一天就完成了 2 000 多名员工的返工风险调查。

阳光集团是全国重点支持的龙头企业，主要涉足毛纺、服装、生物医药、医疗器械、生态农业、房地产、金属制品等产业。2007 年，国际标准化组织/纺织品技术委员会(ISO/TC38)国际秘书处在阳光集团设立，阳光集团成为第一个承担 ISO/TC38 国际秘书处工作的机构。阳光集团在新冠肺炎疫情爆发时，毫不犹豫承担起了对一线医护人员的支持工作，对车间进行了改建，增设了防护服生产线路，至今已为湖北等地提供了超过 20 万套的医疗防护服。

阳光集团作为医疗服务第一线的支持企业，深知疫情防控工作的重要意义，联合 Airdoc 公司对员工进行了风险排查。该系统利用智能仪器，对员工的体温、心率、呼吸等进行分析，并根据他们最近的表现，迅速发现他们的返工风险，确保落实安全生产工作。同时，Airdoc 的专业技术人员也前往阳光集团，解答疑问，以保证安全有序地进行复工检查。在对复工风险进行排查的同时，Airdoc 也充分体会到了阳光集团对员工的重视和关心。

（资料来源：Airdoc 助力江苏阳光集团，人工智能排查万名员工复工风险[EB/OL].（2020 - 03 - 20）[2022 - 09 - 30]. http://js. news. 163. com/20/0302/17/F6NU8MOH04249CUG. html.）

思考题

1. 人工智能针对精准复工做出了哪些贡献？

2. 人工智能如何推广至数据医疗服务中？

本章小结

1. 人工智能是指由人制造出来的机器所表现出来的智能。人工智能类型包括人工神经网络、机器学习、深度学习。人工神经网络的特点有非线性、非局限性、非常定性、非凸性；机器学习的模式分为无监督学习、监督学习和半监督学习；深度学习强调了模型结构的深度，明确了特征学习的重要性。

2. 人工智能的优势体现在促进生产力提升、降低岗位工作难度、加速创新。但同时存在信任风险、技术失控风险、监管约束风险、依赖性风险。人工智能广泛应用于金融领域，如金融资产交易、财富管理、保险、客户服务、合规和防欺诈检测、信用评分和信贷贷款。人工智能运用于金融业务，使金融机构办理效率和客户体验等都取得了大幅度的提升。

第八章　区块链概述及运用

素养目标

> ### 1. 国家认同
>
> 区块链技术的闭环管理通过组成链条式数据结构，形成不可篡改、不可撤销和不可伪造的分布式账本，有效保证整条链安全、高效、真实、不可逆地传播信息。借助区块链技术的去中心化、信任机制、公开透明等特点，探索符合实际的爱国主义教育创新模式，培养学生树立为祖国为人民不懈奋斗、赤诚奉献的坚定理想，让新时代的年轻人成为实现中华民族梦想的正能量。
>
> ### 2. 广阔视野
>
> 国际竞争日趋激烈、国际合作日益密切是一种大趋势。在新的时代、新的理念和新的格局下，我国的发展需要更多具有国际视野的高素质人才。当代大学生是我国社会发展中的一支新生力量，是国家和民族的未来。高校毕业生是否具备国际化的视野，对于一个民族的发展有着特殊的意义。大学生要培养自己的世界眼光和国际视野，要树立为国家服务、为人类社会服务的理想。本章主要是让大学生了解国际和国内区块链的发展和变化，以开阔眼界和扩展思维能力。

案例导入

利用区块链监播广告——百度超级链

物联网（IOT）是新一代信息技术的重要组成部分，从户外大屏到智能家居，物联网设备在方便我们生活的同时也受到了各方挑战。一直以来，物联网设备的安全、信任、隐私和成本问题困扰着从业者，也制约着 IOT 技术的进一步发展。百度超级链利用区块链上链数据难篡改、可追溯的特性，缓解物联网设备信任与安全问题，降低成本与风险。目前，基于区块链+物联网的融合应用已落地在百度聚屏广告监播业务中。

百度聚屏广告监播业务将区块链与物联网技术结合，将百度聚屏广告屏设备播放的每一条广告抽帧上链，利用区块链不可篡改、可溯源的特性，落实广告监播，将播放时长、播放频次等数据上链，追踪广告效果。目前该场景下的区块链已达到 14 万节点，10 亿数据，并仍在不断增长。通过利用区块链、人工智能等技术对线下屏幕广告数据进行精准的

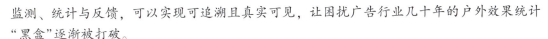

监测、统计与反馈，可以实现可追溯且真实可见，让困扰广告行业几十年的户外效果统计"黑盒"逐渐被打破。

（案例来源：孙清. 2021 全球区块链创新应用示范案例集［EB/OL］.（2022-05-27）［2022-09-20］. https://www.doc88.com/p-51773932260758.html.）

思考题

1. 区块链与物联网的结合可以推广至哪些行业？
2. 还有哪些领域可以运用到区块链的不可篡改性？

第一节 区块链的概述

一、区块链的概念及优势

（一）区块链的概念

区块链，就是一个又一个区块组成的链条。每个区块都有特定的信息，这些信息以其产生的时间次序被联结在一起成为链条。这条链存在于所有的服务器中，只要整个系统中有一台服务器拥有工作能力，整条区块链都是安全的。在区块链中，这些服务器被称作节点，为整个区块链系统提供储存和计算能力。要在区块链中更改资讯，需要经过超过一半的节点同意，并且在所有节点内更改资讯，但这种资源通常由几个控制者一起管理，所以要在区块链内更新信息是相当麻烦的。事实上，区块链是一个分散的、用来解决交易信用问题的信息库。从广义上说，区块链技术是一个全新的分布式基础设施与运算模型，它利用区块链数据结构实现对数据的校验和保存，使用对分布式节点的一致性计算生成和更新数据，使用密码学的方式实现对数据的安全的传递与存取，使用由智能化的脚本代码组成的智能协议，对数据块进行编程与管理等。从狭义上说，区块链技术是由一个按日期连续排序的数据区块所构成的链型数据结构，它以密码的形式保证了其内容无法修改、不可伪造。去中心化是区块链技术最大的优点和努力方向，其利用密码学、共识机制、博弈理论等技术和手段，在不需要相互信任的情况下，以分散的方式进行点对点的交易。

（二）区块链的优势

区块链技术能够如此迅速地发展，最主要的原因就是它具有五大特点：去中心化、不可篡改、开放性、自治性和匿名性。

1. 去中心化

区块链的核心技术是节点，可去中心化。区块链本质上是一个去中心化的分布式账本数据库，每一个节点在参与记录全局数据信息的时候，也验证了其他节点记录结果是否正确。让全体用户集体参与到数据记录中的分布式共管结构，可以有效地进行监管验证，从而保证数据的可靠性和真实性，所以这一过程并不依赖于传统中心化节点或者中心化的数据库。各区块之间权利与义务是对等的，没有任何一个机构或个人可以实现对全局数据的控制，即使部分节点因为受到攻击而遭到损害也不会影响系统整体运作。由于去中心化处理方式较传统处理方式更为简单与便捷，所以当大量的数据业务都在进行的时候，去中心化的方法可以节省大量的资源，且去中心化的区块链技术并不需要任何第三方的参与，可以实现高效率、无中心代理、大规模的信息交流。

2. 不可篡改

区块链数据的不可篡改包括两个方面。第一个层面是资料的架构。区块链的资料是按照一致的机制，在特定的时间里按照既定的规则，被挑选出来的"矿工"，将这段时间收集到的交易数据进行打包，然后把上一个区域块的散列值装入包中，新的数据会计算出哈希值（Hash）放在新产生的区域头上。如此连接就构成了一个链条型的资料库，链上任意一个块的数据遭到篡改都会引起所在块的区块头哈希值发生变化，以至于之后所有块的哈希值发生变化。第二个方面是数据的存储。区块链的数据是分布式存储在多个节点中的，每生成一个新的区块，"矿工"都会广播，使得链上其他节点来同步新的区块。而在区块链技术中，所有的数据是一致的，只要网络上的大多数节点认为是对的，那么这些数据就会被整个网络接受。只要不能控制51%的数据，就不能随意控制和篡改数据，这样就可以保证区块链的安全性，也可以防止人为的改变。

3. 开放性

区块链具有开放性的特征。所有人可以自由加入区块链，并得到所有信息，整个系统高度透明，只有各方的私有信息是加密的。拿比特币网络来说，比特币网络在系统层面上信息是完全开放的，每个成员都可以在借助不同字符来实现信息公开的同时，确保信息的安全。这就决定了整个区块链系统是开放的，除了交易各方的私有信息被加密外，区块链的数据对所有人公开，任何人都可以通过公开的接口查询区块链数据和开发相关应用，让整个系统信息高度透明。区块链的开放性主要体现在三个方面：账目的开放性、组织结构的开放性和生态的开放性。第一个是开放的账目，就是将所有的交易记录都公布出去，让所有人都能看到，然后进行核实。第二个是开放式的组织结构，所有持有代币（Token）的人都可以被称为代币股东。第三个是开放的生态，开放的账目和组织结构是最基本的，而最终目标是建立一个开放的生态系统。这种生态系统更易于实现价值的转移，更加便宜也更为高效。

4. 自治性

区块链的自治功能主要基于规则和协议。区块链通过了以共识为核心的标准和协议，使体系的各个环节能够在不被人信任的前提下实现安全、开放的数据交换，把对"人"的信任转变为对"机器"的信赖。通过区块链的高度自主，所有参与者的中心利益通过更加开放的方法、原则建立起一个自发的共识，一切的交易都显得更为可靠、更加真实，所有人也都能够自主管理好自己的信息，这也成为以客户为核心的交易重组的一个关键环节。区块链的智能合约更贴近实际，并在社交和商务中发挥作用，使机器能够在多种层面上进行这种判定和执行，社区与自治也给区块链带来了无尽的猜测。人类所具备的投票、信任、承诺、合作、判断等意识和思想，在区块链上都具备。在资讯品质与真实性方面，区块链还能为人类提供高准确度的资料。

5. 匿名性

区块链的匿名性特征是指非实名。区块链应用了密码技术，以确保数据的安全传输和存取。每一个账号都会被一个密码符号取代，其他使用者可以看到账号的资料，却无法得知用户对应的账号。在区块链中，交易双方都不会了解彼此的个人资料，交易都是匿名的。节点间的交换遵循固定的规则，不需要相互信任，不需要暴露自己的身份就能获得客户的信任，从而积累信誉。

二、区块链的类型及发展

(一)区块链的类型

如今，多元化区块链共同发展，技术发展路径大体分为公有链、联盟链(亦称许可链、协作链)以及私有链。

1. 公有链

公有链(Public Blockchain)上的数据所有人都可以访问，所有人都可以发出交易且获得写入确认，也就是人人都能参加。共识过程的参与者通过加密技术和内置的经济刺激来保护数据库的安全性。在公有链中，越是有价值的资料，就越需要考虑它的安全性、交易费用和系统扩展性。公有链是一个完全分布式的、去中心化的信任模式。公有链的管理通常是全球范围内的技术顶尖人才们发起的，他们使用的是社区的公共服务，并且代码是完全开放的。公有链是最早出现的，也是自出现以来使用最广泛的。各种虚拟的数字货币都是以公共区块链为基础的。公有链的本质是与原生的代币和"挖矿"的进程相关联的。

公有链通常会公开发行加密数字货币，由此建立起自身的经济生态体系。公有链的代币是一种内部激励机制，它是一种新型的分散型管理模式，在没有任何一个公司的情况下，所有的成员都可以分享所有权和贡献。社区代码要维护，社区和公有链要运营，公有链节点要铺开和维护，依靠传统的公司经营和运营方式是行不通的，而用代币作为中介，每个人都能得到相应的报酬，这样才能确保公共链的正常运行。公共链必须通过本地Token或者燃料(Gas)来支付使用公有链网的费用，从而让更多的人加入共同的协议中，并且避免资源的滥用和浪费，同时在某种程度上防止恶意攻击。量子链(Qtum)就是公有链在现实中的典型例子，它是第一个基于UTXO实体模型的价值凭证POS区块链智能合约平台，可以和比特币、以太币等生态系统进行兼容，并且可以将区块链的应用推广到实际的应用中，提高区块链产业的便利性。

2. 联盟链

联盟链(Federated Blockchain)又被称为许可链、协作链，它是一个对某些组织和团体开放的区块链。参与区块链的节点都是预先选定的，它们之间应该有良好的网络联系，在区块链中的数据可以是开放的，也可以是在这些节点的参与者当中。这种区块链可以使用其他不需要计算工作量的一致算法，例如100个金融机构间的一个区块链，需要超过67个机构的一致意见。联盟链是一种局部分布的、多中心化、次中心化的信任模式。联盟链可以在很小的代价下实现节点之间的良好联系，提供快速的交易处理和低成本的交易，具有良好的扩展性，并且可以保留一些隐私，但是随着节点数量的增长，扩展性会降低。在一致同意的情况下，开发者可以修改协议，不存在硬分叉问题，这也意味着在一致的情况下，所有人都可以对数据进行修改。与公有链相比，联盟链的使用更加广泛，但是缺乏公有链的扩散效果。联盟的管理和维护，一般由联盟成员来完成，它都是通过投票的方式来管理，很好地控制了权力。联盟链中大部分的代码是开放源代码或者是有针对性的，都是由成员组成的，经常会针对不同的情况进行定制。联盟链通常不用支付 Token 和 Gas 的手续费，可以减少"挖矿"环节的资源浪费，提高整个网络的运行效率，同时也能避免因供求关系而引起的市场投机行为。由于联盟链的目标是不具名的匿名资产，因此为保障个人的隐私权，必须有诸如客户情况(Know Your Customer，KYC)、反洗钱(Anti-Money Laundering，AML)之类的保密要求。金链盟就是 2016 年成立的一个非营利联盟链，包括微众银行、深圳市金融科技协会、深证通、腾讯等，旨在探索和推广区块链技术。

3. 私有链

私有链(Private Blockchain)只有用户自己才能参加，并且对数据的存取和利用具有严格的权限。最近一些金融机构发布的内部应用的区块链技术，多半属于此范畴。私有链其实是一个很有迷惑性的概念，它就像是一个传统的共享数据库，通过梅克尔树(Merkle Tree)来解释数据的可用性。它的数据并不是不可修改的，所以对第三方的保护并不是很好。许多私有链都是以与比特币相关联的形式存在的，例如将系统的快照定期存入比特币。操作系统内核(Linux)基金会项目是一个私有链在现实中的代表，它通过提供 Linux 作为一个合作和教育平台，创建创新的研究和相关的内容，从而推动 Linux 的发展。

所有区块链最基本的特点就是去中心化，在此基础上所有的区块链技术都没有中心控制，分布式的核算和存储都是自成一体的，每个节点的数据都可以自我验证、传递和管理。

(二)区块链的发展

任何技术都会从试验期、验证期，到接受期，然后进入应用期，再进入整个市场的爆发期，区块链也不例外。从 2008 年到 2017 年，因为比特币都没有人能够破解，也就验证了区块链的安全性。在近十年的发展历程中，区块链技术对政治、经济甚至是文化都产生了很大的影响。梅兰妮·斯万根据区块链的发展脉络将区块链的发展阶段分为区块链 1.0、区块链 2.0 和区块链 3.0 时代。

1. 区块链 1.0 时代

区块链 1.0 也称比特币区块链，主要是支撑虚拟货币的应用，包括转账、汇款以及数字化支付、加密货币。这方面应用的一个影响是构建新型货币体系。数字货币不同于电子货币，数字货币(Digital Money)尚没有统一定义，反洗钱金融行动特别工作组(Financial Action Task Force on Money Laundering，FATF)认为，数字货币是一种价值的数据表现形式，通过数据交易并发挥交易媒介、记账单位及价值存储的功能，但它并不是任何国家和地区的法定货币，也没有政府当局为它提供担保，只能通过使用者间的协议来发挥上述功能。而电子货币是将法定货币数字化后以支撑法定货币的电子化交易，因此二者并不等同。数字货币的主流是以比特币为代表的去中心化的数字货币。在区块链 1.0 时代，主要创新是创建了一套去中心化的、公开透明的交易记录总账——其数据库由全网的节点共同享有，由"矿工"更新，全民维护，没有人可以操控这个总账。比特币 1.0 时代主要有三个特征。

(1)从技术上实现了去中心化。

中本聪通过技术整合，用"时间戳"这一概念解决了"交易重复"的"双花"问题，并给

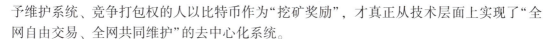

予维护系统、竞争打包权的人以比特币作为"挖矿奖励"，才真正从技术层面上实现了"全网自由交易、全网共同维护"的去中心化系统。

（2）源代码开源，山寨币出现。

共识机制是区块链技术的一个非常重要的环节，而这个共识机制可以通过开源的源代码进行验证。区块链1.0时代最显著的特征就是数字货币的使用和支付。也正是有了源代码开源这一点，比特币网络才有了可复制性，从而催生了当时在世界范围内数百以比特币为代表的各种数字货币，如莱特币、狗狗币等。通过这些数字货币的使用，在这种分布式、中心化、全球化的方式下，每个人都可以与别人分配交易各种资源。

（3）仅限于金融行业中，货币支付这一垂直应用场景。

在金融领域的货币场景，区块链1.0时代掀起了一场浪潮。区块链技术最先也最成功的落地应用为数字货币，这与传统金融行业中的数字化支付、汇款以及转账等很多相关的领域产生共鸣，因而备受关注。在数字化支付、转账、汇款等领域中，如果使用传统的金融方式，那么就要利用银行等第三方机构进行开户，经过对方行、清算组织、境外银行等烦琐又复杂的处理流程，不仅时间长而且成本也很高。

区块链1.0时代也有很大的局限性，人们在这个时候最关注的仍旧只是建立在区块链技术上的数字货币，目光主要聚焦在它们的价值与交易方式。也正是基于应用场景的限制，技术本身没有得到应有的重视。

2. 区块链2.0时代

区块链2.0是可编程金融，是经济、市场和金融领域的区块链应用，例如股票、债券、期货、贷款、抵押、产权、智能财产和智能合约。区块链2.0扩大了技术的范围，使更广泛的市场分散化，并且通过提供证书和权利以及义务的登记，交易将涉及其他类型的资产。智能合约是区块链2.0时代的标志，其核心内容是利用程序算法代替人工执行合同，这些合约需要自动化的资产、过程、系统的组合与协调。合约包括要约、承诺、价值交换三个基本要素，并成功定义了新的应用形式，使得区块链从最初的货币体系扩展到其他金融应用领域，包括在股权众筹、证券交易等领域。传统金融机构也在大力研究区块链技术，以期与传统金融应用相结合。智能合约一旦设立指定后，无须中介参与即可自动执行，并且没有人可以停止它的运行。通过智能合约建立起来的合约同时具备两个功能：一是现实产生的合同，二是不需要第三方的、去中心化的公正、超强行动力的执行者。

区块链1.0被称作"全球账簿"，而区块链2.0则是一部"全球电脑"，它们使区块链系统具有完整的图灵，能够在区块链上进行应用并确保程序的高效运行，从而实现智能合同的功能。与区块链1.0相比，区块链2.0具有以下优点：首先，区块链2.0支持智能合约，区块链是一个应用平台，能够发布各类智能合同，并能够与其他IT系统进行数据的交流和处理，以满足不同的工业应用需求。其次，它适应大多数应用程序的业务处理速度，在开发新的共识算法，如拜占庭容错算法（Byzantine Fault Tolerance，BFT）、价值凭证算法（Proof of Stake，POS）、股权授权凭证算法（Delegated Proof of Stake，DPOS）后，区块链2.0的交易效率得到了极大的提升，最高的交易速率达到了3 000 TPS/s，远远超过5 TPS/s的比特币，可以满足大多数的金融需求。再次，区块链2.0也支持信息加密，由于它能够实现完全的程序操作，因此它可以根据自己的协议对所发送和接收的数据进行加密、解密，以保护企业和使用者的个人隐私，而采用先进的零知识证明技术进一步促进了它的隐私性。最后，区块链2.0不需要任何资源。为了保持网络一致性，比特币所用的计算能力是 122 029 TH/s，大约是 5 000 台"天河 2A"，一天消耗 2 000 MWh，也就是数十万元。区块链2.0因引入了 BFT、DPOS、POS 等新的共识算法，使得它在企业的 IT 中心可以使用更多的计算能力，达到零耗用。

3. 区块链3.0时代

3.0 的区块链是价值网络的核心。区块链可以确认、计量和存储每个因特网中的代表价值的数据和字节，使其可以在区块链上进行跟踪、控制和交易。创世（Genesis）是区块链3.0 的代表，也是区块链3.0 的集合体，它建立了一个分布式、无所有权和无处不在的云计算操作系统，用来建立和实施智能合同，以支撑高速增长的全球数字经济。

三、区块链的技术框架

（一）区块链的系统框架

区块链的系统框架主要包括数据层、网络层、共识层、激励层、合约层和应用层。在数据层方面，数据块标记了时间标记，并建立了一条数据链，利用时间标记可以追踪和定位数据，利用哈希算法可进行不对称加密，实现了数据的信息加密和登录验证。底层的区块链存储无须本地数据库，利用分布式存储技术，保证了数据的安全与不可篡改。在网络层方面，区块链数据的传输是以 P2P 为基础的，每个节点在接收其他节点数据的同时也在向其他节点发送数据，这样可以最大化限度地利用带宽，并使其脱离对中央服务器的依赖，实现去中心化的数据传输能力。在共识层方面，区块链技术中相互不信任的节点，利用价值凭证机制、股权授权凭证算法和拜占庭容错算法，使各个系统中的各个节点在去中心化的情况下迅速、有效地达成数据的一致性。共识机制的目标是解决区块链安全、可扩充性、效能和资源耗费等问题。由于区块链技术的推广和发展需要大量的计算资源，所以中本聪提出了区块链技术的另一项核心技术，即激励机制。它在激励层面上，利用哈希算法来激发各个节点的计算能力，从而增强了整个区块链系统的运算能力。在合约层方面，合约层区块链技术可以让使用者自行撰写智能合约等去中心化的应用程序，将智能合约储存在区块链中，并以全网唯一的地址为其标注，在特定的触发条件下契约会自动回应，可以用于电子付款、自动付款、自动履行合约等。在应用层方面，使用者可以利用区块链所提供的灵活的程序系统，自行撰写各种应用程序。在这些层基础上构建一个以区块链为核心的丰富应用生态，为客户提供丰富的个性化服务及产品。

在区块链的体系结构中，每一层都围绕着交易建立了一个完整的、互相联系的循环，其结构如下：首先，在应用层中，数字货币、智能合约等产品都是以数据为基础的，也就是说，应用层就是数据的输入源。这些资料必须以区块链的形式存入资料层。其次，在完成数据的封装之后，再进行一个分布式的点对点通信网络的广播，并由所有的节点按照特定的机制进行验证。最后，在整个网络上达成一致，建立一个区块，与主链相连，形成一个完整的交易，然后进入下一个循环。

从技术上来说，这个周期的流程是一个数据结构，它记录了一个交易的资金流动。在这个体系中，交易的各个区块相互链接，组成一个主链，每个参与运算的节点都会将主链的相关信息记录下来，而这些任务的具体内容则是交易双方的私钥、交易数量、电子货币的数字签名。由前面的区块组成的哈希用来把各个区块连在一起，使过去的交易按次序进

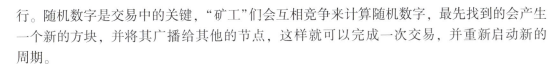

行。随机数字是交易中的关键，"矿工"们会互相竞争来计算随机数字，最先找到的会产生一个新的方块，并将其广播给其他的节点，这样就可以完成一次交易，并重新启动新的周期。

(二)区块链的核心技术

1. 分布式账本

区块链上的区块按照时间的先后顺序排列，区块链系统中的每一个节点都保存了一个完整的区块链的拷贝，这些拷贝在各个节点之间可以分享网络交易的信息。区块链是一个新的数据块，它储存着整个互联网上的近期交易，以及一个由各个节点共同分享的数据。分布式账本是一种基于区块链的分布式数据存储机制，它可以将各个节点进行共同记录和维护，从而实现区块链的公共管理，防止篡改，无须第三方的协调和验证。

2. 对等网络

对等网络别称点对点通信技术(Peer-to-Peer，P2P)，是一种基于区块链技术的底层拓扑结构。每一个区块链节点都采用点对点协议，没有服务器和客户端的概念，所有节点都是平等的，节点之间可以高效安全地进行通信，具有点对点的多点通信功能，并可以实时地获取节点信息和状态。

3. 密码学应用

在区块链中，为了保证资料的安全，采用了非对称加密、安全哈希等加密技术。在加密和解密过程中，不对称的密码算法要求有两个密钥：一个公共密钥，一个私有密钥。若采用公开密钥加密资料，则仅可利用相应的私有密钥进行解密；若使用私有密钥签署资料，则必须使用公开密钥，而公开密钥与私有密钥为一对。

区块链采用哈希加密数据。SHA256加密哈希函数是由美国国家安全局开发的一组加密哈希函数，它的作用是向SHA256函数中的任何一组数据进行输入，就会产生256比特的Hash，如果输入相同的数据，则会产生完全不同的结果。

4. 共识机制

共识机制是指在区块链中建立信任、获取利益的一种数学方法，其采用了一种基于共识机制的分散式点对点通信块，以保证所有节点间的数据一致性。常见的一致机制算法有三种：工作量证明、权益证明和股票授权证明。工作量证明(Proof of Work，POW)是一种依靠机器进行数学操作来获得开采权的方法，"矿工"们会争先恐后地计算出一个哈希的唯一值，谁先找到哈希，谁就能获得相应的报酬。价值凭证(POS)是指持有的时间和数量，持有数量多、时间长的人，得到账号的机会大。股票授权凭证(DPOS)是指持币人投出一定数目的代表，由其代为核实和记录，与董事会投票表决的方法相似。

5. 智能合约

智能合约是一组由合约各方在其上实施的数字约定集合。一份合约，就是一个应用程序，储存在一个区块链中，它的代码不能被修改，它是透明的、是可信的，不需要第三方的介入，它就会自动完成。虚拟机在区块链上为智能合约提供了操作环境。

6. 跨链技术

跨链技术是指在两个或更多的不同的链条中，资产和功能状态无法互相传递、转移和交换的问题。跨链技术提高了区块链的扩展性，可以从根本上解决因公链/侧链难以进行交易而造成的"数据孤岛"问题。当前跨链技术主要有波卡异构多链系统、0x协议跨链技术、墨客跨链技术等。

第二节　区块链的运用

一、数字货币与支付加密技术

区块链独特的加密技术为信息数据资源的安全性提供了充分的保障，并为其建立了可信的基础。现代货币是一种信用货币，而数字货币则是现代货币的电子货币形式。因此，区块链技术的发展为发展数字货币打下了良好的信誉基础。从广义上说，数字货币包含区块链，区块链是加密货币的基础和技术支撑，它保证了保密信息数据的安全性和互连。

（一）数字货币的内涵

数字货币别称电子货币，它以区块链技术为基础，脱离了传统的实体媒体，以电子货币的发行与应用为主要手段。数字货币的出现与发展，不仅是科技进步的必然产物，而且对发行法定货币、商业银行支付、企业财务、数字金融体系以及数据资产交易等都具有极其重要的作用。目前，世界各国中央银行都开始加强对数字货币的开发力度，大力推进数字货币在社会和经济中的运用，从而推动经济运行方式的改革。

（二）数字货币的产生与发展

中本聪2008年推出的点对点交易系统，被视为区块链技术正式运用的开始。英国中央银行在2014年正式推出了一项以区块链为基础的数字货币项目，而在2016年苏格兰银行以区块链技术为基础进行了中央银行的数字货币研究。委内瑞拉于2019年2月正式推出了法定的数字货币。此后，瑞典、日本、加拿大、新加坡等中央银行和金融机构都在加速对这一领域的研究。

我国"十三五"规划明确了要在区块链技术领域加强战略布局，并在相关领域加大研发投入。中国人民银行推出了电子人民币，并在深圳、苏州、成都等地进行了试点，累计发放了1.5亿元的中国数字货币。以中央银行与各商业中央银行共同构成的双重经营投放系统，是我国数字货币发行体制改革的重要内容。目前，我国中央银行对数字货币的研究还没有明确规定，但将与区块链技术相结合。

（三）区块链技术下的数字货币形成机制

1. 数字货币的创造机制

数字货币创造机制的核心在于其价值创造机制，它必须赋予其合法的价值，才可以使其在市场上的流通更加顺畅。数字货币是以区块链技术为支撑的，它以分布式的账本结构、高保密性的签名技术、共识算法等为基础，形成了一种可以保证数字信息安全的信用体系。与现代货币类似，数字货币的产生也源自信用创造，其自身的价值与使用价值相比是微不足道的。以区块链为基础建立了数字货币，且以此为基础，各国中央银行的价值信用担保又赋予了数字货币强大的价值信用担保，使得持币者对其产生信任并广泛运用，而当数字货币在市场上广泛流通，需求不断增加时，央行便会将其作为货币的发行工具，这就是银行创造数字货币的过程。

从广义上讲，数字货币包括虚拟货币和电子货币。因此，从创造数字货币的机理来看，也包括两种不同的创新机制。由各个国家央行发行的数字货币包括我国中央银行发行的中国数字人民币，都属于银行创造机制。另外，也有一些是由企业发行的，比如比特币、以太坊等加密的电子货币。但是个人制造和发行的数字货币，无论是在效率或功能方面，都要逊色于各国中央银行所发行的数字货币，所以世界上大多数国家有建立数字货币的机制。数字货币的银行创新机制，是在现有的银行货币创新系统的基础上，通过引入电子计算机技术来加强对数字货币的发行和流通控制。就拿中国的数字人民币来说，它是由中央银行发行的，其发行机制与纸币基本一致，总体上与发行的纸币数量基本持平。数字货币的供求关系及其均衡状况，取决于中央银行的货币与金融政策。因此，创造数字货币的机制应当归入信用创造的范畴，而创造数字货币也必须在创造信用的过程中进行。

2. 数字货币的支付加密技术

安全与隐私权在数字货币的发展中起着举足轻重的作用，而区块链则是推动数据安全性与隐私权的关键技术，以其作为先锋的加密货币平台，使其在数字货币领域发生了革命性的变革。随着电子货币的整体价值不断提高，加密钱包的安全与隐私问题日益凸显。一旦密码被破解，将会对区块链的数据安全性造成极大的威胁，而且无法被篡改。例如，在2014年2月，全球最大的比特币交易平台 Mt. Gox 遭遇了持续的攻击，造成了大约4.7亿美元的损失，最终使 Mt. Gox 公司破产。日本最大的虚拟货币交易平台 Coincheck 在2018年遭遇了黑客袭击，造成了5.3亿美金的巨大损失，这是有史以来最大的一次虚拟货币索赔。对于区块链来说，最具威胁的就是51%的攻击，因为这种攻击的代价很高，所以它不会轻易被攻破，但也有可能被黑客利用，比如智能合约、数字钱包、人为的错误等漏洞。

研究学者将非对称加密算法应用到数字签名和认证等方面，将其分为大整数分解、离散对数和椭圆曲线三大类。当前，以区块链为基础的数字货币安全研究以椭圆曲线为主。戈德费德(Goldfeder)等提出一种解决方法，该算法利用椭圆曲线数字签名(Elliptic Curve Digital Signature Algorithm，ECDSA)，与比特币签署相适应的门限签署，从而为每一位参与者提供一种安全策略。鉴于游戏者的优先级/权重，迪克西特(Dikshit)等将一种或多种分享的钥匙按游戏者的优先级/权重分配给每一位游戏者。但是，这种机制存在着一个缺陷，即每个游戏者都要管理和处理大量的密钥。该方案提出了一种基于权值的 ECDSA 算法，使各参与者均能共享份额，从而达到权重的概念，实现高效的算法。物联网使所有的东西都能相互连接，从而确保资源的有效使用，同时也能节约大量的人力和时间，但它的数据存储，不同主体之间的协调性、安全性和私密性都是对物联网的重要挑战，尤其是在支付业务方面。为了降低交易风险，伦德奎斯特等人建议，以信任区为基础，设计一种可用于保护简单支付认证的安全区块链钱包。将区块链体系结构与加密算法有机结合起来，是保证数字货币安全性与隐私性的关键。

(四)数字货币在社会经济发展中的运用

1. 在央行支付系统中的运用

随着对数字货币的管制越来越严格，以中央银行为基础的数字货币发行已成为各国政府推进数字货币发展的重要手段。中央银行的付款系统采用区块链技术的业务，可以分为两大类：电子票据和跨境支付。然而在实践中却出现了系统效率低下、交易风险增加、监管困难等现实问题。以区块链技术为基础，改造中央银行现行的支付体系，必须从以下几个层面着手：一是创新区块链技术和相关技术，提高支付系统的吞吐量。与商业银行合作，建立二元支付系统，使数据库主链与侧链之间有效连接，可以极大地提高数据处理能力和业务效率，提高法定数字货币的发行量。二是要完善相关的监管体系，明确服务提供商与用户的职责，提高区块链的技术和管理水平，降低因其存在而带来的运营风险。三是要坚持风险防范的底线，从应用程序分级监控、区块链中介监测、终端用户监测三个方面建立起一套完整的金融风险监控体系，保障数字货币的安全。

2. 在商业银行支付中的运用

中央银行和商业银行共同努力建立起的二元支付制度，是目前我国推行法定货币制度的一种主要方式。受传统支付环境和技术因素的制约，目前我国商业银行的支付管理工作还存在以下问题：一是支付结算账户的监管相对滞后，审计制度不健全，以人工审核为主，存在明显的管理漏洞；二是对账手段、支付手段相对落后，对账单中的数据存在着对账单信息的偏差，甚至存在非法侵占等问题；三是从总体上看，我国商业银行的支付管理制度还不健全，在结算管理中有很大的漏洞，严重影响了银行的经营。建立以区块链技术为基础的法定数字货币系统，可以克服传统支付方式的缺陷，提高支付工作的效率，减少支付过程中可能出现的潜在风险，并改进对账方法和支付管理，使银行更好地为企业提供多样化的支付服务。而数字货币的使用则需要商业银行在技术上进行创新，提高员工的专业素质，这样才能发挥出数字货币的作用。

3. 在企业财务系统优化中的运用

企业的财务管理工作是企业经营控制中的一个软肋，特别是大公司的财务管理工作，更易受人为因素的干扰。因此，把区块链技术引入相应的财务管理，提高运用数字货币的能力，既可以解决目前存在的问题，又可以提高财务分析的工作效率，还可以提高财务分析的安全性，降低人为因素对财务管理的影响，从而使企业实现可持续发展。然而，数字货币还处在发展的初级阶段，目前在企业的财务管理中，主要还是采用分布式的区块链技术，离真正的数字货币还差得远。

4. 在数字金融体系构建中的运用

建立数字金融系统是发展数字货币的必然趋势，是解决目前金融企业弊端、促进企业金融发展的一条重要途径。一是建立法定的数字货币制度，使其与现有的金融系统相结合，从货币方面着手，重建金融生态。二是以区块链技术为基础，建立一种新的支付系统，提高金融系统的运行效率，减少国际结算系统中的信贷风险。然而，目前各国中央银行对数字货币的研究与运用程度存在差异，导致其发展中仍存在许多问题，难以完全替代传统的电子商务。三是将区块链技术运用到普惠金融、小规模金融领域，以更好地利用中小企业的财务数据，解决我国小企业在供给和需求方面存在不平衡的状况，弥补传统金融体系金融服务实体经济的短板。四是通过运用区块链技术，对风险识别、风险监控和风险控制等方面进行优化，从而提高银行的管理水平，保障整个金融系统的正常运转，并积极运用数字货币所带来的新的挑战，推动金融业健康发展。

5. 在数据资产交易方面的运用

随着大数据技术的飞速发展，数据和数据分析的价值不断提高。然而，数据资产与传统的交易系统之间的不协调，将会对数据资产的交易效率和安全产生明显的影响，从而制约其发展的速度和规模。以区块链技术为基础的数字货币交易，由于其自身的特点，可以在数据资产的交易中，将其与货币的转移整合到一个统一的区块链平台上，从而避免传统的交易方式的缺陷。目前，资料交易中心及市场的建设已逐步步入实质性发展阶段，对今后的数据产品交易、实体交易等领域将产生较大的推动作用。

二、数字货币的风险与监管

(一)数字货币的风险

在概念上，可以将数字货币视为一种狭义的电子货币。虽然电子货币和数字货币在法律地位和发行对象上存在着一定的区别，但是在流通、支付、储存等方面却有很多共同之处，这就使得电子货币的风险很有可能在数字货币上再次发生。

1. 货币政策调控的冲击影响

传统的货币政策工具有"三大法宝"，即公开市场操作、再贴现和法定准备金。数字货币的流动会引起货币供给和需求的变化，使流通速率加速、传导机制发生畸变，从而导致货币政策的工具调整也随之发生变化。首先，从开放市场的角度来看，由于数字货币的存在，央行将丧失其唯一的货币发行机构的地位，从而无法在公开市场上进行灵活的经营，削弱自身的控制能力。其次，传统的再贴现率对利率的调控效果是被动的，而在商业银行和其他金融机构自由发行的情况下，这种被动效应进一步扩大，再贴现的效果也随之减弱。最后，央行通过调整法定准备金来调整商业银行的储备金和货币创造乘数，但如果没有法定准备金，那么它就会代替一定的准备金，从而大大降低了储备金的效率。更值得注意的是，在经济全球化、金融一体化的背景下，电子商务的交易平台和网络金融市场的国际化，使得数字货币在全球范围内流动，其流通的速度更快。经济全球化是货币政策外溢的"温床"，对国家货币政策的独立性会产生一定的影响。而随着数字货币的出现，货币政策的"以邻为壑"效应也会在一定程度上被放大，从而使货币政策的独立性、资金的自由流通成为"三难"。

2. 数字货币发行和交易中的安全问题

数字货币的发行、流通和结算都是由计算机网络完成的，它的发展离不开网络安全和计算机技术。虽然目前的数字货币使用了严格的加密系统，但是仍有可能受到攻击，比如网络上的网络攻击和账号被窃取。另外，因为电子货币是储存在手机、电脑、电子钱包中的，一旦设备遗失或受损，就会有一定的安全隐患。

3. 数字货币参与者权益受损风险

一是目前对电子货币进行管制的法律法规还不够完善，监督力度还不够，存在着对数字货币缺乏监管的风险。二是没有专门的法规来规范数字货币的交易参与者的权利和义务，参与者的利益很难得到保护。三是数字货币具有大幅波动的特点和风险。过去作为价格尺度和交易手段的稀有金属、铸造货币、纸币等都得到了普遍的认同，其稳定的主权担保等特点，使其具有稳定性。然而，由于缺乏实际兑换价值、缺乏担保机构、社会和国家

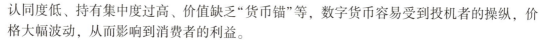

认同度低、持有集中度过高、价值缺乏"货币锚"等，数字货币容易受到投机者的操纵，价格大幅波动，从而影响到消费者的利益。

(二) 数字货币的监管

目前，数字货币发展迅速，但同时也存在诸多问题。为了保证货币市场的正常运作，把数字货币纳入金融监管范围是货币发展的必然趋势。要实现对数字货币的全面、有效监管，既要根据各国的基本国情、金融市场的发展、金融监管的现实情况，又要在全球范围内协同合作，实现全方位的监管。

1. 加强法律保护，完善监管制度

健全的法制和制度，可以使数字货币监管有法可依，使其更好地发挥其在金融体系中的优势地位，保持金融体系的稳定性，促进经济的可持续发展。政府要明确数字货币的定义，确定数字货币的法律地位，保证其在国家的"央行法"或"货币管理条例"中具有权威性。建立专门的监管机构和层次组织、引进先进的监管思想、健全监管机制、强化监管手段，强化对数字货币的监管，以保证我国金融系统的安全和稳定。为了保证监管的效果，防止监管出现"过度监管"和"监管真空"，必须制定相应的法律保护措施，以维护消费者的合法权益。

2. 提高技术标准，保障金融安全

数字货币本质上就是一个信息技术的进程。只有具备了完备的信息技术，才能使一个国家的金融体系更加稳固，从而为数字货币的流通提供安全的载体。首先，要对加密技术进行改进。结合区块链技术，结合各种加密算法，建立一套可以对持币者进行身份认证与保护的加密算法；要建立电子货币的"身份证"体系，并对其进行编码，防止其被盗用、再利用。其次，要注重会计技术的发展。将每一种电子货币的持有者和过去的付款情况进行详细记载，以根据这些数据来增强抵抗网络攻击的能力。此外，数字货币的支付也需要一定的媒介。移动电话是一种广泛的交易媒介，它在推动数字货币的发展中扮演着举足轻重的角色。所以，必须对移动支付系统的设计进行改进，以保证其可操作性、安全性和稳定性。

3. 确保货币当局地位，把握调控力度

中央银行在发行数字货币时所扮演的角色与作用不可撼动，在数字货币流通中，必须以政府的信誉为保障，掌握数字货币的控制力度，确保其法定货币的地位。一是保持国家对货币主权的控制，确保数字货币可以自由流通，并具有可控的能力。二是重新认识数字货币体系下的货币乘数理论及货币创造机制，积极调整或制定数字货币的存款准备金等各项货币调控制度，调控信贷规模，以确保货币政策调控的有效性。三是为数字货币确立"货币锚"，保证其价值的稳定性，使其具有一定的价值尺度作用。四是在维护个人隐私和维护社会秩序、打击违法犯罪之间保持一定的平衡，特别是在打击洗钱、恐怖主义等犯罪活动时要采取有力措施。

4. 建立国际合作关系，维护金融系统稳定

在经济全球化的环境下，各国政府在建立数字货币的本外币兑换机制、保障各国的数字货币主权的同时，需要防范数字货币体系下热钱的涌入，维持汇率的稳定性，加强对外来数字货币资金的管制和约束。当前，世界各国对数字货币的监管模式还处在起步阶段，

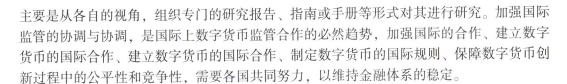

主要是从各自的视角，组织专门的研究报告、指南或手册等形式对其进行研究。加强国际监管的协调与协调，是国际上数字货币监管合作的必然趋势，加强国际的合作、建立数字货币的国际合作、建立数字货币的国际合作、制定数字货币的国际规则、保障数字货币创新过程中的公平性和竞争性，需要各国共同努力，以维持金融体系的稳定。

三、分布式记账的运用

（一）分布式记账的内涵

分布式记账方法是以区块链技术为基础，它具有非中心化、不可篡改、可追溯性等特性，是在信息大爆炸、高频率交易背景下，出现了的一种新的、点对点的分散式虚拟结算方法。它的本质是一个开放的或封闭的网络，通过对数据的记录和存储，形成一个统一的、由各个独立的结点构成的一致数据库，使得数据的同步更新。这种公开的、分散的、共用的总账，不但保留了传统会计的精华，还可以承接更加复杂的经济事务，简化了复式会计的操作。

（二）分布式记账的应用前景

安永公司于2019年上半年正式发布了安永区块链分析器和零知识证明隐私交易协议，首批只用于企业内部，公司审核小组能够从多个区块链账户中获取公司交易的全部数据。安永全球区块链技术创新的领导者保罗·布罗迪表明，安永公司将加强公共链的安全和可扩充性，并在此基础上提高其运营效率和盈利能力。以下为分布式记账的优势。

1. 减少信息不对称

基于协商一致的分布式会计可以有效地克服非对称的信息。分布式记账与传统的中央架构不同，它的各个信息传递节点都是分散的，从点到面再到三维，加速了数据的传递，为信息的共享打下了坚实的基础。

区块链技术可以说是一种全球性的网络数据库，利用其特有的加密货币提供一种用于点对点合同的分散式虚拟机，可以实现多终端的实时数据交换，查询会计数据更加快捷、准确，而且还可以随时使用，从而减少交易的滞后性。此外，减少非对称信息，可以减轻我国大多数中小企业的融资难度。中小企业融资难、融资贵的主要原因是信息不对称，而在区块链技术下分布式账簿打破了信息等级的界限，既解决了中小企业融资难的"病痛"，又能增强信息的跨阶级流动，间接缩小了贫富差距，减弱了"马太效应"。

2. 降低业务和监管费用

区块链作为一种新型的溯源防伪工具，其特点是不依靠任何机构或个人，可信技术将所有的信息以公共账本的形式公开，从而解决传统的溯源防伪"信任问题"，减少审计费用、社会监督的费用，同时还具有时间标记的作用，使得其无法被篡改，符合商品追溯防伪的数据记录需求。

3. 提高审计工作的有效性，拓宽审计的新途径

审计的真正目标是解决信用问题，而分布式会计的本质就是信用问题。基于区块链技术的分布式会计可以减少和优化对"信任"的审核工作，使得在单位时间内可以完成更多的交易，提高审核的效率。包括以下特征：首先，时间戳功能，可以确保不受人为的恶意篡改。其次，分散型网络模式，这种点对点运作机制使审计机构具有更大的独立

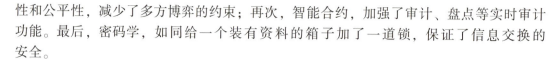

性和公平性，减少了多方博弈的约束；再次，智能合约，加强了审计、盘点等实时审计功能。最后，密码学，如同给一个装有资料的箱子加了一道锁，保证了信息交换的安全。

（三）分布式记账运用面临的问题与挑战

1. 研发和运维成本高

技术费用的构成包括技术创新与运营维护。一方面，研究阶段的不确定性很大，研究的时间也很长，研究人员将会不断地寻找新的技术。另一方面，由于分散式会计系统的维护费用，其运行成本也是一个迫切需要解决的问题，如数据存储容量和吞吐量。根据区块链技术的发展，从系统的需求出发，对数据结构、共识算法、分布式体系结构、业务过程进行优化，都会形成巨大的运行和维护费用，而在初期，这些开销是不容忽视的。

区块链是一种分布式数据库，也就是分布式共享总账，这种大规模的、全球性的数据系统一旦建成，就会遇到许多问题，增加了分布式记账的技术难度。比如，如何在让数据库在保存大量信息的同时，保持数据的完整性；当涉及数据的某些节点发生故障时，怎么保证信息的完整性和系统的运行；在法律上，新事物将会产生怎样的影响，该怎样阻止不法分子的恶意破坏等都具有一定的难度。

2. 监管成为难题

理论上，分布式记账系统是由全网中的所有人共同建立的，它本身就是一种可信赖的机制，但目前的技术水平还不能对其进行有效的监管和控制，因此需要通过相关的法规和政策加以规范。毫无疑问，最大的困难是技术问题，数量多且很难解决。严格的法律体系与技术的成熟程度有密切的联系，但是，管理者们可以利用加密技术，设计出不同的密码来实现密钥，从而达到当前信息安全的要求。

区块链包含公有链和私有链，私有链具有读取速度快、操作费用少等优点，但其潜在的危险在于"寻租"。公共链具有很难对其进行特定管制的特征。在中国乌镇召开的 2019 年世界区块链会议认为，未来会将联盟链作为发展的主流技术。公有链与联盟链的融合是未来发展的趋势，二者结合能够形成优势互补，实现信息的跨越。

四、区块链的发展趋势

区块链技术已成为世界各国关注的焦点。澳大利亚、韩国、德国、荷兰等国家都在大力发展区块链，并制定了整体的行业发展策略。美国、中国、英国、欧盟等国家和地区都非常重视区块链技术的研究和应用。2015 年美国通过了比特币交易所，2016 年，美国国土安全局向 6 家公司提供了支持，用于政府数据分析、连接设备和区块链的研发。中国、澳大利亚、法国、瑞士等国已经开始对区块链进行规范。区块链在各个领域的应用都在加速，包括贸易金融、供应链、社会服务、司法、税务、物流、医疗、农业、能源等。随着区块链技术在金融服务中的不断深入，将会产生新的金融形态与组织形态。

中国政府在推动区块链行业的迅速发展方面起到了积极的作用。《"十三五"国家信息化规划》将区块链列为国家重大技术领域，并提出要在新一代信息技术领域加大创新、试验和应用力度。各地政府纷纷推出区块链技术与产业发展的相关政策，以求抓住技术升级所带来的新机会。科技公司在区块链技术上进行了研究和开发，加速了对实体经济的赋能。目前，百度、阿里云、腾讯、京东、华为等企业纷纷发布了自己的区块链服务。

 **案例链接**

中国建设银行区块链再保理系统

在供应链金融中，企业的融资成本普遍比银行高，且具有优化其财务状况的动机。作为金融服务的最主要资金方，在面对利差收紧、竞争同质化、金融脱媒等挑战的时候，银行不得不考虑未来的发展方向。对银行而言，服务内容的创新和服务客体的扩展是两个基本方向。在银行不能真正参与供应链运作的情况下，只有寻找供应链上"核心企业"，才能为其提供符合其需要的金融服务。

中国建设银行区块链交易金融平台以云趣数科的银义链解决方案为基础，通过一个区块链的微型节点，与中企云链的云信平台进行有效的信任连接。银义链致力于为银行及其他相关资产提供方提供一站式的对接服务，实现资本与平台的直接连接，为供应商提供高效便捷的融资服务。这一次的银企互连创新在解决传统的供应链金融平台在与银行的对接过程中，需要根据不同银行的对接要求，定制接口，并利用区块链技术，构建弱中心化的信任联盟，实现交易真实、防篡改等目标。利用中企云链平台，为银行提供高质量的客户资源，丰富交易场景，降低银行在供应链融资过程中的成本。另外，云趣数科还将逐步整合云链平台的业务功能，让银行在微节点上直接进行业务。截止到 2020 年 3 月底，中国建设银行已经在银义链平台上开展了 8 项金融业务。

（案例来源：孙清. 2021 全球区块链创新应用示范案例集［EB/OL］.（2022–05–27）［2022–09–30］. https://www.doc88.com/p-51773932260758.html.）

思考题

1. 区块链交易平台的弱中心化特点提升了交易效率，但带来的风险有哪些？

2. "云信平台"可以为供应商链的核心企业提供哪些金融服务？

本章小结

1. 区块链，即一个又一个区块组成的链条。区块链技术发展快速，在技术框架的构建上有两方面的内容：系统框架与核心技术。根据区块链的发展脉络，可将区块链的发展阶段分为区块链 1.0、区块链 2.0 和区块链 3.0 时代。区块链技术主要特点有：去中心化、不可篡改、开放性、自治性和匿名性，其中，去中心化是区块链技术最大的优点和努力方向。随着区块链技术在金融领域的发展，中国政府提供了积极的政策导向，多个企业随之提供了区块链服务。

2. 数字货币是现代货币的电子货币形式，区块链是加密货币的基础和技术支撑，是推动数据安全性与隐私权的关键技术。数字货币运用于央行支付系统、商业银行支付、企业财务系统优化、数字金融体系构建、数据资产交易等方面，同时也伴随着风险的发生，主要体现在对货币政策调控的冲击、数字货币发行和交易中的安全性、数字货币参与者权益受损风险。数字货币的监管工作在以下方面可以深度推进：加强法律保护，提高技术标准，把握调控力度，建立国际合作关系。

3. 分布式记账的应用前景有：减少信息不对称，降低业务和监管费用，提高审计工作的有效性，拓宽审计的新途径。但其也面临着研发和运维成本高以及监管成为难题的挑战。

第九章 智能投顾概述及运用

素养目标

1. 勇于探究

智能投顾作为一项新的技术，因其基于人工智能、大数据、云计算等科学技术，极大推动了金融领域智能理财的发展，同时也说明了要想使得社会经济快速发展，必须有不畏困难、坚持不懈的探索精神，只有大胆尝试，积极寻求有效的问题解决方法，才能为智能投顾的长远发展奠定坚实的基础。

2. 信息意识

在智能投顾的过程中往往基于人工智能，利用云计算、大数据分析、量化金融模型以及智能化算法，对投资者风险承受能力、财务状况、预期收益目标以及投资风格偏好进行分析，需要投顾平台有较强的信息意识，自觉、有效地获取、评估、鉴别、使用信息，也引导学生在日常生活中具备这样的意识，才能更好地发展。

3. 健全人格

智能投顾作为一个新的产业，在资产投资管理的过程中无法避免投资失败，从而造成亏损的风险，这就需要投资者保持积极的投资心态，无论投资结果好坏都坦然接受并采取积极的应对措施。通过此章的学习，同学们也应认识到，无论在未来面对怎样的挫折，都应该保持积极乐观的心态，学会管理并调节自己的情绪。

案例导入

Betterment：通过自动化在线服务进行资产管理的投资理财公司

机器人投资顾问公司（Betterment）成立于2008年，是一家美国智能投顾公司，也是最早的智能投顾公司之一。截至2019年2月，Betterment的管理额达到160亿美元，管理账户超过21万个，排在全美智能投顾公司前列。从2010年到2014年，该行业以稳定的速度增长。2015年，当服务业开始爆炸式增长时，机器人管理的资产达到600亿美元；2018年，规模已经超过4 000亿美元。根据统计公司的预测，2021年美国智能投顾管理资产规模将达到5 095.55亿美元，年复合增长率29.3%。

Betterment通过投资管理团队和计算机算法管理投资。这样可以减少情绪对投资者行为的干扰，给投资者提供更高的收益。此外，Betterment 还可以根据不同客户的目标提供不同的投资策略。最重要的是，Betterment 的服务费用远低于传统投资顾问，对于 200 万美元以内的资产管理费率为 0.25%，超过 200 万美元的部分仅收取 0.15%。在优化投资方面，Betterment 可以完成传统投资顾问的很多功能，诸如分散化投资、组合再平衡、税收损失收割等。除此以外，Betterment 还提供人工财务规划功能、智能 β 策略、收入专注型组合等更多功能。近几年，由于不断有公司加入，智能投顾领域竞争激烈，Betterment 更是把目光放到高净值人群身上，增加了认证财务顾问，以吸引更多富有的用户。

（案例来源：陈波，戴鹳. 金融科技概论[M]. 北京：机械工业出版社，2020.）

思考题

1. 智能投顾的主要功能是什么？
2. 智能投顾可能带来的风险是什么？

第一节　智能投顾的概述

一、智能投顾的定义及优势

（一）智能投顾的定义

投顾，即投资顾问，指专门通过为想要理财的客户提供投资建议来获得薪酬的人士。投资顾问的主要作用是根据客户的理财目标、风险偏好、可配置资产，为客户提供符合其风险偏好和理财目标的资产配置建议。投资顾问的服务链主要包括以下几个环节：客户分析、资产配置、投资组合选择、交易执行以及投资组合再平衡。智能投顾（Robo-advisor），又称机器人投顾、机器人理财等，是一种运用云计算、大数据、量化金融模型和智能化算法等技术，结合现代投资组合理论对投资者风险承受能力、财务状况、预期收益目标和投资风格偏好等进行深度分析后，向投资者提供多元化、智能化和个性化的投资理财服务技术。智能投顾在传统投资顾问的基础上增加了互联网、大数据等智能技术，并完成一些投资顾问中涉及的金融知识和经验判断工作，目的在于为客户提供更精准、更个性化的投资组合理财建议。

（二）智能投顾的优势

作为一项新的技术，智能投顾相较于传统投资顾问具有成本低、门槛低、效率高以及避免利益冲突的优势。

1. 成本低

智能投顾平台的总成本比传统投资顾问低得多。传统投资顾问的管理费用普遍为 1%~2%，而智能投顾的管理费用普遍为 0.2%~0.5%。美国智能投顾公司曾经测算得出，如果使用管理费用为 0.25% 的智能系统，10 万美元的投资额仅收取 225 美元的年费，同等

条件下传统投资顾问则要收取高达 3 000 美元的年费，相比之下，智能投顾平台的成本更低。

2. 门槛低

智能投顾平台对用户的最低起投金额要求比传统投资顾问低得多。我国传统的专业投资顾问服务的资金门槛为 100 万人民币，私人银行理财服务的资金门槛更是高达 500 万 ~ 600 万元，使得家庭收入较低的人群无法得到较为专业的咨询服务。智能投顾对客户的最低投资额度要求较低，有利于实现财富管理从少量高净值客户向大量中产阶级人群下沉，从而拓展了咨询的适用层面，扩大了客户的数量。

3. 效率高

智能投顾运用了大数据与云计算等智能技术，使得咨询效率更高。近年来，互联网平台已经存储了海量数据，随着大数据、云计算、人工智能等技术的不断发展，智能投顾平台可以快速识别客户的风险偏好，通过对市场涨跌以及客户的收入水平等因素的进一步分析，制定出一个具有针对性以及专业性的投资方案。同时，智能投顾基于自动算法的线上服务，突破了传统的"一对一"模式，实现了"一对多"，明显提升了智能投顾的咨询效率。

4. 避免利益冲突

智能投顾在一定程度上避免了利益冲突。传统投资顾问主要以销售为导向，人工投顾向客户推销产品，并获得相应的绩效和提成，在为大众客户进行理财投资的过程中，容易产生利益冲突的问题。客户的理财收益除了与产品的收益有关，还与投资期限、流动性需求和投资费率等方面相关，而这些因素与人工投顾的薪酬考核并无太大关系，在营销过程中经常被忽略。智能投顾则会根据客户的情况和目标评定风险等级，再根据风险等级在组建的多个投资组合中选定合适的组合，并实时监控组合表现、适时调仓。在整个过程中，投资团队建议的投资方式可能会存在利益冲突问题，但配置过程基于算法，可以很好地解决利益冲突问题。此外，国外优秀的智能投顾会向客户披露产品池的建立方法和盈利模式，将选产品过程中出现利益冲突的可能性降至最低。

二、智能投顾的模型与发展

(一) 智能投顾的模型

根据智能投顾过程中的用户分析、资产配置、交易执行以及资产调仓可知，实现这些过程需要用户画像模型、资产配置模型、交易模型以及调仓模型。

1. 用户画像模型

用户画像又称用户角色，作为一种明确目标用户、联系用户诉求与设计方向的有效工具。智能投顾平台通过对客户进行问卷调查构建出客户的画像模型，结合客户的基本信息及各项数据综合，为客户提供个性化的资产配置服务，同时推荐较为专业的理财产品。典型用户画像模型框架如图 9.1 所示。

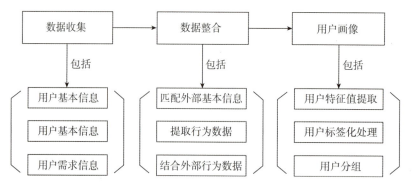

图 9.1　典型用户画像模型框架
(来源：陈波，戴巍. 金融科技概论[M]. 北京：机械工业出版社，2020.)

2. 资产配置模型

现代资产组合理论(Modern Portfolio Theory，MPT)，也有人将其称为现代证券投资组合理论、证券组合理论或投资分散理论。该理论认为，商业银行资产应在尽量多样化的前提下，根据其收益与风险等因素的不同，决定其资产持有形式，做最适宜的资产组合。现代资产组合理论最初是由美国经济学家哈里·马科维茨(Markowits)于 1952 年创立的，他认为，最佳投资组合应当是具有风险厌恶特征的投资者的无差异曲线和资产的有效边界线的切点。其核心是均值——方差模型，利用单个资产收益率的方差代表单个资产的风险，单个资产收益率的方差和与其他资产收益率的协方差代表资产组合的风险，资产组合的总收益率为各个资产预期收益的加权平均值。然后建立最小方差模型，以期望收益及其方差$(E，\sigma^2)$确定有效投资组合。图 9.2 中的曲线 abc 即为有效边界线。

资产组合总收益率的计算公式如下：

$$E(r_p) = \sum_{i=1}^{n} w_i r_i$$

最小方差公式如下：

$$\min\sigma^2(r_p) = \sum_{i=1}^{n} \sum_{j=1}^{n} w_i w_j \mathrm{cov}(r_i, r_j)$$

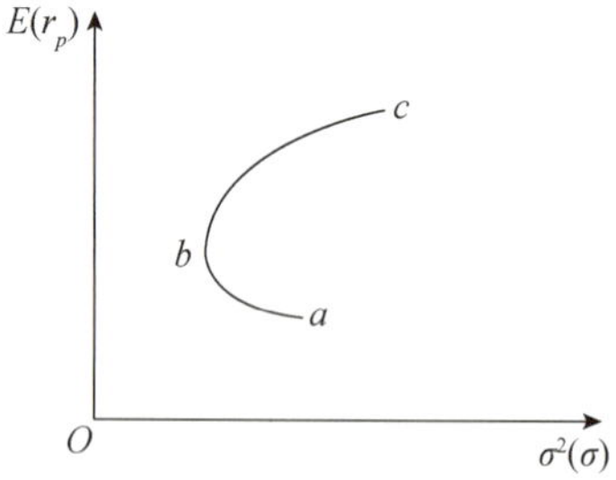

图 9.2　有效投资组合
(来源：陈波，戴巍. 金融科技概论[M]. 北京：机械工业出版社，2020.)

在最小方差公式中，r_p 表示投资组合收益；r_i、r_j 分别表示第 i、j 种资产的收益率；w_i、w_j 分别表示第 i、j 种资产在组合中的权重；$\sigma^2(r_p)$ 代表组合收益的方差，也即投资组合的总体风险；$\mathrm{cov}(r_i, r_j)$ 表示第 i、j 种资产之间的协方差。

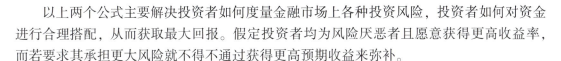

以上两个公式主要解决投资者如何度量金融市场上各种投资风险，投资者如何对资金进行合理搭配，从而获取最大回报。假定投资者均为风险厌恶者且愿意获得更高收益率，而若要求其承担更大风险就不得不通过获得更高预期收益来弥补。

3. 交易模型

智能投顾平台利用自有券商或者合作券商提供交易执行服务，根据投资资产及风险偏好等因素分析出符合客户意愿的个性化投资组合，再由系统生成相对应的资产买卖的交易类型。系统可以在用户授权后直接对接外部交易系统进行下单，也可以经用户确认后一键下单，无论采用哪种下单方式，在具体过程中系统都会运用各种算法进行智能优化。

4. 调仓模型

随着市场的变化，各类资产会根据外部环境的变化而产生相应的变化，此时基于算法的自动组合再平衡机制将会发生作用。例如，在投资者账户资金总额不变的前提下，自动卖出超配的资产，买入比例减少的资产。组合再平衡则会根据资产市值的变化，对偏离目标资产配置要求的资产投资进行动态管控，使得实际资产配置逐渐回归到目标资产配置的标准。通常，当特定资产类别在组合占比达到预设的最小值时，阈值控制策略便会被触发进行资产比例调整。出于阈值控制策略的需要，在组合监控与再平衡方面，智能投顾的投资组合会采取每日监控来及时对组合的风险暴露进行跟踪。

(二)智能投顾的发展

1. 发展历程

传统投顾阶段(20世纪末期前)：这一阶段主要是针对高净值客户开展一对一人工服务，对所投资产实行全方位管理，投顾机构借此获取顾问费、佣金与收益分成等收益。

在线投顾阶段(20世纪末至2015年)：此阶段主要是人工服务，投顾机构针对中等净值客户实施交易性投资组合管理与有限投资建议；互联网金融时代，客户可依据自己的需求寻找线上线下平台投资理财。

智能投顾阶段(2015年至今)：此阶段采用计算机程序，依据客户本身需求建立算法与产品相结合的数据模型来实现个性化理财建议。

2. 发展现状

中国的智能投顾始于2015年，初期仅有五家初创企业试图照搬美国智能投顾的商业模式。截至目前，有50多家理财机构提供智能投顾服务或在开发智能投顾产品。互联网公司在积极开拓金融服务市场的过程中，线上金融平台应运而生，与此同时，传统金融机构开始发布众多的智能投顾产品。总体上看，中国智能投顾行业处在初期阶段，整个产业市场规模比较有限，未来还有很大的成长空间。

3. 未来的发展方向

智能投顾的出现是金融科技快速发展的结果。智能投顾以传统资产定价模型为支撑，使传统金融得到了新的运用与发展。但智能投顾的本质在于其利用算法和技术手段实现金融产品的分散化长期投资，如何控制智能投顾未来的发展走向显得尤其重要。智能投顾凭借低成本、高效率及多元化场景和便捷化服务等优势成为资产管理业务开展的重要工具，而随着智能化程度越来越高、科技赋能程度越来越深，智能投顾必将以"人+机"的模式向投资者提供更多个性化投资理财服务并切实提升我国居民财富管理水平。与此同时，智能投顾市场还会形成少数几家大型综合性智能投顾平台、一大批差异化精品投顾平台和全智能投顾平台并存的局面。

三、智能投顾平台与业务流程

（一）智能投顾平台的类型

1. 独立建议型

独立建议型的智能投顾平台，即通过调查问卷的方式，在对用户的资产、投资期限和风险承受能力等方面进行分析后，为用户提供满足其风险要求和收益要求的不同组合金融产品。这类智能投顾平台只为理财用户提供建议，并代销其他机构的金融产品，平台自身不开发金融产品。平台推荐的金融产品大多数为货币基金、债权基金、股票基金和指数基金等，有些平台还配置有股票、期权、债券和黄金等。独立建议型流程如图9.3所示。

图9.3　独立建议型流程

2. 混合推荐型

混合推荐型的智能投顾平台在推荐金融产品时融入了平台自身特有的金融产品，即向用户推荐的投资组合中，部分产品是平台参与开发的。该类型平台仍然通过调查问卷的方式，对用户的资产、投资期限和风险承受能力等进行分析，在经过大量计算后为投资者推荐产品（可分为平台特有金融产品和其他机构金融产品两类）。例如，一些混合推荐型平台会为用户配置一些平台参与开发的票据理财产品与固收理财产品等。同时，平台还为用户配置其他机构的金融产品，来满足用户需求。混合推荐型流程如图9.4所示。

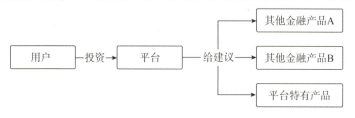

图9.4　混合推荐型流程

3. 一键理财型

一键理财型的智能投顾平台是用户不直接参与具体的金融产品配置方案的制定，用户只需要选择"智能投顾"这项业务，平台就会根据用户的需求和以往的行为数据自动配置产品。例如，有的平台会根据客户行为分析资金的转出概率，给每位客户配置流动性需求不同的资产组合，并设置不同的现金保留比例，最后通过机器高效匹配来实现客户间的资产转让，从而给客户较好的投资体验。一键理财型流程如图9.5所示。

图9.5　一键理财型流程

（二）智能投顾的业务流程

1. 客户画像

客户画像是智能投顾的第一个服务流程。投资顾问公司在为客户提供投资服务时，首先需要了解客户的投资需求、风险偏好以及其预期收益率。智能投顾已经将客户风险偏好评估作为其业务的一个重要研究方向，旨在通过建立动态的、覆盖多影响因子的评价模型来科学测量客户真实风险偏好。系统会通过问卷调查和数据采集分析等方式来调查分析客户的家庭情况、风险承受水平、收益要求和投资目标等信息，最终构建客户画像。

2. 资产配置

智能投顾的理论基础是马科维茨的现代投资组合理论，即认为在确定性投资收益的情况下存在最优投资组合。智能投顾基于现代投资组合理论，通过建立投资组合分散风险。根据构建好的客户画像，系统会为客户提供个性化的资产配置建议，包括在不同市场、不同资产上的配置以及相应的配置比例。客户可以完全按照建议进行投资，或者根据自身需求再做调整形成新的资产配置方案。

3. 客户资金托管

在完成相应的资产配置后，客户会最终确定需要投资的资金数额，与智能投顾给出的资产配置方案进行一一对应，相应的投资资金会被转入第三方进行托管，以便于下一步的交易执行。

4. 交易执行

目前市场上大多数智能投顾公司本质上都是同券商合作，为客户提供流畅的交易执行服务，同时进行金融工具创新。系统会根据客户选择的资产配置进行实际交易，一般会采取两种方式：一种是直接由系统代理客户进行资产买卖；另一种则是由系统间接提供建议，再由投资者自行交易。最后发出交易指令，进行资产买卖交易。

5. 投资组合再平衡

交易完成后，客户可以定期对交易的资产进行检测，智能投顾公司基于算法创建模型，通过自动化买卖资产，动态调整投资组合的资产配置比例，并根据客户投资偏好等变化来进行投资组合的平衡调整，使投资组合资产配置维持在稳定状态。

第二节　智能投顾的风险

一、智能投顾的风险与成因

（一）技术风险

智能投顾通过云计算与大数据等技术为客户提供个性化的投资组合与资产配置建议，同样也因其与互联网联系密切而面临与其他互联网理财平台同样的问题，即因互联网自身存在的不足而产生的技术风险。这类风险主要体现在两个方面：一方面是网络内部风险，即互联网自身存在的不足所引起的风险。如因编程错误或网络维护等问题造成的算法缺陷，使得智能投顾无法为客户提供专业化的服务。另一方面是网络外部风险，即因外来因素导致网络故障的风险，主要包括病毒入侵、黑客攻击、网络异常等。这类风险与网络内部风险的不同点是针对主体，网络内部风险只针对使用该平台的部分投资者，网络外部风险则针对使用该平台的全部投资者。

（二）市场风险

从本质上讲，任何一种新型产品和服务的出现都会面临市场风险，智能投顾也不例外。在国内现有的金融市场法律法规、监管政策以及投资者个性化的需求等因素的共同影响下，智能投顾面临如下的市场风险。一是产品结构相对简单。由于智能投顾在欧美等发达国家和地区的投资标的主要是交易型开放式指数基金（Exchange Traded Fund，ETF），而交易型开放式指数基金在我国金融市场所占份额甚小，这与欧美等发达国家和地区相比有很大不同。随着我国经济的发展和国民收入水平的提高，广大投资者有了更加强烈的投资意愿，他们想要更多的理财投资渠道。但实际上我国智能投顾投资标的范围相对较小，并且无法很好发挥组合投资以及分散投资风险的优势，因而不会引起投资者的强烈关注。二是避税需求相对较小。美国资本利得税相关政策使得人们对低成本的避税工具有较大的需求，且智能投顾可以通过税收损失收割规避投资者应缴纳的税收来降低纳税额，因此促进了智能投顾行业的快速发展。在我国，投资损失不能冲抵投资收益而无法实现避税，因而人们对运用智能投顾这类工具避税的需求较小，对智能投顾的偏好也相对较低。三是投资理念不一致。目前我国的投资者中散户居多且主要集中于短线操作，更加注重金融工具的短期投资收益，而不是长期持有的被动收益，因而大多数投资者对智能投顾持怀疑态度，其投资理念与智能投顾背道而驰。

（三）信用风险

金融市场中处处充满风险，智能投顾因其在利用算法与大数据生成投资组合的过程中无法保证数据透明化，极大降低了投资者对智能投顾平台的信任程度，使得智能投顾面临如下信用风险。一是智能投顾相比于传统的金融行业，虽然实现了便捷高效，但也缺少了人与人之间面对面的沟通交流，取而代之的是人与智能机器之间的接触，虚拟性大大增强。而在众多的投资者中，对智能投顾的算法及运作程序了解的人少之又少，更是降低了投资者对智能投顾平台的信任度。二是在传统的金融服务行业中，当投资者的投资出现非

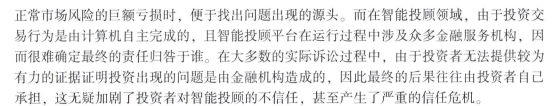

正常市场风险的巨额亏损时，便于找出问题出现的源头。而在智能投顾领域，由于投资交易行为是由计算机自主完成的，且智能投顾平台在运行过程中涉及众多金融服务机构，因而很难确定最终的责任归咎于谁。在大多数的实际诉讼过程中，由于投资者无法提供较为有力的证据证明投资出现的问题是由金融机构造成的，因此最终的后果往往由投资者自己承担，这无疑加剧了投资者对智能投顾的不信任，甚至产生了严重的信任危机。

(四)操作风险

智能投顾在利用互联网给投资者带来高效、便利的服务同时，也因其运作的专业性和复杂性而产生如下操作风险。一是由于智能投顾平台营运者故意或者过失导致的操作风险。这类风险多是由于智能投顾本身算法及程序存在缺陷，智能投顾平台运营者无法按照既定的算法为客户进行服务，从而产生一系列的错误操作。但如果错误操作是运营者故意导致，则涉及平台违背信义义务，应承担相应的民事赔偿责任。二是由于投资者疏忽导致的操作风险。多数投资者此前并没有使用过智能投顾此类平台，再加上此类平台只需线上简单操作即可完成投资交易，部分投资者由于法律意识淡薄，没有仔细阅读相关声明和注意事项而直接进行相关交易，这极易导致错误和无效操作，从而带来一系列操作风险。

(五)法律风险

智能投顾作为一种新兴产物，在法律上并没有清晰明确的定义，也没有较为清晰的法律法规对其进行规范和调整，因此面临较大的法律合规风险。智能投顾在运行过程中存在的法律风险主要体现在两个方面：一是智能投顾在发展过程中缺乏专门的法律约束和专门机构的监管。对于智能投顾的发展应用，我国虽有相关的法律法规及其他规范性文件进行简单的规定，但大多数规定较为零散，分散于法律及其他各个规范性文件中，且这些规定较为笼统，缺乏可实际操作性。没有一部可以明确依据的法律法规，使智能投顾的发展无法得到法律规范，也使相关人员在对智能投顾平台进行监管时难以做到有法可依。长期如此，必将导致智能投顾行业的无序发展，甚至威胁我国的金融安全与秩序。二是智能投顾行业市场准入制度模糊，市场准入标准不明确。市场准入是指国家机关依照法律法规对申请人是否具有市场主体资格和相应能力从事经营活动进行审查核准，对符合条件的申请人与具体的经营范围和事项给予批准和许可。金融业市场准入制度是金融监管的重要环节，其意义毋庸置疑。但对于智能投顾行业的市场准入，法律上没有明确的相关规定。智能投顾平台是否需要向监管部门以及需要向哪个监管部门申请牌照、申请什么类型的牌照等事项都没有相关政策的明确规定，这无疑对金融行业现有的市场准入制度造成很大影响。

二、智能投顾的风险防范

(一)提升信息技术手段

智能投顾平台依托于互联网发展对投资者进行资金咨询管理服务，应当提升网络信息安全的技术。一是网络内部风险，要加强科技人员对算法要求的精准度，确保投资者在使用智能投顾平台时可获得个性又专业的投资理财服务。二是网络外部风险，应加强网络整体安全的技术，避免受到外来恶意攻击网络造成信息泄露以及网络瘫痪等问题的干扰，降低给投资者带来的损失。

（二）健全行业市场体系

智能投顾平台在我国无法满足大多数投资者的需求，应健全智能投顾市场的行业链，尽可能多地为投资者带去便利。随着互联网发展应运而生的智能投顾在我国仍处于发展的初级阶段，行业完整的体系尚未形成，投资产品较为单一，应当加强我国智能投顾的施行模式，以此来满足更多投资者的需要，推动智能投顾行业的整体发展。

（三）实现操作中的透明化

规范智能投顾的操作行为，提高智能产品背后的内在原理、采用的模型或算法等信息的透明度。随着智能投顾平台的竞争愈来愈激烈，美国已经出现通过降低投资者门槛、降低手续费或过度夸大智能投顾的收益率等方式来招揽新客户的营业行为。我国目前存在智能投顾概念炒作、平台发展鱼龙混杂、缺乏行业标准和监管指引等现象，导致智能投顾行业缺乏较好的发展方向。因此，应该严格规范智能投顾的营业行为，提高产品信息的透明度。

（四）增强操作谨慎意识

在智能投顾平台运行时，无论是运营者还是投资者都应该增强操作谨慎意识。一是运营者应当加强对投资者负责的责任感，针对平台操作的每一步都应该认真仔细，以防止操作失误带来的风险。二时投资者在操作时应当谨慎小心，可通过平台的多次提醒界面以减少投资者的操作失误。

（五）完善行业法律法规

在相关法律规定中应明确智能投顾市场的准入制度，具体包括智能投顾平台成立需要向哪些机构申请牌照、应该申请哪种类型的牌照以及需要办理怎样的手续等内容。对于市场的准入标准也应该有具体明确的要求，重点在于对智能投顾平台的专业性进行审查，确保智能投顾算法系统专业合理且为客户利益服务的目标唯一性。只有明确科学合理的市场准入制度，才能使智能投顾行业健康发展。在资管新规的实施细则层面，规定智能投顾服务提供者应根据其具体的业务类型和需要，取得相关的业务牌照。在投资咨询和资产管理业务的具体牌照设定上，有新设牌照和沿用现有牌照两种做法。国际实践多采取沿用原有牌照的做法，但基于我国现有的投资咨询牌照和资产管理牌照处于证券、银行、保险等多个监管体系中这一现状，有些牌照存在实质停发的问题。因而，建议设立两种智能投顾的牌照，即智能投顾咨询建议和智能投顾资产管理，两者分属于现有的证券投资咨询和资产管理大类别中的子类别，由机构按照是否涉及自动投资组合管理服务而选择申请。

三、智能投顾的运用及发展前景

从业务角度看，国内智能投顾产品主要应用于基金投资，通过配置不同种类的基金，实现客户股票、债券、大宗商品等各大类资产的配置。智能投顾目前在我国多为主动性资产管理，客户将自身资产委托给智能投顾运营商，由其利用智能算法完成全流程的资产管理，所以智能投顾在业务和功能上是复合的，其主要业务为资产管理业务，辅助业务为投资顾问。进一步进行智能投顾的设计，应厘清我国的投资环境与投资者的需求之间的关系，确定智能投顾未来的目标定位以及服务定位，厘清风险与收益之间的关系、委托与建议的关系，积极采用其他新型数字技术进行优势补劣，进而推动智能投顾行业的长远发展。

 案例链接

招商银行"摩羯智投"

2016年12月6日，招商银行推出"摩羯智投"智能投顾服务，该功能嵌套于招商银行APP中，是国内商业银行最早尝试智能基金投顾的系统。招商银行有着多年的财富管理及基金研究经验，基于丰富的经验，同时利用机器算法构建以公募基金为基础、涉及全球资产范围进行配置的基金组合销售服务。"人机结合"是"摩羯智投"的主要特点之一，不仅利用机器学习算法对用户的产品及风险偏好、交易行为及个人信息进行分析，还会有传统银行业富有经验的投资顾问为客户提供人工服务，以制定更人性化的投资服务。"摩羯智投"的优势在于：第一，能够支持客户多样化的专属理财规划，客户可以根据资金的使用周期安排，设置不同的收益目标和风险要求；第二，每个客户都可拥有多个独立的专属组合，帮助其实现购车、买房、子女教育等丰富多彩的人生规划；第三，不同于保本保收益的理财产品，"摩羯智投"以不偏离客户专属的"目标——风险"计划为己任，从而做到真正专业的财富管理。自2022年7月1日起，招商银行的"摩羯智投"业务将停止购买、调仓、投资陪伴等服务，在招行"摩羯智投"发布的《感谢信任，一路相伴致摩羯智投持有人》的一封信中，摩羯主理人团队表示："目前，为了配合监管要求，我们将暂停'摩羯智投'的购买功能，原持仓客户的赎回和调仓交易不受影响，您可继续放心持有。"智能投顾下线的主要原因在于相关机构缺少法定牌照，面临较大的法律风险。在之后，如果银行能够加快智能投顾牌照的申请，有牌照的机构在明晰监管规则后，亦有可能重新上线智能投顾产品。

（案例来源：冯樱子. 招行"摩羯智投"、工行"AI投"将停止服务，银行系智能投顾停摆［EB/OL］.（2022－6－29）［2022－9－30］. https://finance. sina. com. cn/roll/2022-06-29/doc-imizmscu9265800. shtml.）

思考题

1. "摩羯智投"暂停的原因是什么？

2. 招商银行"摩羯智投"暂停服务这一情况对其他金融机构带来了哪些监管方面的启发？

3. 除了投资顾问，金融科技创新还能应用在哪些方面？

✐ **本章小结**

1. 智能投顾是结合现代投资组合理论对投资者多项信息进行深度分析后，提供多元化、智能化和个性化投资理财服务的技术。其优势在于成本低、门槛低、效率高、避免利益冲突。智能投顾的模型包括用户画像模型、资产配置模型、交易模型以及调仓模型。目前发展正处在初期阶段，未来还有很大的成长空间。

2. 智能投顾的发展阶段有传统投顾阶段、在线投顾阶段、智能投顾阶段。智能投顾平台的类型分为独立建议型、混合推荐型、一键理财型；不同的平台类型，业务流程也不相同。智能投顾业务流程包括客户画像、资产配置、客户资金托管、交易执行、投资组合再平衡。

3. 智能投顾在应用过程中也存在风险，主要包括技术风险、市场风险、信用风险、操作风险、法律风险。针对风险防范的手段有提升信息技术手段、健全行业市场体系、实现操作中的透明化、增强操作谨慎意识、完善行业法律法规。

第十章 智能风控概述及运用

素养目标

1. 乐学善学

风控技术在金融领域是必不可少的一个环节。智能风控在传统的风控技术基础上，增加了互联网、大数据及云计算等智能技术，使得风险控制的准确率大大提高。正是不断对技术的学习与改进，使得风控行业有了新的发展方向。通过本章的学习，学生应养成良好的学习习惯，培养浓厚的学习氛围，掌握适合自身的学习方法。

2. 自我管理

智能风控在金融领域实现了贷前、贷中、贷后全链条自动化的风险差异化管理，使得投资者在投资过程中可以通过对风险的管理有效地避免可能发生的风险，正确认识并防范风险。通过本章的学习，学生应该依据自身个性和潜质选择适合的发展方向，学会对自己有效管理。

3. 技术运用

智能风控强调用金融科技手段来降低风险管理成本、提升用户体验度并利用数据驱动风控能效技术推动风控行业的发展，不仅是风控行业技术的改变，也是技术与人类文明有机联系的集中体现。同时引导学生学会用技术改变生活，努力将创意和方案转化为现实，实现对现有技术的改进与优化。

案例导入

宠物 AI 识别打造宠物保险智能风控新模式

由于宠物个体难识别、医疗数据不全等，宠物保险难保、过度医疗、带病投保等现象时有发生，这导致保险公司对宠物保险保障疾病、赔付金额等方面严格限制，大大降低了养宠人士的购买意愿。悦保基于对保险业务的深刻洞察，创新集成计算机视觉、RPA 等人工智能领域前沿技术，推出宠物数字保险 AI 身份认证解决方案。基于宠物识别技术，通过面部和鼻纹生物特征算法为宠物创建宠物数字身份档案，可运用于宠物险投保、理赔信息的智能采集以及宠物身份的 AI 比对，在创造了新的宠物险产品形态的同时，极大简化了投保理赔流程，并提升了整体风控能力，有助于宠物保险的市场推广和普及。悦保 AI 宠物识别是基于机器视觉和生物算法进行宠物鉴别的技术。基于悦保独创的 PetVision 算法，通过深度学习分析模型对宠物面部或者鼻纹多重体征进行深度提取分析，实现对宠物个体的相似度对比与身份核验等功能，可为宠物保险提供宠物身份建档与核验、智能理赔风控解决方案，赋能行业数智化升级，开创宠物数字保险新格局。

案例来源：悦保科技. 案例分析｜宠物 AI 识别打造宠物保险智能风控新模式［EB/OL］. （2022－06－16）［2022－09－20］. https://m. sohu. com/a/557682888_100181867?_trans_= 010004_pcwzy.

思考题

1. 智能风控在未来还可以应用于哪些领域？

2. 智能风控的特点有哪些？智能风控还可以用到哪些算法？

3. 智能风控还有哪些影响指标可以借鉴？

第一节　智能风控的概述

一、智能风控的定义

智能风控是指借助人工智能、大数据、云计算和物联网等技术加强金融领域风险管控。智能风控在金融领域的应用可以保障金融机构业务的高效性和安全性，在有效降低风险事件发生概率和出现较大损失的前提下，扩展风控业务的覆盖人群，降低风控成本，实现贷前、贷中、贷后全链条自动化的同时，促进风控管理差异化和信贷业务人情化。对于金融机构而言，智能风控并没有改变底层的业务逻辑，与传统金融的风控模式、建模方法和原理没有本质上的区别，只是由于大数据的引入，风控平台能够获得更多外部数据，如客户行为、电商消费、运营商数据以及购物习惯等。虽然这些数据与客户违约本质上没有必然联系，但增加了风险因子与变量，可以从多角度刻画客户风险视图，从而提升风险定价、违约计算的效果。

二、智能风控的可行性及优势

(一)智能风控的可行性

1. 政策支持

自 2017 年起，政府针对消费金融领域的专项整治活动及监管政策出台，旨在加强金融风控能力。有相关政策指出，应加强信用风险管控，维护资产质量总体稳定，提升流动性风险管控能力，统筹推进金融统计、征信、反洗钱、国库等全国性公共金融信息基础设施建设，加强金融科技和监管科技的研究与应用，规范并普及互联网金融相关技术的运用。运用互联网、大数据、云计算等金融科技手段，发展数字普惠金融，突出抓好普惠金融体系、风险防范和监督体系，加强金融风险防范。

2. 市场需求

在社会科技飞速发展的当下，更快更好地实现风险管控是我国金融市场发展的必然要求。传统风控主要依靠人工进行身份信息的匹配与查验，风控效果亟待提升。在金融科技的助力下，部分企业利用多维度数据及 AI 风控模型实现智能风控的应用，帮助机构精准排查潜在风险用户，满足了绝大多数金融机构的需求。

(二)智能风控的优势

智能风控整合了原本分散在贷前、贷中、贷后三个环节的传统风控模型，提供了贯穿贷前授信审批与风险定价、贷中反欺诈与用户识别认证及贷后管理与逾期催收等业务全流程的风控模式。相较于传统风控，具有预测结果更精准、效率更高且能够提供精益风险管理等优点。

1. 结果更精准

智能风控系统基于大数据的运用能够获取更多维度的外部数据，以此来提升预测结果的精准度。传统风控主要使用结构化的用户基础信息，如人口属性、人口资质、资产信息和征信数据等，利用评分卡模型和规则引擎等进行风险评分，接着由人工面审、电话审核等辅助做出最终判断。而智能风控则是在传统风控的基础之上，使用更为全面的结构化数据，同时加入用户行为、电商消费、社交信息和地理位置等非结构化数据，无须人工审核，由算法自动进行风险判断、规避与预警，大大提升了预测结果的准确度。

2. 效率更高

智能风控相较于传统风控极大地提升了风险管控的效率。一方面，智能风控系统突破了传统风控在数据处理方面的局限性，利用算法可以高效处理海量数据。若依靠传统风控模型辅以人工审核，则会相当耗时耗力。另一方面，智能风控通过自动化大大提升了审核的速度，由算法智能识别业务场景、判断风险类型、快速匹配和推送风控策略，极大缩短了风控流程所需的时间。

3. 精益风险管理

智能风控改变了过去以满足监管检查为导向的风险管理模式，旨在以精准度更高、风险成本更低的模式进行管控。智能风控强调用金融科技手段来降低风险管理成本、提升用户体验并利用数据驱动风控能效，实质上代表了一种精益风险的管理思维，是互联网和大数据时代风险管理实务的变革与创新。

第二节　智能风控的技术框架

与传统风控类似，智能风控通过直接或间接获取用户的数据来进行用户身份的识别，进而建立模型刻画出用户的专属画像，在此基础上进行针对性的风险定价，决定是否授信以及确定具体的额度和利率，最后根据结果迭代模型，如图 10.1 所示。

图 10.1　智能风控技术框架

一、数据采集

数据采集包括用户申请时提交的数据信息、用户在使用过程中产生的数据、用户在平台上积累的交易数据以及第三方数据。一是用户申请时提交的数据信息，此类数据通常为用户的个人基本信息，包括性别、年龄、籍贯、收入、家庭结构关系等。这些基本信息可以帮助金融机构更加清楚了解到用户的基本情况，以便于核实用户的身份。二是用户在使用过程中产生的数据，包括在平台进行操作时授权的设备信息、设备定位、资料填写等。三是用户在平台上积累的交易数据，在放贷机构的系统运营一段时间后会积累大量的用户借贷数据，这类数据可以帮助模型进行多次测试改进，从而提高模型在判断信用风险时的精确度。四是第三方数据，包括来自银行和征信机构的数据、用户在互联网应用中留存的数据。其中来自商业银行和中央银行征信系统的数据是传统风控常用的数据，而智能风控还包含了用户网络社交的数据、交易数据及移动设备端的使用数据。第三方数据可以从多个角度反映用户的特征，使得用户画像更为具体，利用这些数据信息进行建模，也可以找出不同特征下信用风险之间的相关与差异。

二、行为建模

行为建模又称数据建模，是指选择适宜该执行任务的最佳模型，运用模型去挖掘数据中潜在的规则，以预测事件发生的概率。在信贷风控的不同环节中，根据执行任务的不同，其适用的最佳模型也不同。贷前的信用审核通常利用逻辑回归建立评分卡或决策树，从而计算得出申请人可能违约的风险概率，根据评分的高低来制定不同的授信规则和催收策略。贷中反欺诈则常用社会关系网络模型，通过梳理每笔案件之间的关系，判断新案件为欺诈申请的可能性。贷后管理同样使用行为评分卡来进行额度调整和用户风险分池管理等。

三、用户画像

在完成行为建模后，需要利用整理收集到的数据来进行用户画像。由数据分析人员识别与业务场景强相关的字段，随后对数据进行分类和标签化，每一个分类的标签都代表着金融企业观察和描述用户的一个角度，所有标签的集合便是用户画像，最后由算法进行特征识别。在信贷风控中构建用户画像是为了识别潜在风险因素，通过理解用户行为特征并进行关联规则分析，从而预测违约概率，最后对不同类别的用户采用不同的风控规则。表10.1 列举了一些典型的用户特征标签。

表 10.1 用户特征标签

基础信息	性别	男性	欺诈风险信息	手机使用年限	1 年以内
		女性			1~3 年
	学历	本科以下			3 年以上
		本科		手机使用频率	低
		硕士			中
		博士			高
	户口类型	城镇	网购信息	月消费等级	5 000 元以下
		农村			5 000~10 000 元
	年收入	10 万元以下			10 000~50 000 元
		10 万~20 万元			50 000 元以上
		20 万~50 万元		消费偏好	食品类
		50 万~100 万元			护肤类
		100 万元以上			电子产品类
信贷信息	信贷状况	有贷款			图书音像类
		无贷款			服装类

（来源：陈波，戴韡. 金融科技概论[M]. 北京：机械工业出版社，2020.10）

四、风险定价

风险定价是银行采用精密的信用评估程序，更有效地就贷款进行风险评估，即素质好的客户能以更优惠的利率借款。随着银行就贷款进行更有效的风险定价，不仅依赖于诸如房地产等抵押物，中小企业将更容易获取贷款。由于不同用户的还款能力和还款意愿各不相同，放贷机构为了在控制风险的同时达到利润最大化，需要对不同的用户进行个性化的风险评估，为不同用户提供不同的贷款利率、贷款额度、还款期限及还款方式等。还款能力较强、信用记录良好的优质用户，愿意为其提供贷款的机构往往较多，为了防止客源流失，放贷机构会为其提供更低的利率、更高的额度、更宽松的还款期限以及更灵活的还款方式。而对于还款能力较弱、信用记录较差的次级用户，因为他们有着更高的逾期违约概率及更少的贷款提供方，往往会被加以更高的利率、更低的额度及更苛刻的还款方式来降低贷款人所面临的违约损失。

第三节 第三方征信平台

社会信用体系是市场经济发展的必然产物。经过上百年的市场经济发展，发达国家形成了相对比较完善的社会信用体系。但是，由于各国经济、文化、历史不同，不同国家形成了不同的社会信用体系模式。我国的征信体系建设来源于信贷征信，个人征信体系也伴随着信贷规模的增长开始逐步建立。目前已经形成以中国人民银行的公共信息征集系统为主、市场化征信机构为辅的多元化格局。截至 2020 年 12 月底，征信系统共收录 11 亿自然人、6 092.3 万户企业及其他组织，其中，收录小微企业 3 656.1 万户、个体工商户 1 167 万户。2020 年 5 月，二代征信系统正式上线运营，全面提升了数据采集能力、产品服务能力、系统运行性能和安全管理水平，目前已推出互联网查询、银行 APP 查询等多种查询方式。然而，仍有大量自然人和企业没有任何征信信息。征信信息的缺失成为中国信贷发展的短板，信息风险也随之而来。以央行征信为代表，传统征信机构主要通过采集、加工和使用线下渠道数据进行信息共享，以便授信机构掌握贷款申请人的历史贷款申请、批准、使用和归还情况。随着大数据的发展，一批第三方征信大数据平台涌现，它们提供征信数据所包含的领域和来源更广，大量个人征信数据可被采集，与传统个人征信数据互补，有效提升了数据的多元性和可获性，满足了网络借贷的个人征信需求。

芝麻信用是蚂蚁金服旗下独立的第三方征信机构，它通过云计算和机器学习等技术客观呈现个人的信用状况，已经在信用卡、消费金融、融资租赁、酒店、租房、出行、婚恋、分类信息、学生服务和公共事业服务等上百个场景为用户、商户提供信用服务。本节将以蚂蚁金服的芝麻信用为例说明第三方征信平台的运行逻辑。

一、数据来源

按照数据收集的来源划分，芝麻信用有三类数据来源，分别是阿里巴巴内部数据、外部数据以及用户提交的数据。

(一) 阿里巴巴内部数据

芝麻信用作为蚂蚁金服旗下业务板块，其主要的数据来源于阿里巴巴内部数据，其中最主要的，一个是阿里巴巴的电商数据，包括阿里巴巴访客数、支付转化率、淘宝天猫的购物数据、收货地址等，另一个是蚂蚁金服的互联网数据，包含花呗、借呗的借款额度、还款数据和还款时间，水电煤气缴费记录以及支付宝好友状况等。

(二) 外部数据

外部数据是指来自政府单位以及众多合作公共机构、合作伙伴的数据，具体包括个人身份认证信息、学籍学历、工商信息、社保公积金、税收记录、法院裁决信息、银行内部数据(如客户信用卡、存款、理财、网银、个贷、小企业贷等)、专业市场数据库、社区居民数据库、各商会和产业链数据库等。

(三) 用户提交的数据

用户提交的数据是指用户在使用芝麻信用的过程中，申请注册一个属于自己的客户端时，填写的姓名、年龄、性别、学历、收入等个人基本信息。还包括通过芝麻信用分享受各项服务时所提交的，如家庭状况、社会关系、个人财产等个人信息。这些都会作为芝麻信用对客户评判信用等级的可用数据。

二、数据类型

芝麻信用是蚂蚁金服独立的信用评估及信用管理机构，旗下的天猫、淘宝拥有大量的电商交易数据。芝麻信用分承载了客户的购买行为习惯及经济实力，其运用大数据及云计算技术客观呈现个人的信用状况，是蚂蚁金服体系的基础设施。评估芝麻信用分的五个维度是信用体系的一大创新，即守约记录、行为积累、身份证明、资产证明及人脉关系。五大维度很好地体现了客户的购买行为习惯及经济实力，而海量的数据、迭代的算法、丰富的应用场景是芝麻信用的核心竞争力。芝麻信用评分维度如图 10.2 所示。

图 10.2 芝麻信用评分维度

(来源：酢浆草. 芝麻信用有啥用[EB/OL]. [2022-9-12]. http://xhslink.com/R2emUi)

(一)守约记录

守约记录是指用户在商业场景中的履约数据和法院提供的强制执行记录数据，是芝麻信用分评估中最重要的维度。该维度的评估包括花呗、借呗、备用金等金融产品的还款信用，免押骑行、免押租车等日常生活行为。

(二)行为积累

行为积累是指在移动支付、购物、生活缴费、信用卡还款、公益等场景的汇总数据。该维度对守约记录较少的用户的芝麻分评估较为重要，能够从侧面反映个人信用意识和信用能力。

(三)身份证明

身份证明是指能验证身份和工作状态的数据，还包括芝麻账户开通时长信息。该维度是芝麻分的基础维度。完善的身份信息包含年龄、性别、学历、工作单位、户籍等，有助于提升芝麻信用分评估的准确度。

(四)资产证明

资产证明是指在支付宝内的资产数据以及自主提交的资产相关数据，包括房产、车产等信息。该维度对守约记录以及行为积累较少的用户的芝麻信用分评估较为重要。

(五)人脉关系

授权的好友关系数据、好友的身份特征以及跟好友互动程度，都可作为评估人脉关系维度分数的标准。该维度主要用于芝麻账户开通时间较短的用户的分数评估。

三、数据识别

芝麻信用基于阿里巴巴的电商交易数据和蚂蚁金服的互联网金融数据，并与公安网等公共机构以及合作伙伴建立数据合作。与传统征信数据不同，芝麻信用数据涵盖了信用卡还款、网购、转账、理财、水电煤缴费、租房信息、住址搬迁历史、社交关系等。通过分析大量的网络交易及行为数据，对用户进行信用评估，这些信用评估可以帮助互联网金融企业对用户的还款意愿及还款能力得出结论，继而为用户提供快速授信及现金分期服务。本质上来说，"芝麻信用"是一套征信系统，该系统不光会收集来自政府、金融系统的数据，还会充分分析用户在淘宝、支付宝等平台的行为记录。

四、应用场景

芝麻信用目前主要应用于金融场景和生活场景，具体是依据用户芝麻信用分的等级高低。芝麻分越高代表用户的信用状况越好，其享受到的服务也会越好。

1. 金融场景

以人们的日常生活为背景，将所有可能出现的财务需求，如存款、贷款、汇款以及第三方支付等相关的金融产品延伸到服务中，就衍生出场景金融化，如芝麻信用。

针对芝麻信用分，蚂蚁金服推出了三款产品：花呗、借呗和好期贷。花呗是一款"赊账消费"工具，消费者在线上购物时可以预支花呗的额度进行付款，在确认收货后的下个月固定日期进行还款，免息期最长可达 41 天。除此之外，花呗还推出了分期功能。借呗是一款信用借款产品，用户可随借随还，实施放款，最高额度 30 万元。芝麻分在 600 分以上的用户会被邀请开通。用户首先需要授权借呗获得自己的芝麻分数据，借呗在 24 小时内审核后决定是否授信并确定授信额度。借呗最长借款期限为 12 个月，日利率为 0.045%。好期贷是招联金融与蚂蚁金融合作推出的产品，需要人工审核。好期贷的额度最高为 20 万元，贷款期限分为 3 个月、6 个月和 12 个月，可随时还款，好期贷的年贷款利率为 17.8%。按月计息，还款当月按日计息，还款方式为等额本息。

此外，芝麻信用也已开始与其他金融机构合作，把芝麻分作为放贷的依据，这不仅降低了金融机构的贷款风险，还可以简化贷款流程，加快放款速度。然而，由于 2018 年 P2P 平台现金贷业务乱象丛生，爆雷事件频频发生，芝麻信用开始排查非持牌信贷机构，对于不具有开展相应业务资质的企业，芝麻信用将停止与其的合作。

2. 生活场景

衣食住行组成了人们的日常生活的主体，第三方征信也运用于生活中的方方面面。芝麻信用在生活场景的应用主要集中于共享租借、出行、租房和预订酒店等领域，它可为达到一定信用分数的用户提供免担保信用服务。

芝麻信用达到 600 分便可享受神州租车提供的免租金租车服务，无须交押金还能先用车后付款；达到 650 分的用户无须交押金或刷预授权，就可以在全国 700 多家神州租车直营门店预订押金在 5 000 元以下的短租自驾产品。随后，一嗨租车与芝麻信用建立合作，只要用户的芝麻信用分在 650 分及以上，同时无负面记录，就可以申请租车免预授权服务；小猪短租也联合芝麻信用推出了信用分 600 分以上的用户免押金入住的服务。

第三方征信平台极大地方便了人们的生活，也便利了各个机构对客户的多维度认识，可以直观地看到群众的信用面貌，同时也使征信市场日趋成熟。

第四节　智能反欺诈的运用

一、数据识别

专家规则是目前较为成熟的反欺诈方法和手段，主要基于反欺诈策略人员的经验和教训制定反欺诈规则。这类反欺诈方法在传统反欺诈中经常使用，但像身份证、银行卡这些伪造成本较低的东西并没有很好的管控手段。因此只有通过对用户数据的信息采集、数据清洗、知识抽取和网络分析，建立用户在多业务场景上的关联信息，有效挖掘出欺诈者数据的矛盾点和可疑点，才能更加有效地识别风险，提前防止欺诈事件的发生。

在智能反欺诈的数据识别中，最底层的是专家规则。风控专家通过经验设置规则并调整触发条件，在通过率和拒绝率之间找到业务上的平衡点。但专家经验很难覆盖所有风险，所以通常会通过机器学习建模去防控整体风险，然后再用专家规则去补充，即专家规则与机器学习模型互补。但就目前的经验来看，由专家过渡到机器学习模型会面临样本量不足与样本空间增长有限等问题，因此需要运用关联图谱去解决信息不对称的问题。另外，关联图谱还可以进行一致性的检验，从多方面的信息来源中打破信息的不对称性，并从中抽象出一些关系维度，对于原有的专家规则体系做补充。此外，也通过抽取图的特征，对既定的机器学习模型做出补充，提升机器学习模型识别团伙欺诈的能力。兼备专家规则、机器学习模型、关联图谱三者，能够构造一个有效的生态闭环，实现反欺诈效能上的互补，如图 10.3 所示。

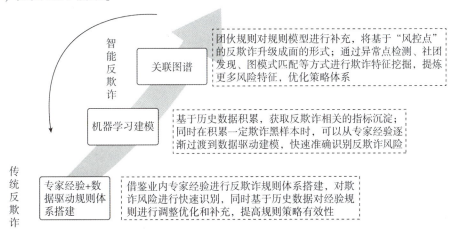

图 10.3　智能反欺诈的实现路径

（来源：邦盛科技. 团伙欺诈防不胜防　知识图谱智能识别［EB/OL］. (2022-6-22)［2022-9-15］.
https://www.sohu.com/a/559752587_569688?scm=1002.590044.0.10058-168）

二、反欺诈模型

随着互联网的高速发展，黑色产业层出不穷，消费信贷领域反欺诈模型的建立已经是发展的必然趋势。反欺诈是风控系统中非常重要的一部分，基于大数据的反欺诈难点在于如何将不同来源的信息整合在一起，并构建出一个反欺诈模型，从而有效地识别出欺诈案件。根据工作原理，反欺诈模型可分为基于规则的反欺诈模型（Rule-Based System）和基于客户行为的反欺诈模型（Behavior-Based System）。其中，基于规则的反欺诈模型主要是建立了风险规则库，内容包括客户基本属性、账户基本属性等，其形成的规则与实际欺诈行为模拟得越相近，越能有效地挡住欺诈分子。在目前技术水准和系统条件允许的情况下，建立一套完整、精确、合理、参数化的规则模型库，是实施该项目的核心所在。而基于用户行为的反欺诈模型则需要根据过往用户信息的收集建立起用户行为库，包括用户的动态行为信息、人口统计信息、消费行为信息以及设备动态信息等样本数据，因此其劣势也显而易见，即对用户信息的规模、积累时间均有一定要求。

在具体的实务中，往往会将两类模型充分结合，通过设定规则库对可疑用户进行识别，再通过收集到的用户行为不断对规则库进行更新，同时融入专家经验对模型进行修正，最后达到智能反欺诈的目的。具体的反欺诈模型如图10.4所示。

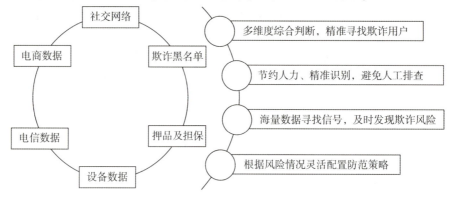

图 10.4　反欺诈模型

（来源：陈波，戴韡．金融科技概论［M］．北京：机械工业出版社，2020.）

三、智能反欺诈发展前景

随着互联网、大数据、云计算、人工智能、区块链、数字货币、互联网金融、金融科技等新经济的发展，在促进整个金融业转型到新兴科技金融、数字化金融和智能化金融的同时，大数据、云计算、人工智能等技术也被犯罪分子用来进行高科技犯罪。根据市场研究公司（Research And Markets）的最新报告，2020—2030年间人工智能网络安全市场复合年增长率为25.7%，其中网络欺诈将是未来十年人工智能网络安全市场增长最快的应用领域。人工智能的发展成果在互联网行业得到了广泛的推崇和应用，各大巨头纷纷借助人工智能打造个性化、精细化的服务，加速扩张生态领域。

反欺诈技术也逐步发展到以人工智能技术为主的智能反欺诈阶段，基于人工智能的反欺诈解决方案可通过有效减少反应时间、识别危险、改进监测技术来打击网络欺诈。在推荐系统到实时风控的过程中，模型服务计算引擎在风控领域发挥着日益重要的作用。一方面，智能反欺诈利用机器对数据大规模以及高频率的处理能力，将申请人相关的各类信息节点构建成一个全面的网络关系图谱，并在此基础上建立基于机器学习的反欺诈模型，并对其进行反复训练和实时识别，极大降低了网络欺诈事故发生的概率。另一方面，人工智能基于庞大的知识图谱，通过监测整个互联网的风险动态，智能反欺诈可以及时识别风险并在第一时间做出风险预警，启动防御机制。因此，智能反欺诈将是未来人工智能网络安全市场增长最快的应用领域，有着较大的发展潜力。

 **案例链接**

中信银行：零售业务链式反欺诈智能风控体系实践

当前商业银行在反欺诈实践过程中，对基于非法获取客户信息盗取客户账户资金的"盗用型"欺诈交易已经建立了相对成熟的风控体系。伴随着银行风控对抗能力和安全组件风险识别能力的提升，诈骗团伙也改变了作案手法，开始通过电话、微信、视频会议等新型社交工具，精心布置骗局，对客户实施远程、非接触式的诱导型诈骗，进而达到转移客户资产的目的。针对此类"纯诱导型"诈骗事件，银行往往受限于部门、渠道、行外机构之间的信息壁垒，只能在交易末端单点防控，缺乏欺诈全链路信息的整合，策略各自为"战"，无法开展多渠道一体化防控，欺诈事件拦截效果不佳。

中信银行着力于打破机构、部门、渠道、产品间的信息限制，以建立联防联控体系为目标，在欺诈交易关键链路中引入公安、社交、电信等外部风险信息，整合行内跨渠道、跨产品的风险集市，基于机器学习和大数据技术建立链式反欺诈智能风控体系，从单点防控模式变为以客户为中心的链式防控模式，基于前置风险行为序列动态调整风控策略，制定梯度拦截管控措施，实现欺诈风险事件精准防控，同时，将对客户交易体验的干扰降到最低，最大限度解决了单点防控机制误报率高、管控手段有限的问题。

（案例来源：中信银行：零售业务链式反欺诈智能风控体系实践［EB/OL］.（2022-05-13）［2022-09-30］. https://www.cebnet.com.cn/20220513/102809433.html.）

思考题

1. 反欺诈实践还可以有哪些手段？
2. 相较于单点防控模式，以客户为中心的链式防控模式的优势有哪些？

📝 本章小结

1. 智能风控是指借助人工智能、大数据、云计算和物联网等技术加强金融领域风险管控的重要手段。其可行性在于政策支持和市场需求。与传统风控相比，智能风控的优势是结果更精准、效率更高、精益风险管理。智能风控技术在用户画像的基础上深入分析，其技术框架主要有数据采集、行为建模、用户画像、风险定价四个方面。

2. 我国目前已经形成以中国人民银行的公共信息征集系统为主、市场化征信机构为辅的多元化格局。第三方征信平台的运行逻辑包括数据来源、数据类型、数据识别、应用场景。通过第三方征信平台可以更深入了解群众的信用面貌，同时也促进了征信市场的成熟。

3. 反欺诈模型可分为基于规则的反欺诈模型和基于客户行为的反欺诈模型。在具体实务中，两类模型充分结合，达到了智能反欺诈的目的。反欺诈技术逐步发展到以人工智能技术为主的智能反欺诈阶段，在金融领域有较大的发展潜力。

第十一章　金融科技监管与监管科技

素养目标

1. 国家认同

金融科技监管在一定程度上解决了金融科技在发展过程中面临的难题，在金融监管行业中处于重要地位。金融科技给全国人民的共同富裕目标提供了有力支持，这是金融科技的国家使命。每一位学生都是未来的金融从业者，不仅要有较强的工作责任感，更需要有为大众服务的国家使命感。

2. 乐学善学：监管科技是通过新技术实现对金融行业的监管，具有较强的拓展性。学生应当培养终身学习的能力，主动获取知识，接受有效方法渗透，运用专业理论分析市场热点、难点，具备一定的科研思维，有坚持不懈的创新精神、创业意识与综合实践运用能力，并养成乐学善学的好习惯。

3. 时代担当：金融科技监管借助互联网的发展，促进了金融监管的创新，发展了新的产业。想国家之所想，急国家之所急，能够激发学生从事创新型金融监管工作的热情，努力培养自己分析问题的能力，将自己塑造成新时代的金融精英。

案例导入

遵守监管制度的京东数科

金融科技将大数据、人工智能、云计算、区块链、生物识别等技术应用于银行、证券、保险等金融机构来开展金融活动，衍生出零售银行、云计算平台、智能投顾、大数据风控及征信管理等多种业务，在以科技赋能传统金融的同时，也创造出全新业态实现金融业的维度跃迁。京东数科是一家致力于以 AI 驱动产业数字化的新型科技公司，其在金融科技、AI 技术等领域都有布局，范围甚广。京东作为金融科技的巨头，在开展业务的时候曾陷入困境，但因找寻到了正确途径，受到金融科技良好监管后有了更科学的发展走向。

在金融监管试点的项目中大部分是金融行业项目，项目的申请主体大都是持牌金融机构，其利用相关技术对信贷、供应链金融、支付等方面的改进，开展金融创新服务；而科技产品类型项目在此占较大的比重，其离不开金融领域，金融机构与科技企业合作参与，

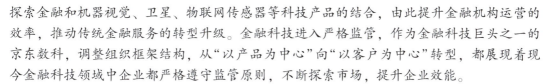

探索金融和机器视觉、卫星、物联网传感器等科技产品的结合，由此提升金融机构运营的效率，推动传统金融服务的转型升级。金融科技进入严格监管，作为金融科技巨头之一的京东数科，调整组织框架结构，从"以产品为中心"向"以客户为中心"转型，都展现着现今金融科技领域中企业都严格遵守监管原则，不断探索市场，提升企业效能。

（案例来源：周思佳. 金融科技监管的多案例分析[J]. 老字号品牌营销，2022(2).）

第一节　金融科技的风险

一、金融科技的风险概念

风险是指在某一特定环境下，在某一特定时间段内某种损失发生的可能性。风险由风险因素、风险事故和风险损失等要素组成。金融与科技都属于风险较高的行业，两者的融合造成风险的叠加。金融科技风险是指金融科技企业(包括非金融企业及金融机构)在经营发展过程中，由于制度因素和非制度因素致使资金、财产和信誉遭受了预期、非预期或灾难性损失的可能性。

金融科技是底层技术在金融领域的应用。相应地，金融科技的风险指的是底层技术运用在金融领域过程中所产生的风险。微观层面的风险主要包括金融和运营方面的风险。其中，金融方面的风险包括期限错配、流动性错配、高杠杆风险等；运营方面的风险包括治理或流程控制风险、网络风险、依赖第三方的风险、法律和监管风险、重要金融市场基础设施的经营风险等；宏观层面的风险包括风险传染、顺周期风险、超常波动性、系统重要性风险等。

二、金融科技的风险类型及特征

金融科技是基于技术驱动的金融创新，其本质还是金融。金融和科技相互融合的过程，不但改变着传统金融业务的期限转换、信用转换、收益转换以及风险转换，也改变了金融体系自身的风险特征。金融科技的快速发展对传统金融业务产生了巨大的影响，而这种冲击造成的鲶鱼效应和示范效应推动着各类金融机构的内部变革。但由于金融科技自身特性，金融机构不仅面临着与传统金融业务相同的风险，还面临着一系列新的风险。

（一）数据风险

金融机构在运用大数据创新发展的同时始终存在数据安全问题，如果不能对数据实施有效的保护，就会出现如下的数据风险。第一，在金融科技发展的过程中，数据泄露是企业运营过程中最重要的问题，分为企业数据泄露与个人用户数据泄露。企业数据泄露在企业进行生产运营时，通过大数据可以呈现出完整的过程，一旦数据出现泄露则可能会给企业带来巨大的损失，这也是大数据自身潜在的威胁。目前，为了保障企业数据的安全性，往往会采用将多种方案相互结合的方式，在很大程度上避免企业数据的泄露问题。个人用户数据泄露是指在大数据时代，个人隐私会受到一定程度的威胁，因为通过大数据能够完整还原用户的整个生活轨迹，包括出行记录、消费记录、工作记录等。随着大数据采集手段的提升，关于用户数据泄露的风险也将大大提升。

第二，大数据包括来源不同的各种信息，它们混杂在一起，一定程度上加大了数据的混乱程度。 统计学者指出，大量的数据集和细颗粒度的测量会导致出现"错误发现"的风险增加。大数据意味着可以掌握更多的信息，但同时也意味着更多的虚假信息的出现，斯坦福大学教授用"在一堆稻草里面找一根针"来比喻大数据时代的数据挖掘，问题是很多稻草长得像针一样，如何找到一根针是现有数据挖掘面临的最大问题，海量数据带来显著性检验的问题，将很难找到真正的关联。

（二）技术风险

网络和大数据的发展推动了金融科技的发展，但也正是新技术的进步，使得金融科技面临如下的技术风险。

第一，安全技术并未跟上金融科技快速发展的步伐。 虽然新技术的快速迭代和发展为大数据时代金融提供了先进的技术服务，但移动通信技术的发展与普及使伪基站、伪造银行服务信息、信息"拖库""撞库"等事件频发。由于现阶段金融科技在安全技术上仍未取得有效突破，因此金融科技本身在技术上的缺陷以及对信息系统的依赖性，会导致金融科技安全性能的降低和安全问题范围的扩大。

第二，新技术应用并未得到必要的风险评估。 有的机构在未经过严密测试和风险评估的情况下，盲目追求所谓颠覆式技术，揠苗助长，急于求成，导致技术的资源浪费，安全事件频发。特别是对部分尚处于发展初期的新兴技术，其通过舆论和资本的过度炒作，可能会沦为市场操纵、投机、诈骗的工具。

（三）信用风险

信用风险是银行贷款或投资债券中发生的一种风险，在金融科技运营过程中由于资金供求双方出现信息的不对称现象，更容易增加以下方面的信用风险。一方面，金融机构开展网上贷款业务容易引发信用风险。在金融科技业务开展的过程中，由于我国征信体制不健全、信用录入数据不完整、征信监管环境不完善等原因，在资金交易时双方存在信息的不对等的情况，二者之间产生信用风险。另一方面，金融机构在不断加强与第三方支付、P2P网贷、众筹等机构的合作时，由于合作不规范、违规行为以及监管不完善所带来的连锁反应会出现，所以这极易引发对金融科技机构的责任追究，导致信用风险爆发。

（四）政策风险

在开放的互联网生态环境下，金融科技的发展将面临如下政策风险。

第一，金融科技发展将影响货币政策的制定和实施。金融科技发展会加剧金融业的竞争，从而使金融市场对利率的反应更加灵敏。随着技术进步，无形资产占公司资产的比重在不断上升，很可能会削弱货币政策的实施效果。在货币政策目标方面，金融科技也可能通过算法技术及时调整商品和服务的价格，使价格变化更加频繁，从而对通货膨胀带来一定的影响。

第二，快速扩张能力带来的市场垄断和歧视问题。由于科技行业天生具有赢者通吃的属性，可能会形成寡头垄断，不利于竞争，这导致行业的效力下降，财富越来越集中于少数人或少数公司的手中，从而带来潜在的社会和政策风险。

三、金融科技监管的国际实践

（一）英国的实践

英国是传统的国际金融中心和经济中心，在金融科技发展方面具有较大的优势。一直以来，英国都是欧洲乃至整个世界重要的金融中心之一，也是全球金融科技领域投资增长最快的国家之一。据统计，欧洲近半数发展较好的"突破性"金融科技初创企业均设立在英国，其主要业务包括支付、借贷、投资以及保险，取得了较为优异的成绩。金融科技作为促进英国金融业长期发展、维持和提升英国国际金融中心地位的关键，受到了英国政府的极大重视。在大力鼓励金融科技创新的同时，对金融科技创新可能会带来跨领域风险，英国一直在积极探索改革金融监管机制，努力实现推动金融科技创新和维护金融稳定的双赢局面。

英国金融行为监管局（Financial Conduct Authority，FCA）于 2016 年 5 月 9 日首次正式启动监管沙盒项目。新加坡、澳大利亚、中国和其他国家的金融监管机构也已开始实施监管沙盒或提出类似的监管措施。根据 FCA 的定义，监管沙盒是一个"安全空间"，在这里，金融科技公司在保护消费者权益的基础上，可以测试其创新的金融产品、服务、商业模式和营销方法，而不立即受监管规则的约束。对于那些获授权的企业，FCA 将发布强制执行行动书（Enforcement of Action Letters）、个人指导（Individual Guidance）和豁免（Waivers），以帮助这些公司防范它们在未来可能遇到的法律风险。在英国，沙盒监管测试大致分为以下几个步骤：第一步，申请人填写申请表，并送至 FCA 提交测试申请。申请表包括应用测试的内容及其是否符合申请要求。第二步，FCA 将审查该应用程序。审核通过后，FCA 将派出一名专家与公司联系，并与公司共同确定项目的测试计划，计划包括测试要求、申请范围、审核方法、定期报告频率等。第三步，在上述准备工作完成后，将开始正式试验。FCA 将全面监控整个测试过程。最后，测试结束后，申请人公司应向 FCA 提交总结报告，FCA 将根据测试结果进行正式评估。拿到评估结果后，公司最终决定是否要更大规模地推广这项产品或服务。监管沙盒的设置减少了创新企业的融资障碍，降低了创新企业进入市场的成本，在有效保护消费者权益、维护金融体系稳定的前提下，促进了更多创新产品进入市场。

（二）美国的实践

美国是最早将互联网技术大规模应用于金融领域的国家，金融科技的发展一直走在世界前列。作为全球金融中心，纽约依托华尔街发达的资本优势和优秀的金融人才，涌现出许多金融科技公司。而被称为美国科技创新摇篮的硅谷，拥有良好的金融创新生态环境，同时也吸引了大批量的金融科技人才。金融科技的发展推动美国传统金融机构大规模采用信息网络技术，增强市场竞争力，并大幅度降低融资门槛，对鼓励科技创新起到明显的推动作用。

硅谷银行金融集团（Silicon Valley Bank，SVB）是一家专门服务于科技企业的特殊银行。硅谷银行的定位是"为硅谷服务的银行"——为创新和冒险提供金融服务。硅谷银行在市场定位、产品设计以及风险控制等方面进行创新，开创了"科技银行"模式的先河，其科技创新主要源于独特的市场定位与目标客户群。硅谷银行最大的客户群体有两类，一是存在投资需求的风险投资机构及天使投资人，二是存在融资需求的科技型中小企业，对这二者提供服务的业务收入占硅谷银行收入总额的 80% 以上。以硅谷地区的投资端来说，硅谷银行除了为风险投资机构和天使投资人提供账户托管、资产管理、信贷融资等传统银行服务外，最主要的创新在于"融智型综合金融服务模式"，即以"财务顾问+托管"的专业化服务模式介入风险投资的交易过程，为投融资双方提供一体化的综合金融服务。硅谷银行以"财务顾问"的身份介入，撮合风投机构与科技型中小企业，为双方建立一个信息对等的最优化服务平台，并不直接承担资产风险。银行通过联合风险投资机构间接帮助了中小企业，同时借助风险投资家的专业化运作，降低了银行信贷资金的风险。

（三）新加坡的实践

新加坡作为世界金融中心之一，为促进金融科技创新不断制定政策，扶持其发展。2015 年，新加坡制定"智慧国家"战略计划，专注于全球智能科技中心和智能金融服务中心的建设。在此战略基础上，新加坡金融管理局（Monetary Authority of Singapore，MSA）认为，打造智能金融中心的关键驱动力是在于提供一个有利于技术创新的监管环境。2016 年，政府为推动《金融领科技和创新计划》的实施，投入 2.25 亿新加坡元扶持金融科技的创新，同时成立金融科技署负责对金融科技的管理。此外，英国监管沙盒机制的成功给新加坡金融科技监管带来启发。在此背景下，新加坡监管沙盒制度面世。

新加坡监管沙盒的测试对象主要是正在创新技术以提供新金融服务的公司，准入条件较为宽泛，金融机构或金融科技初创企业均能获得测试申请的资格。MAS 要求申请人在提交申请前证明其已履行应尽的义务，并提供举证材料以进一步澄清。如果该公司是受新加坡金融管理局监管的金融机构，可以直接向 MAS 审查官提交申请且不需要缴纳管理费用。新加坡监管沙盒机制为金融科技创新主体打造了一个相对宽松的测试空间，兼顾风险防范与创新发展，在保护消费者利益的同时，创新主体能够紧紧依靠政府的支持最大化提升创新效率，更快地向市场提供有益金融服务。

四、我国金融科技存在的风险及政策

（一）我国金融科技存在的风险

在信息化时代背景下，我国金融科技产业迎来了空前的发展，金融科技能有效促进金融发展的普惠性和效率，但存在着以下金融风险问题。

第一，安全保密措施不到位，客户身份信息和交易记录容易被泄露。金融科技更多地依靠网络技术，在办理各类业务时会产生大量个性化、私密化的数据，而相关开办业务的平台、门户网站和 APP 等终端设备的安全防护措施参差不齐。以互联网金融为例，部分开办互联网金融业务的机构甚至没有建立操作系统、数据库等信息系统的安全保护，致使客户资料、交易信息泄露及系统权限泄露等问题出现，甚至引发了互联网金融机构的法律、声誉、信用和道德违约等风险。

第二，平台监控能力有限，难以保障客户资金安全。与传统金融体系相比，资金安全衍生出了新的风险：一是互联网金融平台资金存管把控不严。据调查发现，部分网络借贷机构开展业务时仅通过网上平台签订电子协议，无法保障电子协议的合法权益。客户的资金流向难以查询，存在客户资金被挪用、侵占、形成资金池等风险。二是互联网金融平台审核项目能力有限，投资者资金保障程度低，收回难度大。三是资金极其容易在网络借贷平台沉淀，脱离监管范围，一旦网络借贷平台出现运营亏损，沉淀于借贷平台上的资金极易被互联网金融企业挪用，从而引发金融和社会风险。

第三，交易双方信息高度不对称，信用违约风险较高。国内金融科技对科技要素的运用相对较少，主要以占有市场为目标，互联网金融产品呈现同质化，而消费者在选购互联网金融产品时，被高收益冲昏头脑，忘记了风险和收益成正比的事实。相应的互联网平台也没有对风险进行真实、有效披露，使投资者盲目投资，且互联网金融信用违约风险相对较高。此外，互联网平台以贷款人的交易行为和网络提供的交易数据为主，并不能完全保证真实性、准确性，平台若对借贷双方的信息审核力度不够，资金真实使用情况监测能力不足，将增大贷款违约风险。

(二)我国金融科技监管的政策

当前我国金融业总体运行平稳，但部分领域风险防控仍面临挑战，2021 年，金融严监管将持续推进，聚焦强化金融机构公司治理、强化互联网平台反垄断、严厉打击非法金融活动等重点，对各类违法违规行为保持高压态势，对金融创新延续审慎监管导向。当前金融风险已明显下降。银保监会最新数据显示，2020 年，银行业共处置不良资产 3.02 万亿元。截至 2020 年年末，不良贷款率为 1.92%，较年初下降 0.06 个百分点。

我国金融体系规模庞大，在金融科技发展过程中出现的存量风险不能掉以轻心，也要采取更多措施来遏制增量风险的增加。从已出台的近 20 个规范性文件来看，既有对存量风险的加速化解，也有对"苗头性"风险的约束。例如，针对中小银行存量风险化解，银保监会发布《关于进一步推动村镇银行化解风险改革重组有关事项的通知》，提出支持主发起行向村镇银行补充资本以及协助处置不良贷款，有序推进村镇银行改革重组。一位中国民生银行首席研究员表示，目前的存量风险尚未彻底化解，一些金融机构特别是中小银行历史包袱较重，资本和拨备缺口较大，疫情冲击下的经营风险更加突出。对此，支持高风险中小银行及时通过市场化方式补充资本、化解风险。

第二节 监管科技的运用

一、监管科技的概念

监管科技是利用以大数据、云计算、人工智能、区块链等技术为代表的新兴科技，维护金融体系的安全稳定、实现金融机构的稳健经营以及保护金融消费者权利。从应用主体来分析，监管科技包含合规和监管两个方面，正确理解监管需求与合规需求的关系主要涉及金融监管机构和金融机构之间的平衡问题。

随着以大数据、云计算、人工智能、区块链技术为代表的新兴信息科技的迅猛发展，科技开始向社会生产、公众生活的各个领域渗透。当科技（Technology）与金融监管

（Financial Regulation）深度融合时，监管科技逐渐进入金融监管机构和金融机构的视野。英国金融行为监管局最早提出了监管科技的概念，最早使用"监管科技"（RegTech）一词，并将其定义为解决监管面临的困难，推动各类机构满足合规要求的新兴技术，重点是那些能比现有手段更有效地促进监管达标的技术。换言之，监管科技是提高监管流程的效率、一致性和简便性的技术。RegTech 具有四个关键特征，即组织数据集的敏捷性、配置和生成报告的速度、为缩短解决方案的启动和运行时限的集成能力、大数据分析。

二、监管科技的运用

（一）监管科技在国际上的运用

在美国，有效运用监管科技来提高监管的效率，积极探索人工智能监管模式已成为监管创新的具体实践。目前，美国已在反洗钱、反恐怖融资、监管合规等方面利用相关监管科技，未来还会把这一方式应用于消费者保护等领域。在金融监管方面，有各类功能性的、综合的金融监管机构，也有很多非银行的活动，这些主要由各州管理许可发放和审慎监督。另外还有其他一些业务，既受州政府也受联邦政府的监管，横跨多个行业。此外，美国证券交易委员会正在利用机器学习实现对未来投资者行为的预测，特别是在包括潜在的欺诈和监管渎职在内的市场风险评估方面的预测，极大地推动了监管科技在美国的发展。

英国通过金融科技的发展鼓励发展监管科技来提高监管的有效性。金融科技能够使金融监管更加透明和高效，基于金融科技能够建立一种新的监管机制，即 FCA 首创的"监管沙盒"，鼓励包括监管科技类的初创企业大胆尝试和创新，而不必担心监管方面的风险。随着 FCA 对监管科技的大力提倡，为了满足法律合规性，英国金融市场上参与监管科技的企业逐渐增加，目前主要集中在以下四个方面：一是鼓励、培育和资助企业创新技术加快达到监管要求的标准，将监管难度降低；二是通过一系列金融监管工具，提高对市场的监测能力，提升金融服务企业的效率；三是通过大数据技术及相关软件工具等降低监管成本，提高监管准确性；四是通过可视化工具，为企业提供更有效的建议和指导，便于 FCA 为企业提供有效的合规咨询服务。

（二）监管科技在国内的运用

在金融科技的推动下，我国的监管机构极具先进性。大数据时代下的信息化监管使持续性监管成为现实，可以常态化开展对行内业务运营的持续监测，定期进行风险评估和专项分析，实现由"时点、时段审计"向"持续跟踪"转变。中国建设银行高度重视大数据研究和应用，在 2014 年即提出建设大数据银行、构建数据驱动银行的目标，总行制定了"大数据"战略蓝图，建立大数据分析中心，搭建大数据实验室和实施"绿树"计划，在新一代核心业务系统基础上，成功建设企业级大数据工作平台。

中国建设银行"新一代"企业级大数据工作平台是面向全行数据分析人员，体现先进性、具有价值创造性的统一大数据工作平台，可以从企业级高度为全行数据分析挖掘应用提供各类共享的分析资源，其系统先进性主要体现在五个方面：一是提升全行大数据分析挖掘能力，具备对品种全、时间跨度大的海量数据进行快速获取和联动分析挖掘的能力；二是引进先进大数据采集、分析、挖掘工具，建立企业级工具集、知识库和数据产品库，提供企业级大数据分析挖掘支持；三是大数据工作平台交互便捷，建立了良好的客户体验

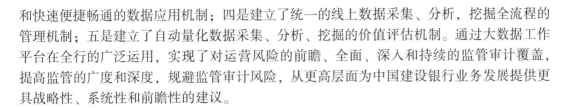

和快速便捷畅通的数据应用机制；四是建立了统一的线上数据采集、分析，挖掘全流程的管理机制；五是建立了自动量化数据采集、分析、挖掘的价值评估机制。通过大数据工作平台在全行的广泛运用，实现了对运营风险的前瞻、全面、深入和持续的监管审计覆盖，提高监管的广度和深度，规避监管审计风险，从更高层面为中国建设银行业务发展提供更具战略性、系统性和前瞻性的建议。

三、监管科技的发展概况

（一）监管科技的发展现状

目前我国的监管科技发展还在起步阶段，许多方面的应用尚在探索阶段。监管科技具有敏捷、迅速、集成等特征，能够对错综复杂的数据组进行提取、转换，通过人工智能、云计算等技术进行挖掘、分析，从而快速形成解决方案和报告。为引导和强化监管科技应用实践，中国人民银行成立了金融科技（FinTech）委员会，旨在利用大数据、人工智能、云计算等技术丰富的金融监管手段，提升跨行业、跨市场交叉性金融风险的甄别、防范和化解能力。国内也有不少金融科技类的公司涉足监管科技领域，各地监管部门、行业领域在风控、反欺诈、反洗钱及打击内幕交易方面所应用的大数据、人工智能、区块链等技术都是监管科技的体现。

监管科技的发展有助于金融机构满足监管合规要求，加强风险的管理能力，降低合规成本，也有助于监管机构提升管理能力，对原有监管机制进行改革和重构，解放人力物力。因此，监管科技是金融领域与监管领域双重创新的强大动能，是未来实现多赢化效果的重要因素。

（二）监管科技未来的发展优势

安永在《2015 年全球治理、风险和合规调查问卷》指出，"采用监管科技将在短期内为当前合规和风险管理实践提升运营效率和成本效益"。通过自动映射关键业务流程的监管风险，降低合规成本，从而减少对人工重复检查的需求。这将有助于企业"摆脱僵化的企业风险管理体系"，帮助公司主动识别风险和问题。从长远来看，监管科技的主要优势是它能够实现创新，同时通过更好的客户体验使消费者放心。新的监管科技平台有望实现无缝合规报告。更具体地说，监管科技将带来以下长期效益：首先，开发出一个强大的防欺诈平台来确保个人财务信息安全，客户体验将得到提升；其次，这些技术可以用于确保机构财务状况良好，确保市场的灵活性和完整性；再次，由于"更高的透明度、更主动的风险报告以及更高程度的合规"，公司治理将得到改善；最后，早期采用者将形成趋势并获得先见之明，从而获得竞争优势。这一作用还将影响到组织的其他方面，从而改善对内部流程的控制，减少可能导致监管违规的潜在错误，避免对客户的保护不足。

监管机构与银行等金融机构、金融科技公司合作研发也是一大趋势，除了自身建立金融科技部门、加强技术研发之外，金融监管机构与银行等金融机构、金融科技公司合作的研发模式能在一定程度上节省研发成本，同时由于金融监管机构运用监管科技的重要目的在于提升监管效率，更有针对性地对被监管机构进行监督管理，因此在与被监管机构进行合作的过程中，也更容易发现其存在的问题并及时进行相应指导，帮助其做好合规的监管科技建设，通过两个机构各自的特色监管科技平台创造了一个机构银行间的问题解决方案，有力地提升了监管效率。

 案例链接

区块链监管科技准独角兽企业——金丘科技

大数据、人工智能、区块链等技术极大地促进了金融行业的发展和变革，也给金融监管部门持续带来新的挑战，传统监管手段已不合时宜，监管科技应运而生。金丘科技是一家区块链监管科技准独角兽企业，以区块链及数据智能为特色，基于监管科技专注在交易合规、账户合规、运营合规、政务监管方面等提供解决方案。公司自主研发了安全可控自主的区块链底层技术平台海星链，推出了商用级区块链数据协同平台、新一代监管数据管理系统、开放联盟链平台等金融科技、监管科技解决方案。

金丘科技以区块链技术为核心，为各大金融机构、监管机构提供监管科技相关解决方案，包含交易合规、账户合规、运营合规、政务监管四大方面，其主要提供的产品有四类：海星链底层平台、区块链数据协同平台、监管数据管理系统、监管科技，为提供和完善解决方案奠定了基础。其中，监管科技数据系统是在海星链、数据协同平台基础上建立的，融入了区块链、云架构、人工智能、大数据技术模块支持，为监管报送、经营报表、风控业务、合规业务等高频多变的监管合规需求提供支持，满足监管部门要求，为金融机构提供一站式监管数据合规业务支撑，提高金融机构内部分析决策能力。在区块链底层技术的支持下，该系统能自动化采集数据，并使数据可追溯、可审计，能轻松对接监管要求、降低内部运营、内控、审计成本，大幅提升效率。

（案例来源：中信银行：零售业务链式反欺诈智能风控体系实践［EB/OL］.（2022-05-13）［2022-09-30］. https://www.01caijing.com/finds/report/details/279110.htm.）

思考题

1. 相较于传统监管，监管科技还可以有哪些创新？
2. 对企业而言，监管科技如何更好地发挥作用？

本章小结

1. 金融科技的风险指的是底层技术运用在金融领域过程中所产生的风险，包括数据风险、技术风险、信用风险、政策风险。我国金融科技存在的风险有安全保密措施不到位、平台监控能力有限、交易双方信息高度不对称等所引发的问题。

2. 监管科技是基于大数据、云计算、人工智能、区块链等技术为代表的新兴科技，内容包括合规和监管两个方面，在国内外均有广泛运用。我国的监管科技发展还在起步阶段，许多方面的运用尚在探索阶段。在发展过程中，监管机构与金融机构合作是一大趋势，其主要优势是在实现创新的同时提高用户体验。

第十二章　金融科技运用案例

素养目标

1. 创新思维

科学的本质是创新，创新是科技发展的力量之源、发展之基。本章重点讲了金融科技的实际运用，分别从智能催收、智能反欺诈、智能反洗钱、精准获客、智能推荐、智能客服这几个方面来介绍。金融科技的运用与大数据、云计算、人工智能等科技成果牢牢挂钩，在金融科技运用的探索过程中，需要不断培养学生的实践创新意识，提高学生的创新思维，以便在金融科技的运用研究中不断突破，更好地服务于广大人民群众。

2. 社会责任

信息化、智能化时代，金融科技已然成为当今社会的大趋势。随着金融科技的运用逐渐普遍化，培养社会责任意识至关重要。每一项技术的发展都是为了推动国家和社会的发展，服务人民群众，给我们带来更加幸福美满的生活。金融科技的运用促进了金融的创新，着力解决国家金融难题，能够引导学生树立社会责任意识。

第一节　智能催收

一、定义及发展

（一）智能催收的定义

催收是逾期不良资产回收的一种方式，催收的双方分别为债权方和债务方。如果债务方无力或无心偿还债务，催收方通过一些民事方法对其施加压力，促使其履行债务。催收的目标是"坏账"，企业或个人无法收回坏账或欠款时，就产生了催收这个行业。智能催收，顾名思义，相比传统的催收系统多了"智能"二字，即拥有一定程度智能化的金融逾期资产的回收系统。

在传统的"导入案件""分案""外呼催收""协催工具""智能质检"等多维度进行了智能化的升级，如可一键导入资产方案件，不限格式，分案可以根据催收公司的催收能力和特点进行智能化的匹配，可以进行批量的外呼，并且通过语义识别进行一定程度的机器人对话，还可以通过一键发送电子律师函以及批量发起智慧诉讼的方式进行协助催收，通过全量覆盖的方式对催收录音进行智能语音质检，检索催收过程是否合规等。

（二）智能催收的发展

在数字科技时代背景下，消费金融公司和银行应加强科技投入，进行科技智能催收。我国智能催收行业在合规发展的时代要求下，未来的发展方向主要是在合规前提下，以人工智能技术来优化整个催收流程。人工智能催收行业的发展不仅只关注它带来的对传统催收方式和效率的改善，同时不能忽略的还有它与传统催收具有共性的合法合规问题。从国际上看，对标拥有 200 多年成熟金融体系和信用体系的美国，我国的催收行业还不够健全，人工智能催收行业的发展更是刚刚起步，未来人工智能催收行业的发展一方面依赖于人工智能技术的科研水平的进步及技术在金融企业中的实现可能性，另一方面受限于我国催收行业的监管体系确定的催收行业边界及人工智能技术应用限制。因此，基于当前的时代背景及人工智能业务发展现状，人工智能催收行业在未来的发展可以主要概括为科技为业务赋能，驱动业务发展，监管为业务确立底线，明确发展标准和发展方向，才能更好地服务于我国的金融体系。

二、解决方案及运用

（一）智能催收的解决方案

通过构建一系列 AI 模型，企业能够实现催收策略、人员和话术等的实时推荐，而通过引入智能催收机器人，企业能够让机器人代替人工，开展智能语音催收。实现智能化催收的核心要点是构建如下的智能催收模型体系。

1. 构建贷中/贷后 AI 模型，优化用户分群

构建贷中/贷后模型的出发点是实现用户分群，从而针对不同还款意愿和能力的用户采取差异化的催收方式。首先利用智能技术和机器学习技术分析用户的身份信息、交易信息与还款行为能力等数据，输出用户的按期还款和逾期还款概率，从而对用户进行分群。当贷中模型预测到用户逾期概率较高时，可以在贷中阶段尽早启动预催收工作，从而减少用户逾期还款的发生。在贷中模型的基础上，通过贷后模型能够分别对逾期不同时间的用户回款案件进行精细化分析，实时输出各个回款案件的用户还款概率。最后结合实际业务操作进行资源的有效配置，针对不同情况采取不同的资源组合和催收策略，如短信、语音通知、电话、上门拜访等。

2. 构建基于深度学习的用户画像模型，提升应用水平

用户画像是指根据用户属性、用户偏好、生活习惯、用户行为等信息而抽象出来的标签化用户模型。在催收方面，用户画像解决的是具有怎样特征的人还款概率更高的问题。它的本质是一种定量的用户画像。如图 12.1 所示，催收用户画像可以从目标、方式、组织、标准和验证五个维度进行构建。

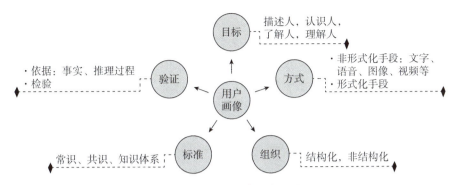

图 12.1　催收用户画像维度

（来源：AI 催收：对不起，我是来催债的［EB/OL］．［2022-09-20］. https://zhuanlan. zhihu. com/p/50704516.）

构建催收用户画像有三个关键步骤：首先，以贷中/贷后模型的用户分群为基础；其次，收集实际业务中的催收数据，并在此基础上做聚类分析；最后，构建催收用户画像。催收用户画像在分析还款概率的贷中/贷后模型上找出不同用户群体之间的相同特征，能够服务于催收作业的优化，增加对用户还款能力的了解程度。

3. 构建号码策略模型，提升催收的效率

在进行回款作业时，经常会出现无法联系到用户的情况，这时便需要工作人员拨打其他相关的电话，与用户取得联系。据统计，回款工作人员工作效率的差异很大程度上来源于拨号策略的选择。拨号策略模型将根据拨打效率和回款率等相关维度对催收座席进行聚类分析，挑选通话效率高、回款率高的座席作为研究数据。通过训练，模型最终能够根据当前的催收场景给出号码拨打的概率预测，从而精简后台信息，提升催收作业的效率。

4. 构建话术策略模型，实时推荐催收话术

话术策略模型的最终目标是为一线催收人员提供话术策略建议。话术策略模型的输入需要有完善的催收次序模型作为基础，后者则需要众多的借款人行为、征信信息作为输入，如身份信息、信用信息、社交信息、消费信息和第三方数据信息等。通过建模，金融从业者可以将需要推荐的话术匹配到相应的模型，同时使用大量实际催收话术作为话术策略模型的训练数据，从而提高催收的成功率。

（二）智能催收的运用

近年来，商业银行的各项业务快速发展，客户经理在为客户办理贷前调查业务并做好优质服务的同时还要负责贷中检查、贷后催收等工作，其中贷款催收工作尤其繁重。为更好地推动业务开展，商业银行逐渐开始通过智能催收系统在业务中的应用，让客户经理立足岗位，全力做好业务营销工作，有效减轻客户经理的贷款催收压力。智能催收应用于金融领域的逾期账户管理，实现一体化智能催收，给金融企业提供精准、高效、低成本的贷后风控手段，同时完成对整个催收过程的管控，以高标准的安全规范来确保催收业务安全有序进行。

通过智能催收系统，将对所有商业银行的个人贷款和企业贷款的催收进行全流程管理，系统将客户进行分层分类，实现短信发送、IVR 智能语音催收、集中自动外呼、管户

客户经理手工催收，且支持客服人员和客户经理对每次催收的结果进行记录，从而对客户进行标签化，实现催收过程全流程掌控，尽可能减轻客户经理的贷款催收压力，最大限度地协助客服人员提升工作效率，实现轻松高效地开展催收业务。

当前，人工智能正在加速向各个行业渗透。在金融业，曾经人工客服稳固的江山，如今也正在被人工智能逐步改变，但改变是为了更合理，颠覆亦是为了追求更智能。通过构建催收模型与策略决策体系，推进催收业务自动化规范化地运转，确保催收业务安全、有序，进而实现一体化的催收，提升催收业务成功率及风险预警能力。

三、技术推广及前瞻性发展

（一）智能催收的技术推广

智能催收技术包括智能外呼、智能质检、智能报表及智能分案，共同促进了智能催收的发展。

1. 智能外呼

"智能交互式语音应答"无须人工介入，自动进行高效低成本的催收。"预测式外呼"自动创建催收任务，最大化催收座席效率。在贷后领域，标准化业务包括前端语音外呼、人工质检、批量短信、信息修复、批量诉讼、报表、分案等，智能外呼可以实现语音合成、语义识别、人机对话、情绪管理等多种外呼形式，这将大大节省外呼座席的人力成本。

2. 智能质检

从目前来看，大多数质检是以人工听录音的方式来完成的，这种方式不仅耗费大量人力，而且有明显的滞后性，难以达到真正的全覆盖。智能加持的质检领域可以实时对外呼通话进行监控，实时捕捉催收员以及用户的情感、态度、不合规话术、敏感词等，实时进行监控预警及评价，避免滞后性，也可以更好地对用户进行了解，有针对性地提高用户还款的意愿。

3. 智能报表

作为贷后精细化运用的核心工作，传统报表生成耗费大量人力，AI技术可以实现强可视化的"智能报表"，多维度图形化统计报表，为分案规律、催收策略、催收回款、催收效率等分析提供精确数据。例如，生成回报率及成本收益情况报表满足决策层的获知要求，生成差异化的员工通话时长、投诉情况、汇款情况等信息满足底层管理人员的需求。

4. 智能分案

完善的催收评分体系，可根据案件的不同地区、不同类型等进行资源优化，智能分配案件。分案核心目的是资源的优化配置让最合适的人在最合适的时间，通过最合适的施压力度催收最合适的案子。AI催收通过刻画用户"画像"、订单分类来设计催收数据模型，系统再根据行为模型分析生成智能化催收方案。

（二）智能催收前瞻性发展

随着AI、大数据、云计算等技术越来越多地被运用到金融科技领域，智能催收逐渐崛起，成为新的催收方式。北京有限元科技自主研发晓得机器人，基于 ASR、NLP、TTS 等智能语音技术，根据用户意图进行精准识别，并在充分理解用户意图的基础上解答疑问，且具备上下文记忆功能，能与用户进行多轮沟通。晓得机器人在催收过程中不仅对借款人对话内容识别记录准确，且自身话术经过数亿次真实业务场景打磨，规避了人工催收受外部环境或情绪影响进行不合规催收的现象。其催收成功率可达80%～85%，有效解放人工、降低运营成本。

催收作为银行提升资金贷后监管的重要环节，一直有重要作用。但当前不合规催收乱象频发，致使催收面临着巨大压力。智能催收的出现，大幅提升贷后管理效率，让贷后管理进入一站式、数字化时代。未来随着人工智能的深入发展，智能催收的使用阶段将不再局限于贷后早期，会逐渐拓展至整个贷后阶段，为银行实现数字化贷后管理提供有力支撑。

 案例链接

智能催收机器人实现针对性催收

得助智能是一家数字化、智能化转型服务商，荣获187多项专利技术，意图识别率达93%，系统稳定性达99.99%，覆盖全场景营销服务，形成营销闭环，部署灵活，融资规模超35亿元。截至目前，得助智能已应用于多个行业，并与新氧科技、薇诺娜、捷安特、喜马拉雅、铂爵旅拍等知名企业达成合作。得助智能催收机器人将"纯预测式外呼"优化升级为"预测式+手拨预览式外呼"，以帮助提升拨打深度，增加催收回款，而深化催收较纯预测式外呼催收的回款效果有较大提升。针对低账龄客户，智能催收机器人通过多轮拨打、定制每轮拨打策略，快速高效覆盖提醒；针对高账龄客户，可按照逾期天数、逾期金额、模型标识等算法平均分配，另有手工一键分配外呼，以及按照既定规则进行案件解绑、换手、留案，案件自动补充和座席上限设定的精细化控制，以达到智能分案、定制批量外呼的精细化催收。在"提升座席工作效率"与"降低漏接率"上，智能催收机器人还提供了动态平衡的最佳外呼算法。

智能催收机器人以技术为基础，以创新为核心，其本质是针对催收的智能解决方案，帮助企业达到扩大销售入口、挖掘数据价值、提升催收效率等效果，并实现从客户挖掘到客户转化再到客户数据分析乃至客户售后服务的智能营销闭环。智能催收机器人是互联网商业智能的一种体现，传统营销模式与新兴技术的结合也将是营销智慧化的未来。

（案例来源：智能催收机器人实现针对性催收［EB/OL］.（2022－03－06）［2022－09－03］. https://zhuanlan.zhihu.com/p/548018226.）

思考题

1. 智能催收和传统催收可以进行哪些有效的结合？

2. 智能催收是否会引发新的法律问题？

第二节　智能反欺诈

一、定义及发展

（一）智能反欺诈的定义

智能反欺诈是指通过利用大数据、云计算等智能技术对他人以非法占有为目的，骗取他人财物或金融机构信用的行为进行反诈骗的技术。欺诈一般分为申请欺诈和交易欺诈两类。其中，申请欺诈包括身份冒用、恶意骗贷、资料造假和用途篡改，常见于一般的贷款类产品，而交易欺诈多发生在支付、信用卡及类信用卡等产品中。

随着金融科技的迅猛发展，产业变革持续加速，不断催生出新业态与新模式，在金融业务下沉的同时，其风险也在不断加大，智能反欺诈成为金融系统中必不可少的一环。金融反欺诈覆盖多种不同的场景和业务，为金融行业快速发展提供源源不断的创新与活力，也为金融行业在国内的进一步发展打下坚实的基础。

（二）智能反欺诈的发展

欺诈在金融机构中起源于商业银行推出的信用卡。信用卡自出现就被认为是银行提供的金融服务里集信贷和消费于一体的最为方便和快捷的产品，但这种方便和快捷除带来好的客户体验外，也带来了大量的欺诈问题。首先被欺诈分子攻破的是信用卡的支付体系。签名即可消费这一便利对于欺诈分子来说极大降低了欺诈成本，只需要窃取卡片并模仿其签名即可成功盗用，甚至在出现线上支付后，只需要盗用信用卡的有效信息即可实现欺诈。其次是信用卡的申请。信用卡早期大规模的推广离不开地推人员，银行自身的网点以及营销人员越来越跟不上大量发卡的节奏，以外包营销为主的电销发卡、驻点推广以及上门推销的铺开，除带来信用卡发卡量的几何倍数增长外，也带来了大量的欺诈申请。但这个阶段，商业银行整个反欺诈体系的建立，仍集中在信用卡业务条线。对于商业银行一些传统的信贷业务（如对公、房贷、个贷、经营性贷款）、资金业务（如储蓄、理财），以及一些支付业务（如代收付、支付、转账）等仍然没有实质性的增加反欺诈措施。

随着大数据和人工智能的发展，越来越多的领域需要用人工智能提高效率和自动化，这些改变逐渐影响到金融层面。此前几乎所有的金融业务都需要在银行展开，现在越来越多地以与社交、消费相关领域的触角开始向金融领域延伸。传统银行的存、贷、汇业务甚至已经可以在各种软件上操作，各类业务在提高效率的同时降低了各种欺诈成本。在线上业务场景上，用户可在非触达的情况下，填写资料后进行云授信。欺诈者不需要到实体店进行测试或盗取信息，已经将上游线上欺诈技术工具的开发、中游各种资料的搜集买卖、下游实操各种欺诈攻击行为变成了一种规模化的产业。因此，现在看到的各种欺诈攻击，已经从个案、作坊式中介演变成了集中性攻击，反欺诈在各类金融公司、银行的地位举足轻重。据中国支付清算协会的统计，现在全中国的银行接近五千家，但有自主能力建设反欺诈相关体系以及系统开发、成立专职部门的不足一百家。因此，近两年人们可以看到，

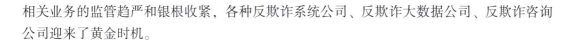

相关业务的监管趋严和银根收紧，各种反欺诈系统公司、反欺诈大数据公司、反欺诈咨询公司迎来了黄金时机。

二、解决方案及运用

（一）智能反欺诈的解决方案

智能反欺诈解决方案基于人工智能算法、用户行为画像等多项智能技术构建反欺诈模型，但就目前建模发展情况来看，最重要的还是关联图谱在智能反欺诈中的运用。关联图谱不仅可以解决信息不对称的问题，还可以进行一致性的检验，比如，多方面的信息来源可以打破信息的不对称性，也可以利用关联图谱进行多维度的展示，相当于二次校验。多个申请共用相同的信息、相同的手机、相同的地址大概率属于团伙的情况，为解决这种情况可以引入关联图谱，并从中抽象出一些关系维度的图规则，对原有的专家规则体系进行补充。同时，工作者也抽取图特征，对既定的机器学习模型做出补充，提升了机器学习模型识别团伙欺诈的能力。

针对目前关联图谱在反欺诈的具体运用，大概有以下几个方面：第一是申请图谱。组团有一个特点，就是信息会被团队成员共享，在图谱的可视化查询上，就会发现出很多关联关系。较常见的就是从身份证、手机号、设备指纹、邮箱地址等维度进行关联，先去看这些数据有多少共性，再结合一些可视化手段去分析具体的欺诈手法。第二是交易图谱。通过监管下发的名单或内部的规则模型识别出可疑交易，这个过程中可能还会结合历史流水，扩散一些归集的账户。在此过程中可能会使用一些图探索手段，也会基于图谱平台做一些存量排查，比如增量防控。第三是企业图谱。现在企业业务会存在交叉，外部风险对企业的影响也越来越大，通过图谱可以勾勒出企业风险的全貌，结合外部风险点的引入，尽早预判外部风险对企业的影响。

（二）智能反欺诈的运用

在智能反欺诈体系不断完善后，其应用的常用场景主要为贷后资金流向和保险团伙反欺诈。

1. 智能反欺诈有利于贷后资金流向的追踪

监管部门目前对于互联网信贷都遵循"三个办法一个指引"原则，通过图谱建立实时风控，关注贷后放款这些关键环节和资金流入的重点领域。这种模式用以往的专家规则是很难进行刻画的，因为大多只能做到一维，最多到二维关系，而图谱更善于进行多维度关系的筛查。在海量交易结构中发现的一些模式化结构，可通过图谱展现化手段和功能，结合业务知识，最终实现追踪贷后资金进行流向的目的。

2. 智能反欺诈有利于保险团伙反诈骗

在保险排查过程中通过监测还有关联共享的身份信息等，能够跨越数据孤岛，发现诈骗团伙。如较为常见的医保欺诈，在多数情况下关注医患或供应商之间不正当的关系，一旦在某个药品或疾病上出现了大量的离散值，就代表其是欺诈行为——这是以往判断个体欺诈的常用办法。但现在团伙欺诈问题非常严重，常常几十个人都通过个别支付账户去买相同的药品，具备账户层面的聚集以及很多其他的共性。结合图谱分析和智能算法，都可以识别这些团伙案件行为，如图12.2所示。

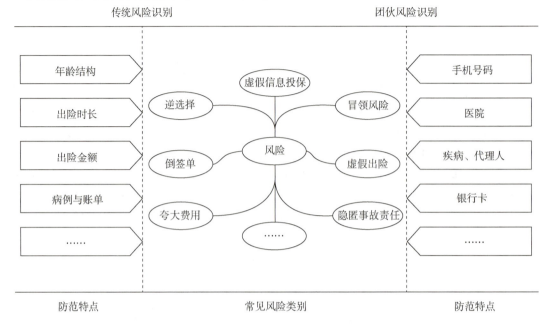

图12.2 常见风险的识别

（来源：邦盛科技. 团伙欺诈防不胜防 知识图谱智能识别［EB/OL］.（2022−06−22）［2022−09−15］. https://www.sohu.com/a/559752587_569688?scm=1002.590044.0.10058−168）

三、技术推广

随着人工智能技术不断成熟，应用场景不断增加，人工智能在金融反欺诈识别上必将成为不可替代的技术之一。智能反欺诈是通过人工智能技术在传统的风险防控体系上增加有监督和无监督学习两大反欺诈技术手段，帮助金融机构进一步提升风控效率，实现全方位的策略风险管理。

1. 有监督学习的技术手段

有监督学习是将已有样本进一步训练优化得到一个最佳模型，再利用这个模型将所有的输入映射为相应的输出，对输出进行简单的判断，从而实现预测和分类的目的，具有对未知数据进行预测和分类的能力。在智能反欺诈中通过对既有的案例数据进行分析，防范同类型的诈骗，大大提高了反诈骗的效率。

2. 无监督学习的技术手段

无监督学习是从无标记的训练数据入手推断结论，通过自行对数据内部结构进行学习，从而快速对异常行为进行分类，自动挖掘检测各类已知与未知的欺诈行为。这种方法可以快速排除高风险用户，实现反欺诈的智能化。相较于传统反欺诈解决方案的滞后性，无监督学习可以通过与大数据等技术的有效结合，精准识别欺诈团伙的聚类特征和行为规律，将传统反欺诈的被动防治转变为提前预防和主动拦截，提升企业面对欺诈的反应，达到及时处理欺诈的目的。

 案例链接

京东数科自研的智能反欺诈平台

金融诈骗在"智能化升级"，为了帮用户抵挡"看不见"的风险，京东数科自研的智能反欺诈平台先行一步，对黑产攻击防患于未然。

针对消费者无法感知的欺诈行为，单纯靠消费者的金融消费安全教育和事后赔付显然是不够的，京东数科为此推出了智能反欺诈平台。该平台由智能反欺诈引擎、自动对抗机器学习平台、智能可视化与处置平台和智能安全平台四大平台构成，共同解决多个业务场景的反欺诈问题。其中最核心的技术突破是以 AI 为引擎的自动对抗机器学习平台，其作用是与黑产自动对抗。所谓"自动对抗"，指的是采用小样本学习、图神经网络等算法，实现 AI 代替人工实时捕捉欺诈的动态信息，可特征自动衍生、模型自动选取、策略自动推荐，实现与欺诈团伙的自动对抗。以前往往是在形成损失后采取防御方式，而现在智能反欺诈平台能够事先出击，在黑产还没有完成攻击动作时实现精准打击，也实现了从被动防御到主动出击的转变。

（案例来源：南方都市报. 揭秘 | 你所不知道的 AI 反欺诈暗战［EB/OL］. (2020-03-16)［2022-09-16］. https://www.sohu.com/a/380423924_161795.）

思考题

1. AI 智能可以进行深度学习吗？这种深度学习是否能够有效促进反欺诈模型的完善？

2. 在智能反欺诈中，小样本的学习是否存在样本偏差？

第三节　智能反洗钱

一、定义及发展

(一)智能反洗钱的定义

中国人民银行《金融机构反洗钱规定》将洗钱定义为：将毒品犯罪、黑社会性质的组织犯罪、恐怖活动犯罪、走私犯罪或者其他犯罪的违法所得及其产生的收益，通过各种手段掩饰、隐瞒其来源和性质，使其在形式上合法化的行为。

反洗钱是为了预防洗钱这种非法行为而依法采取相关措施的行为，智能反洗钱则是充分利用大数据、云平台、机器学习等新技术更好地进行反洗钱。鉴于严峻复杂的反洗钱形势，中国工商银行依托强大的金融科技实力以及深耕多年反洗钱领域的专家经验，运用先进大数据和人工智能技术，创新搭建了集数字化、智能化、开放化于一体的新一代智能反洗钱系统，如图 12.3 所示。

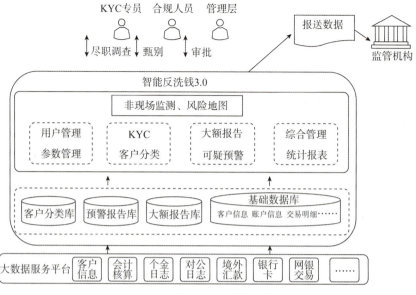

图 12.3　智能反洗钱系统技术构架图

（来源：李秀媛. 新形势下智能反洗钱系统的建设实践［J］. 金融电子化，2021（6）：67-68.）

（二）智能反洗钱的发展

1997—2002 年，国际洗钱案件剧增，我国开始不断出台一些反洗钱的相关法律法规；但从 2008 年开始，洗钱犯罪方法愈来愈多样化，出现了利用电子银行、电子货币、网络赌博和网络销售进行洗钱的事件，反洗钱工作不可忽视；2017 年，又出现了虚拟货币、比特币、P2P 网络借贷、电信网络诈骗等洗钱手段，以往的反洗钱措施已无法满足社会现状，将新兴技术与反洗钱相结合，即智能反洗钱，已经成为新的趋势，刻不容缓。

二、解决方案及运用

（一）智能反洗钱的解决方案

1. 建立可疑案件识别模型

随着洗钱的手段不断更新，各类交易案件中反洗钱案件的占比越来越大，审核量迅速增加。按照传统方式来从海量案件一一识别出反洗钱案件的效率低下，运用智能反洗钱建立模型识别可疑案件，分析案件可疑率，可迅速提升预警准备率和审核上报率，以便更快更好地分析整理反洗钱案件，打击洗钱行为。

2. 建立可疑案件排序模型

可疑案件排序模型的建立是为了将海量的反洗钱案件按照洗钱的风险程度进行排序。由于反洗钱案件数量太大，盲目开始处理导致一部分资源运用的不合理，采用智能反洗钱可以按照风险程度将资源按照最优原则进行合理分配，优先审核风险程度较高的案件，在提升审核效率的同时合理分配资源。

3. 建立受益人识别及团伙发现模型

通过智能反洗钱系统，建立受益人识别及团伙发现的模型，快速掌握受益人的身份与背景信息。再通过大数据对调查到的信息做进一步分析，针对受益人的社交关系、交易关系、资金链关系进行风险排查，识别一些隐藏案件以及没有及时发现的犯罪团伙，扩大案件监测的覆盖面。

（二）智能反洗钱的运用

智能反洗钱主要体现在反洗钱系统。反洗钱系统通过分离平台与数据进行初始定义，运用自动监测预警仪，监控洗钱风险并处理，帮助操作人员进行分析判断、管理案例、跟踪监控以及客户洗钱风险评级，最终生成反洗钱监管报告，上报监管机构。反洗钱系统功能流程如图 12.4 所示。

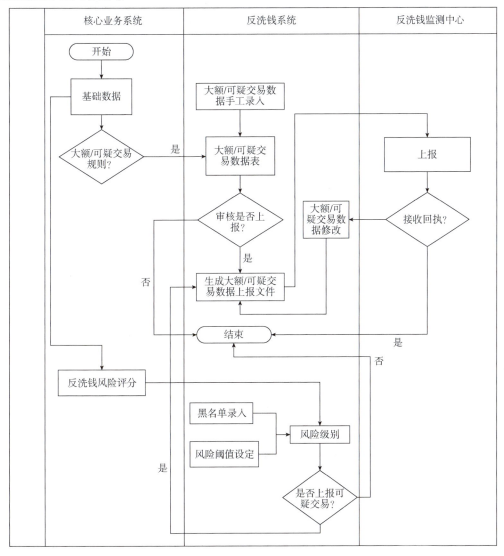

图 12.4　反洗钱系统功能流程

（来源：刘剑. 银行业反洗钱系统设计与实现［D］. 南昌：南昌大学，2016.）

由反洗钱系统功能流程图可知，反洗钱系统首先抽取银行的核心业务系统，由此产生基础数据，然后反洗钱系统分析处理数据，再依据内外部的管理要求制定数据指标，筛选符合指标的业务数据并使用。如图 12.5 所示，智能反洗钱处理流程主要包括五个环节：

(1) 监测环节：根据监管要求，特征分析和模式侦测，甄别洗钱交易；

(2) 预警环节：通过规则引擎处理数据产生提示，及时反映交易线索；

(3) 调查环节：对预警线索进行核实，补录分析信息并进行判定；

(4) 跟踪环节：对案例进行充分总结，并进行评级分类管理；

(5) 报告环节：按照格式标准报送信息。

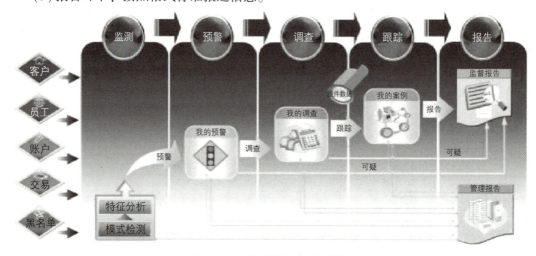

图 12.5　智能反洗钱处理流程图

(来源：刘剑. 银行业反洗钱系统设计与实现[D]. 南昌：南昌大学，2016.)

三、技术推广及前瞻性发展

(一)智能反洗钱的技术推广

1. 完善数据收集模式

通过智能反洗钱可以不断完善数据收集模式。立足于大数据分析，将大数据运用到反洗钱监控系统中，全面、大量收集数据，创建数据网络，确保数据内容的全面性，提升数据分析的效率和效果，为金融监管与反洗钱提供强有力的技术支撑。

2. 优化数据筛选机制

智能反洗钱可以优化数据筛选机制。通过智能反洗钱形成精确随机筛选网及其运行机制，保留筛选基础性数据、有效删除重复信息、自动更新过期信息，为金融监管与反洗钱提供具备预期预测预警能力的有效技术工具。

3. 织密大数据维护系统

智能反洗钱可以织密大数据维护系统。在金融监管和反洗钱系统中嵌入大数据维护系统，精准分析客户性格、行为、生活及其投资、交易、消费偏好，从而自动化提供风险评估、洗钱识别、预警提示，形成金融监管与反洗钱监控的科学决策辅助系统。

4. 确保数据信息精确度

智能反洗钱可以确保数据信息精确度。创建反洗钱大数据信息库与大数据平台，统一数据管理标准，利用关联分析、模型分析等，高效、自主、准确提取可疑交易信息；针对金融创新性产品、金融服务特点，自动分类并提供交易数据信息，确保金融监管与反洗钱监控数据的精准性。

(二)智能反洗钱前瞻性发展

当今时代是大数据的时代，是金融科技的时代，智能反洗钱已经成为社会的大趋势。基于区块链技术数据共享形成数据大网，并且以保护隐私、保护信息安全为前提，实现数据互通，以推进金融监管与智能反洗钱现代化，满足金融机构审核反洗钱案件时"审得快、抓得准、漏得少"的需求。

百度飞桨+金仕达：反洗钱风控系统用户信息智能识别录入

反洗钱是金融行业监管体系中的重要一环，众多金融机构和公司都会选择使用反洗钱系统来量化和把控金融交易中的洗钱风险。为保证用户交易资产依法合规，银行资管系统需将用户的开户资料全部录入反洗钱系统中进行审核和风控，被录信息的准确性影响巨大、至关重要。但由于用户大多以图片、PDF、扫描文件等不可直接复制的方式上传信息(如身份证、营业执照、开户申请书、企业征信报告等)，机构只能通过人工键入的方式录入，不仅过程烦琐、极易出错，还需配置大量的核校人员。

为了解决这一行业难题，上海金仕达软件科技有限公司通过产业级深度学习开源开放平台百度飞桨的文字识别模型套件PaddleOCR、模型压缩工具PaddleSlim和服务化部署框架Paddle Serving等解决了三大技术难题，实现了反洗钱系统用户信息识别录入智能化升级，如图12.6所示。

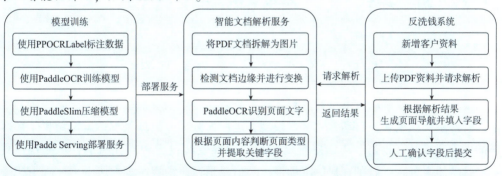

图12.6 上海金仕达反洗钱风控系统

(案例来源：佚名. 2021年人工智能助力中小企业创新发展优秀案例六：反洗钱风控系统用户信息智能识别录入[EB/OL]. (2022-05-21) [2022-08-16] http://xiehui. chinasme. org. cn/site/content/8790. html.)

思考题

1. 智能识别录入提升了风控效率，但是存在的识别校正如何解决？

2. 如何运用智能识别提升反洗钱效率？

第四节　精准获客

一、定义及发展

(一)精准获客的定义

精准获客即通过精准营销获取客户资源。精准，意为极其准确，丝毫不差，在精准获客中指的是精准营销；获客，即获取客户资源。进一步来说，精准获客是通过收集广大客户群体的信息，再将所收集的数据分类汇总，通过大数据平台运算、分析，找出规律、描绘人群画像，再通过精准营销把广告投放到特定人群中，从而提高客户转化率。

(二)精准获客的发展

基于互联网时代的背景，精准获客一经提出便得到了大家的青睐。绝大多数人希望利用大数据快速且精准地获取客户资源，满足客户需求，于是大家对精准获客的期望值也就达到了巅峰。随着对精准获客这项新兴技术的进一步研究，大家的积极性逐渐被打消，发现并没有达到预期值，精准获客进入了泡沫低谷期。在经历了巅峰时期和泡沫低谷期这两个关键环节之后，大家开始回归客观，认识到精准获客的使用价值，精准获客开始走向稳步发展的道路。

随着物联网(Internet of Things，IOT)技术的发展趋势和完善，以及未来5G技术的铺平，数据运营规模持续增长，这是推动精准获客发展的基本驱动力。

二、具体方法及运用

(一)精准获客的具体方法

精准获客的主要解决方案是建立智能获客系统。智能获客系统是将一站式服务与人工智能的管理系统相结合，自动建立客户模型，运用大数据，根据数据的反馈结果了解客户群体的偏爱和喜好。根据客户偏好程度在新的内容生产过程中抓住机遇，从而提供更准确、更优质的服务，既做到客户的准确推送，也提高客户留存率。精准获客主要有以下几种具体方法：

1. 广告投进

广告投进是众所周知的获客方法。通过广告营销的方式，借助大数据将所需推广的产品进行打包宣传，再根据广告的点赞、评论、转发的数量，了解客户偏好，精准获取客户资源。

2. 自媒体运营

随着互联网的快速发展，自媒体平台(如微信、抖音)等已成为生活中不可或缺的一部分。自媒体运营通过寻找热门话题，掌握流量密码，洞察用户心理，满足客户需求，创造有价值的产品。

3. 短视频营销

当今社会，生活节奏越来越快，时间碎片化、信息碎片化，短视频广受欢迎。内容集中、言简意赅的短视频能够快速抓住用户的偏好，通过"种草带货"精准营销，获取客户资源。

4. 微信获客

微信公众号已是国内商业银行开展品牌宣传和业务经营的重要阵地。商业银行等企业需要推进业务时，可以借助具有一定规模的"头部公众号"进行引流获客，促进业务的快速发展，扩大用户规模。

(二) 精准获客的运用

随着新冠肺炎疫情的爆发，传统的获客方式已经无法满足社会的需求。

精准获客逐渐成为市场的主流，被广泛运用在数据分析、算法推荐、智能推荐等。例如百度、360、淘宝、百姓网、拼多多、抖音等各大平台，会根据用户的浏览、点赞等行为来进行数据分析，通过精准获客系统的算法计算，推测出广大用户群体的喜爱和偏好，在各大平台首页智能推荐满足用户需求的事物。

较有实力的企业通常会选择建立智能获客系统，来实现精准获客。例如，上海有公司建立智能获客系统，针对不同客户群体的不同需求，自主开发一站式服务获客平台。全平台跟踪服务，进行线上线下一对一客服跟踪，全程 24 小时在线客服服务，给每一位客户答疑解惑，给予每位客户针对性的业务跟踪。另外，它还自主开发了微信工作号及小程序推送服务，不断通过互联网各大搜索引擎推广优化，大数据锁客，保障客户的推送质量，做到精准获客。

三、技术推广及前瞻性发展

(一) 精准获客的技术推广

1. 扩大数据规模，增强数据实时性

通过精准获客可以扩大数据的规模，增强数据的实时性。与传统获客方式相比，精准获客与人工智能和大数据相结合，可以更快更精确地锁定客户的偏好，快速获取客户资源，还可以利用大数据保存大量的数据并及时更新，产生大量有价值的数据，进而产生更高效的数据闭环控制，将金融科技运用到了极致。

2. 确定获客渠道，锁定营销手段

精准获客可以更快地确定获客渠道，锁定营销手段。精准获客根据客户终端设备的个人数据信息，依靠大数据挖掘技术来对客户开展分群，将客户资源进行贴精准行业标签行为，不同获客渠道针对不同客户群体，采用不同营销手段。例如，小红书的用户群体主要是年轻女性，因此小红书的文章大多数与美妆、时尚穿搭、旅游攻略等挂钩，大大提升了获取客户资源的效率。

(二)精准获客的前瞻性发展

基于互联网时代的背景,企业、公司等与客户的距离越来越短。对公司、企业等而言,把握广泛的数据信息,尽快抓住流量密码,抢先一步精确营销,精准获取客户资源至关重要。随着金融科技成为主流,数据不可或缺,一旦存在数据,精准获客便永远是大家的需求,通过场景化获客平台实现了营销活动因场景而变、因人而变,提升流量转化效率,全方位拓展移动互联时代的获客版图,具有很大的发展前景。

 **案例链接**

银行零售精准获客

客户是银行的根本,要想进一步提高存款金额、做大规模、增加利润,就要有强大的客户基础。传统的银行主要是通过线下的物理网点来进行获客和营销客户,例如:通过在人流量大的地方选址,建立物理网点;通过广告宣传、有奖活动等方式,提高客户到网点的概率,从而增加银行与客户之间的交流和沟通,了解客户的真实需求,为客户定制专门的产品,同时也累计新客户、营销存量客户。

在互联网时代,传统获客方式很难获取到优质的、有潜在需求的客户,营销的成本也大幅提高。到线下物理网点办理业务的人越来越少,线上渠道(如个人网银、手机银行等)越来越成熟。因此,银行业积极拥抱金融科技,努力向数字化、平台化转型,应用云计算、大数据、AI等相关技术,通过线上渠道为客户提供精准的服务,从而提高获客和留客的成功率,降低营销成本。

银行零售精准获客云平台通过虚拟化对CPU、内存、存储等基础资源实现池化,构建基础平台私有云。基于此,建设数据分析平台与智能外呼平台,数据分析平台负责对客户分析画像,智能外呼平台负责实现客户触达,构建完善的精准获客功能。所有的软件功能以SAAS的模式输出,在满足本行需求的同时,快速为兄弟分行或其他中小银行输出精准获客科技能力。银行零售精准获客云平台总体架构如图12.7所示。

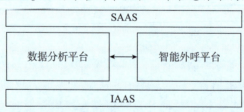

图12.7　银行零售精准获客云平台总体架构

(案例来源:宋柯,唐铁兵,徐图.云计算在银行零售精准获客领域的探索[J].科技与创新,2019(20):62-64.)

思考题

1. "精准获客"是否会形成金融企业的路径依赖?

2. 如何将"精准获客"与物理网点营销相结合?

第五节　智能推荐

一、定义及发展

(一)智能推荐的定义

智能推荐是人工智能的分支。智能推荐采用智能推荐大数据架构,是根据个人的一些行为,例如搜索、点赞、转发等,并且巧妙运用大数据网,收集数据、分析数据,再从用户、时间、操作、类型、用户喜好等多个维度进行需求分析,进而根据数据结果来推测个人的爱好及需求,智能、迅速地向用户群体推荐符合需求的内容。

(二)智能推荐的发展

随着科技的快速进步以及数字化时代的到来,数字化、智能化成了社会发展的主流。互联网时代下人们淹没在数据的海洋里,不知道自己需要什么,信息过载的问题越来越严重,为了有效解决这一难题,智能推荐应运而生。随后,信息爆炸式的增长让智能推荐迅速发展,得到大家的认可,逐渐进入成熟期,并随着社会的进步不断改进。随着智能推荐系统的不断完善,智能推荐开始盛行于金融科技时代,在内容分发、用户体验、商业变现等方面得到大家的肯定。

二、解决方案及运用

(一)智能推荐的解决方案

大部分企业、公司通过建立智能推荐系统来实现智能推荐。智能推荐系统是为顺应互联网化运营需求建立的一套实现数据化运营的平台体系。该系统集成大量的数据源,支持多方数据源、多格式数据源的接入与管理,并以收集到的数据为基础进行分析与计算,通过海量的数据支持算法平台进行运营分析、用户行为分析、智能推荐。智能推荐系统总体架构如图12.8所示。

智能推荐系统还具备着数据集成能力,接收第三方数据作为推荐资源;算法和计算能力,为用户画像分析和智能推荐;运营分析能力,满足常态化的主题分析和特定化的专题分析需求;用户画像分析能力,重新划分标签类别,提升系统可用性;智能推荐接口能力,依据不同场景规则快速实现数据过滤和补充。

(二)智能推荐的运用

金融科技的大趋势下,智能推荐得到了广泛运用。抖音、腾讯等各大平台,银行、公司、企业等都离不开智能推荐。以个性化的特征电子商务智能推荐系统为例,该系统采用三层逻辑架构,分别为数据层、业务逻辑层和表现层,如图12.9所示,其中实线箭头表示请求处理,虚线箭头表示个性化处理。

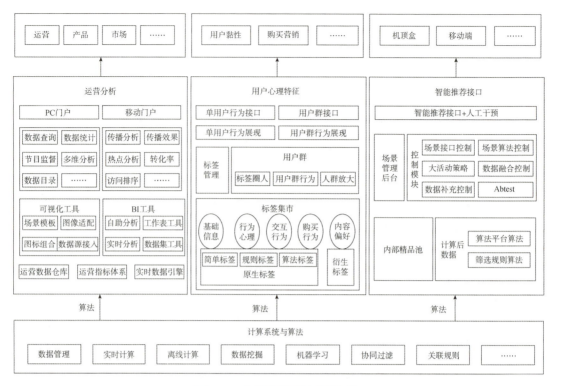

图 12.8 智能推荐系统总体架构

（来源：王兴. 基于用户画像的智能推荐系统架构[J]. 广播电视网络，2021，28(9)：67-70.）

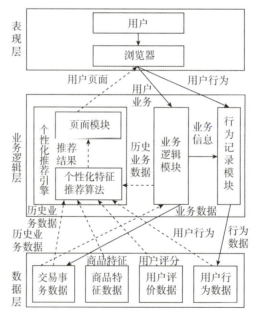

图 12.9 电子商务智能推荐系统逻辑构架

（来源：李元吉. 个性化特征的电子商务智能推荐系统[J]. 信息技术，2021(3)：131-135+142.）

　　互联网时代下电子商务迅速发展，电子商务网站数量迅速上升。各大电子商务网站为吸引消费者，提升市场占有率，建立了以个性化为特征的电子商务智能推荐系统。该系统可根据电子商务网站内用户的行为数据，为用户准确推荐感兴趣的商品，以此吸引消费者，提升交易率。

三、前瞻性发展

当今社会，信息技术发展迅速，互联网中的数据量爆炸式增长，因此迎来了无法避免的问题——信息过载。面对信息过载，智能推荐可以为处理掉无效信息、提高信息接收的效率提供帮助，起到不可或缺的作用。与此同时，智能推荐不能仅仅考虑商业价值，在用户体验、人文关怀、生态繁荣、弘扬正向价值观等维度也需要有所突破。未来人与机器协同发展，智能推荐只有更多注入人的情感和灵魂，才会发展得越来越好。

 案例链接

基于智慧校园的智能推荐系统

在大数据时代，智慧校园应用广泛，各类信息日益丰富，纵横交错，因此用户面临着信息过载、无从选择的问题。用户被动获取信息，需要自行去翻阅信息或者订阅相关的内容，但是获取的结果可能并非用户所需要的。智能推荐系统对当前智能推荐的主要方式以及推荐算法进行了研究，给用户带来便捷、精准获取信息的服务体验。

智慧校园的使用对象主要是师生用户，需要考虑用户的生活习惯来进行信息推送。需要针对用户的作息时间进行一些调整，尽量避开用户休息时间，减少对用户的影响及对生活的干扰，做到精准推送；还需要综合考虑用户的定位信息、接收信息的习惯、应用的活跃度等方面，从而得出用户的使用模型，针对不同的用户群，建立相应的用户模型，从用户模型中建立用户组，对不同的用户群推送不同的内容。

目前主流的消息推送基本会使用第三方推送来进行，原因有三：第一，方便；第二，节省成本；第三，避免不需要的人员开支及设备维护费用。因此，推荐系统一般会以用户的兴趣需求信息及用户的特征为模型，结合数据的特征信息，使用相应的推荐算法进行匹配、计算机筛选，把相应的信息推荐给用户。推荐系统的实现与使用，为用户以及系统管理员带来了很多便利。系统模型如图 12.10 所示。

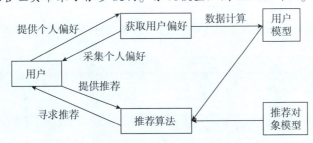

图 12.10　基于智慧校园的智能推荐系统模型

（案例来源：黄有福，黄佩珊，朱洁梅. 基于智慧校园的智能推荐系统的应用研究[J]. 现代信息科技，2021，5（8）：153-155.）

思考题

1. 智能推荐的参照指标有哪些？如何做到更精准？
2. 智能推荐系统在其他领域的运用中需要注意什么？

第六节　智能客服

一、定义及发展

(一)智能客服的定义

智能客服是人工客服的升华。智能客服是指利用人工智能、大数据、云计算等技术，通过客服机器人，辅助人工进行对话、质检、业务处理，从而降低人力成本并提高响应效率的客户服务形式。随着各类技术的深入应用，智能客服的外延被进一步拓宽，不仅指企业提供的客户服务，还包括了客服系统管理及优化。

(二)智能客服的发展

随着互联网时代的到来，传统的人工客服开始无法适应社会的发展，智能客服进入了萌芽期。受益于国家政策与新技术良好的应用效果的双重助推，智能客服进入了成熟阶段，得到了广泛的应用，在技术层、应用层及产业链等领域迅速发展。为了节约人力成本，不少企业优先选择智能客服，不断拓宽智能客服的使用范围，智能客服逐渐成为主流。

二、系统处理逻辑及运用

(一)智能客服系统的处理逻辑

在人工智能时代，智能客服系统逐渐普及。例如淘宝、拼多多、抖音、电商平台、知名网站等，都会建立自己的智能客服系统、智能客服机器人，24 小时在线为用户解答一些基本问题，或者根据实际情况为用户转接人工客服，致力于给用户更好的体验。智能客服系统架构如图 12.11 所示。

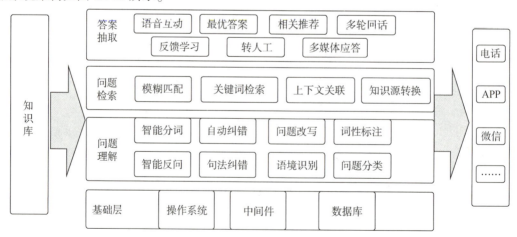

图 12.11　智能客服系统架构

(来源：佚名. 智能客服解决方案[EB/OL]. [2022-08-29]. https://m.docin.com/touch_new/preview_new.do?id=2705035861.)

智能客服系统处理逻辑为：首先，用户将自己的疑惑以文字或语音的形式转达给后台智能客服，初步进行语音识别；然后进行关键词识别、语境关联、切词识别等；再经过语义理解，从知识库中进行语义检索、最优匹配；最后进行答案处理、语音转换，将回答呈现给用户。智能客服系统处理逻辑如图 12.12 所示。

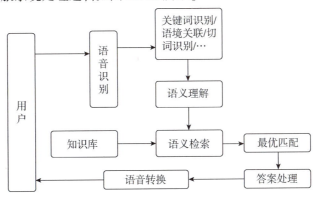

图 12.12 智能客服系统处理逻辑

(来源：佚名. 智能客服解决方案[EB/OL].[2022-08-29]. https://m.docin.com/touch_new/preview_new.do?id=2705035861.)

（二）智能客服的运用

如图 12.13 所示，艾媒咨询 2021 年的调查数据结果表明智能客服的用户比例高达 98.1%，得到广泛的运用。智能客服主要运用在办理话费等业务、电商平台购物、办理银行业务、办理违章等交通业务以及办理生活缴费业务等场景，分别占比 62.4%、42.5%、40.0%、36.4%、36.4%。

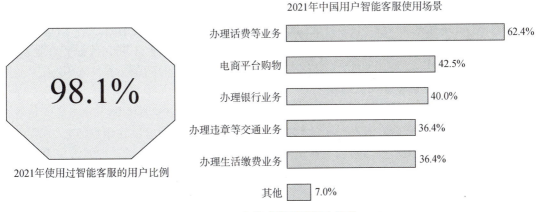

图 12.13 智能客服运用调查结果

(来源：佚名. 艾媒咨询｜2021 年中国智能客服满意度调查报告[EB/OL].[2022-08-29]. https://www.iimedia.cn/c400/81565.html.)

可见，随着人工智能技术的蓬勃发展，生活处处离不开智能客服的运用。智能客服能够为用户提供专业的解答，有效缓解人工客服压力，提升客服服务效率，已经成为线上化的标配。

以物流行业的智能客服运用为例。物流行业有明确的下单流程，通过智能客服的运用，可以在该流程中向用户查询历史地址，了解地址以及客户的要求，帮助用户转人工和反馈用户的满意程度等。根据实际的业务系统需求，可对流程进行梳理归类，如图 12.14 所示。

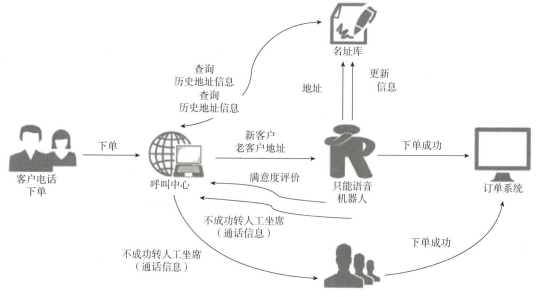

图 12.14 物流行业下单业务流程图
（来源：易芬. 人工智能客服在快递物流行业的实施与应用初探[J]. 物流技术与应用，2021，26(6)：124-128.）

三、技术推广及前瞻性发展

(一) 智能客服的技术推广

智能客服目前还面临着"不够智能"的问题，存在答非所问以及用固定话术回答等不足，不能从根本上为用户解决问题。基于当前智能客服的技术，要不断完善智能客服系统的知识库、数据库，进行技术推广，更准确、全面地回答用户的问题，并且采用"人工+智能"的模式，给用户更完美的体验感。

智能客服的技术在不断完善的过程中，还可以推广到智能客服销售、智能快递员等。如将产品信息入库到智能客服系统中的数据库，智能客服销售就可以在用户需要了解的时候及时提供反馈，向用户推荐符合需求的产品；将快递信息及时更新到智能客服系统中，用户不需要向人工咨询，而是由智能快递员直接提供信息，节省时间成本。

(二) 智能客服的前瞻性发展

客户服务是连接企业与客户的窗口，扮演着解决客户问题的重要角色。客户抛出的问题是高度重复的。基于全面的数据库，智能客服可以为客户提供较为满意的解决方案，在降本提效中发挥重大作用。引入人工智能客服系统，可以充分达成智能化客户服务的目标，尽可能缓解当前人工座席的工作压力，并实现工作效率和客户满意度的双重提升。在人工智能技术不断发展与客服行业转型升级等背景下，智能客服有望成为行业实现新增长的突破点。

 案例链接

智能客服在证券行业的应用

　　证券公司智能客服工作框架分为两个部分：一方面，当客户从 APP 或者微信端口发送语音，智能客服会对语音进行处理，转化为文字。随后，智能客服会提取文字中的关键词进行意图识别，发送到知识库，从而得到唯一对应的问题答案。对于智能客服无法回答的问题，系统会转到人工客服，而人工进行解答的问题答案会被加入知识库，扩充知识库语料。另一方面，智能客服会辅助在线客服进行智能外呼，通过语音处理识别意图，将对应的答案转化为语音发送到客户端，当客户选择人工客服时，证券公司的在线客服将会上线与客户进行沟通。

　　据了解，2016 年是证券行业发展智能客服的元年，资产排名前五的券商，如中信证券、海通证券、国泰证券、华泰证券、广发证券均开始上线智能客服。国泰君安证券的"灵犀客服"于 2016 年 8 月正式上线，通过 NLP、深度神经网络、机器学习、语义分析、语音交互等技术，为客户提供 7×24 小时无间断、快速、准确的智能交互服务。海通证券于 2016 年 11 月推出"海小通"，当前"海小通"解答的问题已占全渠道的近七成。目前，德邦证券的在线智能客服可以解答的问题比重已经超过 90%，同时仍在持续迭代语料库，优化智能客服的客户体验。

　　在由传统客服向智能客服发展的过程中，通常会经历在线智能化、场景丰富化两个阶段。以德邦证券为例，德邦证券的智能客服覆盖范围包括"德邦证券 APP""支付宝生活号""德邦证券公众号"和"德邦证券微资讯订阅号"，实现在线智能化客服。2019 年，德邦证券智能客服丰富服务场景，为客户提供行业解读、市场热点、选股、诊股、百科等智能投资、智能理财服务。德邦证券客服服务范围包括证券业务咨询、投资、理财、天气、汇率、百科、趣味互动等，全方位满足客户需要，为客户提供一站式服务。2020 年新冠肺炎疫情期间，德邦证券智能客服又新增"疫情热点"这一场景，为客户盘点医用医疗相关公司的信息。

　　（案例来源：李俊明，陶陈怡. 智能客服在证券行业的应用研究[J]. 金融纵横，2020（11）：64-69.）

　　思考题

　　1. 智能客服在关键词识别及选择时是否容易出现误差？

　　2. 传统客服的个性化服务如何在"智能客服"中更全面地体现？

本章小结

　　1. 智能催收符合数字科技时代背景，是拥有一定程度智能化的金融逾期资产的回收系统。实现智能化催收的核心要点是构建智能催收模型体系，模型有贷中/贷后 AI 模型、用户画像模型、号码策略模型、话术策略模型。智能催收的技术可推广至智能外呼、智能质检、智能报表及智能分案。

2. 智能反欺诈是指利用大数据、云计算等智能技术对他人以非法占有为目的，骗取他人财物或金融机构信用的行为进行反诈骗的技术。解决方案是基于人工智能算法、用户行为画像等多项智能技术构建反欺诈模型，智能反欺诈的运用方向有贷后资金流向以及保险团伙反诈骗两方面。智能反欺诈的技术推广包括有监督学习和无监督学习。

3. 智能反洗钱则是充分利用大数据、云平台、机器学习等新技术更好进行反洗钱。解决方案包括建立可疑案件识别模型、可疑案件排序模型、受益人识别及团伙发现模型。智能反洗钱主要体现在银行反洗钱管理系统，推动银行业的反洗钱工作进程。其技术可推广至完善数据收集模式、优化数据筛选机制、织密大数据维护系统以及确保数据信息精确度，其未来的发展也满足"审得快、抓得准、漏得少"的需求。

4. 精准获客即通过精准营销获取客户资源。主要解决方案是建立智能获客系统，具体方法是广告投进、自媒体运营、短视频营销、微信获客。精准获客的技术可以推广至增强数据实时性及锁定营销手段两方面。精准获客对获客版图的拓展具有积极影响，同时也具有很大的发展前景。

5. 智能推荐即根据数据结果来推测个人的爱好及需求。建立智能推荐系统是智能推荐的解决方案，该系统具备数据集成能力、算法和计算能力、运营分析能力、用户画像分析能力、智能推荐接口能力。抖音、腾讯及电子商务网站等各大平台，银行、公司、企业等都运用智能推荐拓展业务。智能推荐未来通过更多地注入人的情感和灵魂，才会提升自身发展的速度。

6. 智能客服是指利用人工智能、大数据、云计算等技术，通过客服机器人，辅助人工进行对话、质检、业务处理的客户服务形式。生活中处处离不开智能客服，其主要运用在办理话费等业务、电商平台购物、办理银行业务、办理违章等交通业务以及办理生活缴费业务等场景，但依旧存在答非所问以及用固定话术回答等问题。智能客服的技术可以推广到智能客服销售、智能快递员等。对于智能客服的前瞻性发展，可以通过引入人工智能客服系统，实现工作效率及客户满意度的双重提升。

参 考 文 献

[1]李博昆. 北宋交子的发展演变过程探究[J]. 山西青年, 2019(16): 116-117.

[2]吴筹中. 北宋早期民间交子产生时间的研究[J]. 中国钱币, 1994(4): 3-4+1.

[3]明清徽商会票制度[N]. 中国城乡金融报, 2007-09-07(B03).

[4]黄育玲. 纸币的产生与印刷术[J]. 新疆金融, 2007(3): 56-58.

[5]刘瑞. 浅谈宋交子制造工艺与防伪措施[J]. 文物鉴定与鉴赏, 2021(22): 69-71.

[6]周建波, 曹姮. 先秦秦汉时期金融市场的发展暨政府对金融市场的管理[J]. 河北经贸大学学报, 2016, 37(1): 122-129.

[7]赵青岩. 金融科技与支付清算融合创新[J]. 中国金融, 2021(9): 68-69.

[8]财经早餐. 苏美尔文明的金融[EB/OL]. (2019-1-30)[2022-8-12]. https://caifuhao. eastmoney. com/news/20190130092139213932030.

[9]王蕾. 支付系统(修改)经典案例[EB/OL]. (2018-4-28)[2022-8-18]. https://www. docin. com/p-2104203693. html.

[10]李子庆. 金融危机下 A 电子支付企业的发展战略[D]. 成都: 西南交通大学, 2009.

[11]周剑涛. 有关网络系统安全技术的思考[J]. 无线互联科技, 2013(2): 21.

[12]王海梅. 长尾理论的辨析与应用[J]. 中外交流, 2016(36): 14-15.

[13]MBA 智库百科. 长尾理论[EB/OL]. [2022-8-20]. https://wiki. mbalib. com/wiki/% E9%95%BF%E5%B0%BE%E7%90%86%E8%AE%BA.

[14]王海梅. 互联网时代下的普惠金融与长尾理论[J]. 青海金融, 2017(11): 41-43.

[15]陈婉霞. 我国农村普惠金融发展困境及改进对策分析——基于商业可持续性视角[J]. 经济研究导刊, 2019(16): 64-66.

[16]王汝芳. 金融科技赋能科技金融 助力小微企业发展[J]. 民主与科学, 2020(5): 55-57.

[17]高礼 Fintech. 云计算在金融领域的应用情况及价值[EB/OL]. (2019-12-16) [2022-8-25]. http://cloud. infosws. cn/20191216/29824. html.

[18]周雷, 邱勋, 刘婧, 等. 金融科技创新服务小微企业融资研究——基于金融科技试点地区 840 家小微企业的调查[J]. 西南金融, 2020(10): 24-35.

[19]李广子. 金融与科技的融合: 含义、动因与风险[J]. 国际经济评论, 2020(3): 91-106+6.

[20]王文卓. 金融科技的技术现状、问题及对策[J]. 中国市场, 2017(18): 98-99.

[21]舒尚奇, 关文吉. 机制设计理论与设计过程综述[J]. 渭南师范学院学报(综合版), 2011(12): 24-26.

[22]刘明勇. 信息技术在银行业务流程再造中的作用[J]. 金融教学与研究, 2010(4):

34-35+41.

[23]郭敏. 浅议金融创新与金融监管的博弈关系[J]. 时代金融, 2009(12): 7-9.

[24]杜宁, 赵骏. 数字经济时代的监管科技[J]. 中国金融, 2022(3).

[25]杜宁, 王志峰, 沈筱彦, 等. 监管科技: 人工智能与区块链应用之大道[M]. 北京:
中国金融出版社出版, 2018: 12-26.

[26]俞勇. 弄懂才能做实: 金融科技在金融行业中的运用回望[J]. 当代金融家, 2018
(4).

[27]杨利娟. 科技金融发展中信息不对称问题研究[J]. 经济研究导刊, 2020(17).

[28]深入剖析区块链的共识算法 Raft & PBFT_高可用架构的技术博客[EB/OL].
[2022-8-16].51CTO 博客.

[29]管同伟. 金融科技概论[M]. 北京: 中国金融出版社, 2020.

[30]赵永新. 金融科技创新与监管[M]. 北京: 清华大学出版社, 2021.

[31]李爱国, 原建伟. 云计算部署模式及应用类型研究[J]. 电子设计工程, 2013, 21
(2): 24-26.

[32]韩丹萍. 云计算技术现状与发展趋势分析[J]. 无线互联科技, 2019, 16(21): 7-8.

[33]王桓. 培育健康产业生态, 打造人工智能发展新优势[J]. 中国信息化, 2021.

[34]张文婷, 赵大伟, 丁明发. 人工智能在金融领域的应用及监管[J]. 金融纵横, 2020
(6): 6.

[35]王宇晨, 陈欣恺, 王志, 等. 人工智能技术在供电服务业务指挥中的应用[J]. 集成电
路应用, 2021.

[36]李赫, 孙继飞, 杨泳, 等. 基于区块链 2.0 的以太坊初探[J]. 中国金融电脑, 2017
(6): 4.

[37]李赫. 区块链 2.0 架构及其保险业应用初探[J]. 金卡工程, 2017(Z1): 45-49.

[38]滕飞, 马晓敏. 区块链技术在数字货币中的应用态势分析[J]. 世界科技研究与发展.

[39]史文彦. 基于区块链技术的数字货币研究与探讨[J]. 中小企业管理与科技(上旬
刊), 2021(12): 173-175.

[40]黄煜. 区块链技术下数字货币的理论与实践浅析[J]. 中小企业管理与科技(上旬
刊), 2021(12): 152-154.

[41]卞志村. 数字货币的风险与监管[J]. 群众, 2017(4): 2.

[42]陈波, 戴韡. 金融科技概论[M]. 北京: 机械工业出版社, 2020.

[43]赵永新. 金融科技创新与监管[M]. 北京: 清华大学出版社, 2021.

[44]李苗苗, 王亮. 智能投顾: 优势、障碍与破解对策[J]. 南方金融, 2017, 1(12):
76-81.

[45]顾芳锦. 我国智能投顾发展中的风险分析及监管应对[N]. 无锡商业职业技术学院学
报, 2021, 21(2).

[46]李晓宁. 我国智能投顾的法律风险与防范研究[D]. 济南: 山东财经大学, 2021.

[47]王维全. 国际金融科技发展和监管趋势及对我国的启示[J]. 安徽科技, 2018(12):
32-34.

[48]袁方. 监管沙箱对我国金融科技监管的启示[J]. 金融发展研究, 2018(1): 85-87.

[49]杨祖艳. 监管沙箱制度国际实践及启示[J]. 上海金融, 2018(5): 94-95.

［50］李秀媛. 新形势下智能反洗钱系统的建设实践［J］. 金融电子化，2021（6）：67-68.

［51］彭惠新. 招商银行信用卡：利用金融科技实现精准获客［J］. 中国信用卡，2018（6）：19-21.

［52］刘东珲. 浅析短视频与短视频营销［J］. 商展经济，2022（14）：47-49.

［53］盛捷. 运营视角下商业银行微信公众号引流获客创新方式探究［J］. 中国商论，2020（22）：73-74.

［54］宋柯，唐铁兵，徐图. 云计算在银行零售精准获客领域的探索［J］. 科技与创新，2019（20）：62-64.

［55］李娜，蒋晓敏. 基于大数据挖掘技术的 IPTV 智能推荐系统的设计与实现［J］. 广播电视网络，2022，29（6）：73-76.

［56］王兴. 基于用户画像的智能推荐系统架构［J］. 广播电视网络，2021，28（9）：67-70.

［57］李元吉. 个性化特征的电子商务智能推荐系统［J］. 信息技术，2021（3）：131-135+142.

［58］黄有福，黄佩珊，朱洁梅. 基于智慧校园的智能推荐系统的应用研究［J］. 现代信息科技，2021，5（8）：153-155.

［59］陈卫兵，彭慧中，段斌，等. 商业银行智能客服应用研究［J］. 金融科技时代，2022，30（7）：53-55.

［60］易芬. 人工智能客服在快递物流行业的实施与应用初探［J］. 物流技术与应用，2021，26（6）：124-128.

［61］李俊明，陶陈怡. 智能客服在证券行业的应用研究［J］. 金融纵横，2020（11）：64-69.